吉林大学商学院专著系列

"吉林大学劳动关系专项研究课题（劳动关系质量对员工偏差行为影响机制研究，编号：2015LD001）"阶段性成果

农民工反生产行为的
形成机制与治理

王弘钰　刘丽丽　王　辉／著

经济科学出版社

图书在版编目（CIP）数据

农民工反生产行为的形成机制与治理/王弘钰，
刘丽丽，王辉著 . —北京：经济科学出版社，2016.5
（吉林大学商学院专著系列）
ISBN 978 - 7 - 5141 - 6957 - 7

Ⅰ.①农…　Ⅱ.①王…②刘…③王…　Ⅲ.①农民 -
生产 - 行为 - 研究 - 中国　Ⅳ.①F323.6

中国版本图书馆 CIP 数据核字（2016）第 114549 号

责任编辑：杜　鹏
责任校对：隗立娜
责任印制：邱　天

农民工反生产行为的形成机制与治理
王弘钰　刘丽丽　王　辉／著
经济科学出版社出版、发行　新华书店经销
社址：北京市海淀区阜成路甲 28 号　邮编：100142
总编部电话：010 - 88191217　发行部电话：010 - 88191522
网址：www. esp. com. cn
电子邮件：esp@ esp. com. cn
天猫网店：经济科学出版社旗舰店
网址：http://jjkxcbs. tmall. com
北京万友印刷有限公司印装
880×1230　32 开　9.25 印张　250000 字
2016 年 6 月第 1 版　2016 年 6 月第 1 次印刷
ISBN 978 - 7 - 5141 - 6957 - 7　定价：41.00 元
（图书出现印装问题，本社负责调换。电话：010 - 88191502）
（版权所有　侵权必究　举报电话：010 - 88191586
电子邮箱：dbts@ esp. com. cn）

前　　言

2016 年，随着全国"两会"拉开序幕，新型城镇化再次成为代表委员们关注的焦点话题（冉隆楠、白琳，2016）。新型城镇化是本届政府力推的重点改革，已经写入党的十八大报告，与新型工业化、信息化、农业现代化一起成为未来中国发展的方向，是中国全面建设小康社会的重要载体，更是撬动内需的最大潜力所在（李跻嵘，2014）。我国推进新型城镇化的轨迹，经历了从起初着眼于城镇逐步发展到关注个体、明确了以人为核心的新型城镇化探索过程，习近平总书记指出："积极稳妥推进城镇化，合理调节各类城市人口规模，提高中小城市对人口的吸引能力，始终节约用地，保护生态环境；城镇化要发展，农业现代化和新农村建设也要发展，同步发展才能相得益彰，要推进城乡一体化发展。"国务院总理李克强指出："推进城镇化，核心是人的城镇化，关键是提高城镇化质量，目的是造福百姓和富裕农民。"可见，农民工是我国新型城镇化的核心。

我国现有农民工 2.74 亿（杨志明，2015），他们是随着我国工业化持续推进、现代化进程逐渐加快、户口制度不断松动而形成的中国特有的群体（邓保国、傅晓，2006）。农民工为我国改革开放增添了活力，为现代化建设做出了重大贡献（杨志明，2015），改革开放 30 多年来，我国城市现代生活和发展的各个行业都离不开农民工（张伟宾，2015），作为我国产业工人的主体，他们不仅推动了我国国民经济增长（李湘刚，2011）、促进了我国城市化发展，也推动了农村经济发展、促进了农村精神文明的发展（王杰力，2013）。然而，近年来，农民工罢工如南海本田罢工事件、东莞裕元鞋厂工人罢工等群体性事件接连发生，集体自杀事件如富士康坠楼事件引起了社会的广泛关注，农民工打砸、冲突、频繁跳槽等现象也频繁见诸报端，这些反生产行为不仅影响企业和谐劳动关系的构建，影响我国新型城镇化建设的步伐，也影响社会的稳定与发展。本书写作的目的是关注我国新型城镇化建设中的核心——农民工，依据对全国农民工调研中发现的实际问题，借鉴国内外现有研究成果和研究方法，关注农民工反生产行为的形成机理和治理措施。本书致力于对解决中国新型城镇化建设中的农民工的负向行为问题、对和谐社会的构建、对企业绩效的提升和可持续发展、对农民工尊严感和幸福感指数的提升及农民工反生产行为形成的实证研究等方面做出贡献。

本书在对绩效理论、劳动关系理论和心理学理论、反生产行为理论、歧视理论等深入思考和分析的基础上，依据全国范围内农民工的调查数据，从引起农民工反生产行为的主要原因——雇佣歧视的角度，全方位探讨了农民工反生产行为形成的机理，以寻求治理新型城镇化过程中农民工的反生产行为措施，建立了比较完整的农民工雇佣歧视作用于反生产行为的理论框架，进行了实证检验，不仅丰富了歧视理论和反生产行为理论的研究，也拓展了农民工研究的思路，尤其是对传统的宏观层面农民工歧视问题研究的有益补充。

本书突破了传统对农民工问题宏观的、泛泛的以及对指导实践很难奏效的描述性研究，综合组织行为、人力资源管理、劳动关系管理、心理学等相关理论，揭示了农民工反生产行为和雇佣歧视结构的特殊性，而且还揭示了农民工雇佣歧视对其反生产行为的直接作用机制和间接作用机制，并针对中介作用的不同阶段，从宏观因素、中观因素、组织因素以及个人因素中识别并验证出相关调节变量，同时探讨了工作满意度、人际冲突在雇佣歧视与反生产行为之间的中介作用，针对鲜有学者研究的长三角、珠三角和东北地区农民工的对比问题，本书也进行了系统的实证研究。

本书共分为 6 章。

第 1 章：绪论。本章先从我国引发广泛关注的农民工反生产行为问题出发，并结合相关理论阐述了本书的研究背景，指出农民工反生产行为不仅会影响企业的生产效率、和谐劳动关系的构建，也会影响社会的稳定，影响我国新型城镇化建设的进程，结合以往研究和深度访谈及调查结果，得出普遍存在的雇佣歧视问题是农民工反生产行为的主要原因，进而提出本书研究的主要问题，并简要阐述了本书研究的目的和意义，然后介绍了研究的技术路线和本书的结构。

第 2 章：文献回顾与评述。本章首先阐述了农民工的由来与界定、农民工的现状及特征以及农民工的相关研究综述，并对反生产行为的内涵进行了界定，论述了反生产行为产生的缘由、动机、预期及特征以及反生产行为的维度和测量，并从宏观层面、组织层面、工作层面和个体层面对反生产行为产生的前因变量进行分析，并得出结论：对于农民工而言，直接导致和引发反生产行为并产生恶劣后果的原因多集中于工作场所中的组织制度、规范以及公平待遇等与员工直接利益相关的内容，但在普遍遭受雇佣歧视和在劳动场所经常出现反生产行为的情况下，其雇佣歧视对反生产行为产生怎样的影响，学者关注更少。进而，本书对雇佣歧视的内涵、维度和测量、产生原因及其影响进行了分析，并对其中介因素消极情绪进行了梳理，最后介绍了宏观因素、组织因素、岗位因素、个人因素几个构念的理论基础。另外，本书也阐述了工作满意度、人际冲突在雇佣歧视与反生产行为之间可能存在中介作用的理论研究回顾。

第 3 章：理论框架与研究假设。本章在借鉴刺激—认知—反应理论、社会交换理论、挫折—攻击理论、情感事件等理论基础之上，对雇佣歧视、反生产行为等各变量间可能存在的作用机制进行了理论推演和逻辑阐述，初步建立了本书研究的理论模型，然后通过预调查和探索性因子分析等方法对初步模型进行检验和修正，最终构建并验证了农民工雇佣歧视及反生产行为关系的多层次理论模型和短长期函数模型；同时，从组织因素、工作因素及个人因素等跨层次变量对影响两者之间关系的边界进行探索；之后又对不同地域、不同时期的农民工进行对比分析，并提出了相关假设。

第4章：研究方法与设计。本章主要介绍本书研究中所采用的方法，主要包括三个部分：深度访谈、问卷调研以及数据分析方法。在深度访谈法中，主要阐述了访谈的目的和对象；访谈的流程和内容；访谈资料的整理和结论。在问卷调研法中，主要阐述各变量的操作化定义及测量量表，然后在严格控制同源偏差的基础上，设计了本书研究所应用的调查问卷，并论述了研究对象的选择和问卷的发放。在数据分析法中，主要阐述了多元线性回归分析、Logistic 回归分析、结构方程模型和包括信效度以及同源方差检验的数据有效性检验。

第5章：数据处理与结果分析。本章首先依据上一章的设计思路进行大样本调查，分析了反生产行为和雇佣歧视的结构与特征，并分析了人口特征的分布与差异，然后检验了问卷的信效度，最后通过回归分析和结构方程检验假设并对结果进行了简要讨论。而且，根据数据结果构建了短长期模型，以及对长三角、珠三角、东北地区以及其他地区的研究结果进行对比分析。

第6章：研究结论与治理措施。本章总结了本书的主要结论，即雇佣歧视对反生产行为能产生直接显著的正向影响，还能通过消极情绪和人际冲突两条途径对反生产行为产生间接影响，同时，在雇佣歧视作用与消极情绪的过程中，组织声誉具有负向调节作用，不当督导具有正向调节作用，而组织间竞争和工作特征不具有调节作用；组织限制、不当督导在消极情绪与反生产行为间具有正向调节作用；自尊、自我监控在雇佣歧视与反生产行间有负向调节作用。同时，区域不同，消极情绪在雇佣歧视和反生产行为之间的中介作用不同，即越往南雇佣歧视通过消极情绪作用反生产行为越强烈。通过构建雇佣歧视与反生产行为的长短期函数模型还发现，农民工雇佣歧视对反生产行为的影响因务工时期不同存在显著差异。

在治理措施方面，本书从农民工经常遭受的三类雇佣歧视入手，为不断根除雇佣歧视提出了建议，并从成因控制、积极疏导、完善管理等多方面为减少反生产行为及其危害提供了解决思路。同时也从关注农民工的情感体验和促进农民工在城市中的融合，缓解农民工的消极情绪、减少人际冲突；改善领导的管理方式，减少不当督导现象的发生；提高组织声誉，有效抑制雇佣歧视对农民工消极情绪的影响；减少组织限制，有效抑制农民工消极情绪对其反生产行为的影响；提高农民工的自尊水平和自我监控能力，有效抑制雇佣歧视对反生产行为的影响等方面提出了农民工反生产行为的治理措施

本书在前人研究的基础上，对我国农民工反生产行为问题的研究做了以下三个方面的创新性工作。

（1）构建中国农民工雇佣歧视与其反生产行为的关系模型，并识别出消极情绪、人际冲突等在两者关系中的多中介作用路径。该模型揭示的农民工雇佣歧视对反生产行为作用机理、作用条件，能为政府、企业制定有效降低反生产行为的政策及企业和谐劳动关系构建提供理论依据。

（2）从不同层面识别出农民工雇佣歧视作用反生产行为的条件因素。从宏观、组织、工作岗位以及个体特质等跨层次领域的关键因素进行探索，更加立体和全面的揭示各层次因素在研究模型的不同阶段所发挥的权变作用，这将为不同层面的政策制定提供更有针对性的指导。

（3）深层次揭示中国农民工雇佣歧视及反生产行为的异质性，获取它们关联性的内在原因。雇佣歧视与反生产行为的数据分析只能揭示数据的规律性，而其内在的必然性的解释依赖于对农民工雇佣歧视与反生产行为深层次认知与掌握。本书拟利用多学科的研究方法，揭示它们异质性的内在原因和规律性，为数据分析的解释提供依据。

作者
2016 年 4 月

目　　录

第*1*章

绪　　论

1.1　研究背景

　　党的十一届三中全会拉开了我国改革开放的序幕，至此，中国进入了由计划经济向市场经济过渡的转型期，开始了从农业国向工业国的转变。在打破传统生产经营模式，通过发挥市场功能，配置生产要素，实现资源最佳利用以提高经济运行效率的基本思想指导下，农村首先开展了家庭联产承包制，农民积极性得到充分调动，农业劳动生产率得到大幅度提升，同时，农业机械和农业生产技术的引进，使得原来大量吸附在传统务农上的劳动力出现了剩余的现象，且这种现象日显突出（孙鑫，1984）。进入 20 世纪 80 年代中期以后，城市成为我国改革的重心，大规模工业化、城镇化的建设以及城市的发展，产生了大量劳动力的需求。同时，随着城乡收入差距的不断扩大（蔡昉，2000）、城乡二元户籍制度和僵化的城市劳动用工制度的逐渐松动（严于龙，2007），大量的农村剩余劳动力纷纷涌入城市和经济发达地区寻找就业机会（杨桂宏、熊煜，2014）。尽管这些进城务工的农村劳动力在城市实现了就业，但由于我国户籍等社会制度的约束，他们的真正身份并未随着进城就业而改变。就职业身份来说，他们是工人，而就社会身份来说，他们是农民，因此，形成了极具中国特色的、具有双重身份的特殊群体——农民工。

农民工为我国改革开放增添了活力，为现代化建设做出了重大贡献（杨志明，2015），主要表现在：第一，农民工推动了我国国民经济增长（李湘刚，2011），1982～1997年农民工对我国经济增长的贡献达20.23%（蔡昉、王德文，1999）；进入2000年以后，农村劳动力转移对我国经济增长的贡献率达21%（蔡昉，2005）。目前，农民工对经济增长的平均贡献率达14.7%（王青、焦青霞，2014），在未来的30年要继续保持经济高速增长的态势，农民工仍是一个主要力量（李培林、李炜，2010）。第二，农民工为城市提供了廉价的劳动力资源，促进了我国城市化发展。改革开放30多年来，城市现代生活和发展的各个行业都离不开农民工（张伟宾，2015）。无论服务业，还是制造业，都把农民工当成维持行业生存的廉价劳动力资源；正是农民工的廉价劳动，支持着城市餐饮、家政、娱乐、商业物流、建筑等行业的发展，更支持着制造业尤其是劳动密集型产业的发展（张金岭，2011）。农民工已经成为我国城市产业大军的主要力量，为城市做大、做强做出了巨大的贡献（严于龙，2007）。第三，农民工不仅推动了农村经济发展，也促进了农村精神文明的发展。目前我国农民工数量达2.74亿（杨志明，2015），人均月收入2 864元（闻天，2015），除去其在城市的消费，全国农民工每年带回家数千亿元的资金。这些资金不仅大幅度地缓解了农村的贫困状况，也增加了农村家庭消费支出和农村教育的投入，从而促进了农业和农村经济的发展（王杰力，2013）。同时，农民工进城就业后，不仅技能素质和生产经验得到了提升，他们的精神面貌也会因受到城市的先进思想文化理念和生产生活方式的影响而产生变化，并且在他们返回家乡的过程中，他们的这些精神面貌的变化又会对家乡农民产生潜移默化的影响，进而带动家乡农民综合素质的提升。

然而，近年来农民工抗争行为以及消极行为日益突出，富士康坠楼事件、南海本田罢工事件、东莞裕元鞋厂工人罢工等群体性事件接连发生，农民工打砸、冲突、频繁跳槽等现象也频繁见诸报端，解决农民工反生产行为问题已经迫在眉睫（王弘钰、王辉，2016）。反生产行为（Counterproductive Workplace Behavior，CWB）是指任何可能威胁或者已经危害到组织及其利益相关者的有意行为（Spector & Fox，2006），且具有普遍性、反复性、多样性、隐秘性等特点（刘玉新、张建卫、黄国华，2011）。以往学者从个体特征与组织情境方面对反生产行为的影响因素进行了探索，如 Marcus 和 Schuler（2004）指出，反生产行为的影响因素可以从情境与个体、诱导与抑制两个维度区分为"诱导"因素、"机会"因素、"内控"因素和"倾向"因素，对于农民工而言，由于我国长期累积的二元社会结构排斥效应以及源于户籍制度的社会身份问题等原因（曹庆梅，2009），导致城市许多用工单位、员工和市民对进城务工的农民工存在偏见（李湘刚，2011），我国学者（李长健、陈占江，2005）认为这些社会性歧视和制度不公正等是导致劳动场所反生产行为产生的主要原因。

我国农民工遭遇的歧视对待主要包括制度歧视、雇佣歧视、社会歧视等（刘唐宇、罗丹，2014），其中制度歧视主要表现为户籍制度歧视、政治歧视；雇佣歧视主要表现为工资待遇歧视、工作保障歧视；社会歧视主要表现为身份歧视、地域歧视。在上述歧视中，劳动场所的雇佣歧视尤为典型。雇佣歧视是指条件相等或相近的求职者，在求职过程中因某些与职业内在需要无关的因素不能享有平等的工作机会，以及在工作过程中，工资待遇、升迁、培训机会和就业安全保障等方面不能享有平等的对待，从而使其平等权利受到侵害的现象（张体魄，2010）。当前我国农民工遭遇的雇佣歧视问题普遍存在（刘唐宇、罗丹，2014）：在求职方面，有的企业招聘时公然拒绝农民工（李娟，2014），或者设置一些苛刻的条件限制农民工。在工作环境方面，农民工主要集中在脏、差、难、苦、累、险的岗位上，常常面临很多职业危险（刘唐宇、罗丹，

2014），由于长期处于以上所言不良的工作环境中，导致很多农民工饱受职业病的困扰，在所有患职业病的人中，农民工占 80%（工人日报，2011），而每年实际新发职业病数远高于报告情况（黄红芳，2015）。在工资待遇和社会保障方面，农民工与拥有城市户口的工人往往同工不同酬，同工不同权，同工不同福利，他们在薪酬方面往往多年维持在一个低水平层次上（李娟，2014）；与城市工人相比，农民工参加工伤、医疗、养老、失业、生育和住房公积金的比例都存在较大差距，调查表明，2014 年，农民工以上几项保险参保比例都很低，住房公积金缴纳比例只有 5.5%（张伟宾，2015）。

雇佣歧视现象的普遍存在对农民工的心理、行为产生一系列的影响，使得农民工的公平感知（池晓娜、王旭东、金柏范，2008）和满意度（Spector，1992；曾瑜，2009）下降，自尊和主观幸福感降低（李泽、刘杨、李泽、林丹华，2013），产生悲观、焦虑、自卑等消极情绪，产生抵触和仇视社会的心理（罗丞，2014）。农民工为了释放这些不良情绪会有负向行为的出现，如盗窃、怠工、停工、罢工、聚众斗殴、离职等（池晓娜等，2009；Jones，2009；王弘钰、王辉，2015），这些行为不仅会使企业生产效率下降，劳资关系恶化，严重的还会影响社会稳定（谢嗣胜，2005；袁国敏、曹信邦，2007；张体魄，2013；等等）。这些负向行为被称为反生产行为，即个体表现出来的任何对组织或者组织利益相关者合法利益具有或者存在潜在危害的有意行为（Spector & Fox，2002）。

以往对雇佣歧视的研究主要集中在雇佣歧视的定义、类型、特点、现状、原因、危害及干预机制（姚鹤、段锦云等，2010）等方面；对反生产行为的研究集中于形成机制、结构、分类等方面（郭辉辉，2011），并先后证实了宏观因素、组织因素、工作因素和个人因素是导致员工反生产行为的主要原因（王琛、陈维政，2009）。在雇佣歧视对反生产行为影响的研究中，学者们主要从定性的角度进行分析，认为导致反生产行为的主要原因是社会性歧视和制度不公正等（李长健、陈占江，2005）。虽然以往研究取得了较丰硕的成果，但仍存在一些不足。（1）缺乏对雇佣歧视结构的系统研究。中国企业雇佣歧视类型有十几种（娄耀雄，2004），但目前研究主要集中于不同性别、不同身份的工资歧视，其他类型的歧视关注较少。众所周知，不同行业、企业的不同发展阶段雇佣歧视的组成类型及权重系数不尽相同。因此，了解和掌握雇佣歧视结构特征和动态变化趋势，对有效治理企业雇佣歧视意义重大。（2）缺乏对反生产行为多层次影响因素研究。组织行为学的研究具有多层次性，且通常是个体、群体、组织三层面的变量交织在一起作用。但大多数的反生产行为研究存在层次不清或仅局限于个体层次的问题，而群体规范和组织特征是影响反生产行为的重要因素（张建伟、刘玉新，2008）。因此，从群体和组织层面展开反生产行为的研究，对丰富反生产行为理论意义重大。（3）缺乏雇佣歧视对反生产行为影响的机理研究。雇佣歧视虽然能使员工产生许多反生产行为（池晓娜、王旭东等，2008），但其对反生产行为作用的途径怎样，在作用过程中是否受条件因素的限制，目前还没有学者进行实证研究。而机理研究对于揭示雇佣歧视作用反生产行为的规律是很有价值且非常必要的。（4）严重缺乏建立在微观数据上的雇佣歧视和反生产行为研究。国外学者对雇佣歧视与反生产行为研究分析的结论是以企业和员工个体资料为基础的（Robinson & Bennett，1995）。我国学者由于在获取资料方面受到限制，大多数是利用宏观数据进行分析，因而不能从微观企业个体出发揭示雇佣歧视和反生产行为的内在规律。所以从微观数据出发，引入不同的控制变量，验证雇佣歧视对反生产行为影响是否存在，揭示其作用方向、程度、途径和条件，进而从中找出作用规律是很有价值的。（5）对于雇佣歧视和反生产行为研究方法过于单一。我国学者对雇佣歧视和反生产行为的研究多采用定性方法或运用宏观数据进行归纳分析，而实际上，雇佣歧视和反生产行为的产生与内在机理在截面上也存在很大的异质性，应试图利用微观计量等分析方法针对不同地域、不同类型的企业和员工进行实证分析。同时，还应当利用管理学、社会学、心理学、人类学的研究方法进行变量界定、框架构建、模型建立、结果的解释。

基于以上的研究不足，基于农民工是典型的被雇佣歧视群体，基于劳动场所农民工反生产行为的普遍存在，本书拟利用农民工微观调研数据，运用多种统计手段及跨学科研究方法深入分析农民工雇佣歧视结构、农民工反生产行为表现及类型等现状，并探讨雇佣歧视对反生产行为的影响机制，从宏观因素、组织因素、工作因素及个人因素等跨层次变量对影响两者之间关系的边界进行探索，针对不同地域、不同时期的农民工进行对比分析，构建雇佣歧视对反生产行为影响的长期函数模型。具体包括以下研究内容。

1. 对农民工雇佣歧视和反生产行为变量进行界定。（1）界定各变量内涵及操作性定义；（2）描述各变量之间逻辑关系；（3）利用结构方程描述各变量之间关系方向及关系程度；（4）利用假设检验对关系显著性进行检验。

2. 对农民工雇佣歧视、反生产行为及影响因素以及对农民工雇佣歧视作用其反生产行为机理进行研究。（1）利用半结构式深度访谈，深层次了解农民工雇佣歧视类型、使用频次及影响因素；深层次了解其反生产行为结构特征及影响因素；深层次了解雇佣歧视对反生产行为影响过程、程度及影响条件，以提炼作用路径及作用的环境因素。（2）通过问卷调查，全方位描述雇佣歧视产生原因、类型、实现手段、效果及其特征；全方位描述反生产行为产生的缘由、动机、预期及其特征；系统描述雇佣歧视对反生产行为作用轨迹及作用条件，为全面理解和分析农民工雇佣歧视与其反生产行为的关系提供基础资料。

3. 构建农民工雇佣歧视与其反生产行为模型，选择系列分析方法。（1）构建农民工雇佣歧视、反生产行为函数模型（短期、长期）；（2）雇佣歧视和反生产行为结构识别及变动分析；（3）提出以消极情绪为雇佣歧视和反生产行为中介变量，以宏观因素中失业率、组织间竞争，组织因素中组织声誉、组织限制，岗位因素中危险程度、困难程度、自主性等工作特征，个人因素中自尊、自我监控等，作为雇佣歧视和反生产行为调节变量的理论模型。

4. 以长三角、珠三角和东北地区的农民工为调查对象，分别进行实证分析，探讨三个地区农民工雇佣歧视与反生产行为的特点，并据此提出政策建议。不同地域的农民工由于其地缘特点而显示出不同的行为和表现，而长三角、珠三角是外出打工农民工的主要聚集地，由此得出的结论更具有现实意义。东北地区农民工的状况在现有研究中涉及极少，但东北地区有其显著的地域特点，将东北地区样本与长三角、珠三角样本进行对比研究，更有利于探索地缘差异对农民工态度及行为的影响。

1.2　研　究　意　义

本书基于社会学、管理学以及心理学理论对农民工在务工过程中遭受的雇佣歧视现象以及日益频发的反生产行为问题进行了研究。该研究成果不仅在理论上弥补了组织歧视领域以及消极行为理论的相关空白，也在实践上为政府部门和企业组织对农民工的管理提供有益的理论指导和现实启示。

1.2.1　理　论　意　义

1. 识别出我国农民工雇佣歧视及反生产行为的内涵、结构和主要特征。农民工作为我国独特的务工群体，由于其社会身份及成长背景等原因而在工作过程中经受着区别于普通员工的歧视待遇。这些职场中歧视现象普遍存在，但在农民工身上的具体表现有哪些突出的特点并不明确。同时，农民工负面行为问题日益引起实践界和学术界的重视，其具体内涵和结构、与其他积极行为相比有何特点等问题没有现成答案，本书中将逐一进行深入探索。

2. 探索了农民工雇佣歧视通过消极情绪对反生产行为的作用机制，同时检验出人际冲突也存在部分中介作用。农民工作为我国劳动力大军中的特殊群体，其雇佣歧视问题十分突出，以往研究中对于反生产行为的形成机制研究较少，而从雇佣歧视视角进行研究的更是少见。进一步，许多学者已经提出消极情绪可以作为外界刺激事件导致反生产行为产生的中介作用，却较少有研究指出人际冲突的中介作用，本书中识别并验证了人际冲突在农民工雇佣歧视与反生产行为间的中介作用。

3. 揭示了宏观因素、组织因素、岗位因素以及个人因素在雇佣歧视对反生产行为影响机制中的调节作用。雇佣歧视对反生产行为的作用机制的实证研究较少，更遑论其作用路径间的调节作用。从以往研究来看，多数学者识别并验证了许多个体因素、环境因素在多种刺激因素导致反生产行为过程中的调节作用。但以往在调节变量的选择上较为单一，本书中将环境因素细化为宏观因素、组织因素、岗位因素，识别出四个方面的关键因素并对其调节作用进行了检验。

4. 构建了农民工雇佣歧视对反生产行为影响的长期函数模型。管理学实证研究多借鉴社会学及经济学原理进行数据的统计性检验，本书结合两者的研究方法，以农民工的工作年限为时间轴，探索了不同年龄阶段、不同时间阶段的农民工的不同行为函数模型，从一定程度上对农民工雇佣歧视与反生产行为之间的作用机制纵向研究提供了依据。

1.2.2 现实意义

1. 有助于农民工尊严感、幸福感的提升。目前中国有 2.74 亿农民工，主要分布在第二、第三产业，为中国的城市建设做出了巨大贡献。但农民工雇佣歧视不仅伤害了他们的尊严，而且雇佣歧视会增加城市社会底层群体（马广海，2003），本书中将针对农民工在务工场所中的雇佣不平等问题进行探索并给出合理的可操作化建议，以提高农民工身份地位与尊严，保证他们在城市融入过程中的工作、生活上的幸福感。

2. 有助于企业和谐劳动关系和社会公平保障体系的构建。农民工雇佣歧视现象非常普遍和严重，这突出表现在农民工在工作上的不公平对待、社会保障方面的极度缺乏，而由此引发的反生产行为对企业、对社会的稳定和中国经济的可持续发展都会造成巨大影响（王琛、陈维政，2009）。重视农民工的歧视现象与反生产行为问题的解决，不仅有助于有针对性地制定农民工城市融入过程中的社会公平保障条款，为他们提供公平的就业机会与就业环境，以改善农民工在城市化过程中的就业问题；更有助于缓和农民工与用工单位的矛盾与冲突，促进更加和谐的劳动关系的构建。

3. 有助于国民经济的健康发展。营造一个公平公正的环境是促进社会稳定的基础，这对于我国经济发展与建设和谐文明的社会有极大的促进作用。由于雇佣不平等而导致的农民工反生产行为问题已经逐渐导致正常的经济运营秩序，成为我国经济发展过程中的不稳定因素之一，长期发展下去必然会影响中国 GDP 规模、整个社会福利水平的提高，进而导致系列的社会问题（刘玮，2005）。为了经济稳定、健康发展，必须关注农民工工作过程中的待遇及行为问题，针对当前农民工的需求予以满足，逐步减少负面问题的出现。

1.3　研究路径及章节安排

研究路径不仅指明了研究所遵循的步骤和流程，同时也设计了合理的技术路线，对研究质量大有裨益，因此，在研究的最初阶段就应明确（陈明，2013）。结合本书的研究问题、研究类型与研究思路，设计了相应的技术路线，如图 1 - 1 所示。

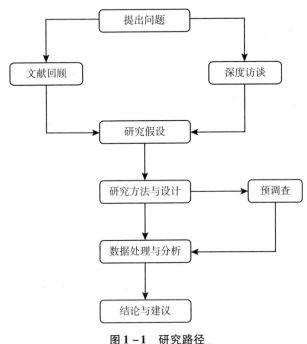

图 1-1　研究路径

本书主要探讨的是农民工雇佣歧视与反生产行为的关系、其作用路径机制和宏观因素、组织因素、岗位因素、个人因素在影响路径中的作用。结合研究问题与上述研究路径，本书共分为六章，各章具体内容如下。

第 1 章：绪论。本章首先从我国引发广泛关注的农民工反生产行为问题出发，并结合相关理论阐述了本书的研究背景，进而提出研究问题，并简要阐述了本书研究的目的和意义，然后介绍了本书研究的技术路线和结构。

第 2 章：文献回顾与评述。本章首先通过回顾反生产行为的理论脉络，引出作为其边界拓展的农民工雇佣歧视以及反生产行为内涵及特点，接下来对其中介因素消极情绪进行梳理，最后介绍了宏观因素、组织因素、岗位因素、个人因素几个构念的理论基础。另外，阐述了工作满意度、人际冲突在雇佣歧视与反生产行为之间可能存在中介作用的理论研究回顾。

第 3 章：理论框架与研究假设。本章在对雇佣歧视、反生产行为等各变量间可能存在的作用机制进行理论机理的推演和逻辑阐述的基础上，初步建立了本书研究的理论模型，然后通过预调查和探索性因子分析等方法对初步模型进行检验和修正，在此基础上确定了最终模型并提出了相关假设。

第 4 章：研究方法与设计。本章主要是确定各变量的操作化定义及测量量表，然后在严格控制同源偏差的基础上，设计了本书研究所应用的调查问卷，最后介绍了本书研究中分析处理数据所涉及的方法。

第 5 章：数据处理与结果分析。本章首先依据上一章的设计思路进行大样本调查，分析了雇佣歧视和反生产行为的结构与特征，并分析了人口特征的分布与差异，然后检验了问卷的信效度，最后通过回归分析和结构方程检验假设对结果进行了简要讨论。而且，根据数据结果构建了短长期模型，以及对长三角、珠三角、东北地区和其他地区的研究结果进行对比分析。

第 6 章：研究结论与治理措施。本章总结了本书研究的主要结论，并提出相应的治理措施，最后说明了研究的局限性和未来研究方向。

1.4　研究创新点

1. 构建中国农民工雇佣歧视与其反生产行为的关系模型，并识别出消极情绪、人际冲突等在两者关系中的多中介作用路径。该模型揭示的农民工雇佣歧视对反生产行为作用机理、作用条件，能为政府、企业制定有效降低雇佣歧视政策及企业和谐劳动关系构建提供理论依据。

2. 从不同层面识别出农民工雇佣歧视作用反生产行为的条件因素。从宏观、组织、工作岗位以及个体特质等跨层次领域的关键因素进行探索，更加立体和全面地揭示各层次因素在研究模型的不同阶段所发挥的权变作用，这将为不同层面的政策制定提供更有针对性的指导。

3. 深层次揭示中国农民工雇佣歧视及反生产行为的异质性，获取它们关联性的内在原因。雇佣歧视与反生产行为的数据分析只能揭示数据的规律性，而其内在的必然性的解释依赖于对农民工雇佣歧视与反生产行为深层次认知和掌握。本书中拟利用多学科的研究方法，揭示它们异质性的内在原因和规律性，为数据分析的解释提供依据。

第2章

文献回顾与评述

2.1 农 民 工

2.1.1 农民工的由来与界定

党的十一届三中全会拉开了改革开放的序幕，中国进入了由计划经济向社会主义市场经济过渡的经济转型期，开始了从农业国向工业国的转变。在转变的过程中，随着工业化持续地推进，现代化进程的逐渐加快，户口制度不断松动，形成了中国特有的群体——农民工群体（邓保国、傅晓，2006）。

我国农民工的形成大致经历了三个阶段：第一阶段是新中国成立初期至改革开放之前，第二阶段是改革开放后至 20 世纪 80 年代中期，第三阶段是 20 世纪 80 年代以后。在第一阶段，我国生产力低下且工业化程度较低，农村与城市的劳动力流动缓慢（郭熙保，2002），同时，我国实行的二元户籍制度阻碍了公民的自由流动，导致农民与城市就业的工人界限分明，此时只有极少数农民偶尔进城务工。第二阶段是改革开放后，我国为了向现代化社会转变而进行工业化的过程中，通过市场合理配置生产要素、实现资源的最佳利用以提高经济运行效率的基本思想指导下，农村打破了传统计划经济体制下的生产经营模式，开展了家庭联产承包制，农民积极性得到充分调动，农业劳动生产率得到大幅度提升。由于农业机械和农业生产技术的引进，原来大量吸附在传统务农的劳动力出现了剩余现象，且这种现象日显突出（吴海峰，2009）。当时众多的剩余劳动力无法自由迁移，只能在当地的乡镇企业中务工劳动，形成"进厂不进城"的农民工雏形（邓保国、傅晓，2006）。第三阶段是 20 世纪 80 年代以后，各个城市、各个行业进入快速发展期，特别是第二产业、第三产业中持续增加的劳动力需求为农村剩余劳动力创造了大量就业机会，加之城乡收入差距的不断扩大，经济利益吸引着在农村的剩余劳动力（蔡昉，2000）。此时，随着国家改革开放政策的制定和以发展经济为工作中心的确立，僵化的城市劳动用工制度和城乡二元户籍制度逐渐松动，农民开始在一定条件下流动到城市（严于龙，2007；石玉顶，2008）。

在市场经济和人口自由流动的环境下，许多人为了改善生活条件而迁移到收入高、发展好的地方。推拉理论进一步解释了农民工形成的流动机制（李强，2003），一方面，城镇的不断发展产生众多的就业岗位，流动人口在城镇企业工作收入较高、生活环境相对较好，这些因素成为农民工进城务工的"拉力"；另一方面，随着城乡经济条件差距的不断拉大，赋闲在家的农民无法在本地增加收入，特别是年轻农民需要进一步寻找就业和未来的发展出路，这就成为他们走出农村的"推力"（邓保国、傅晓，2006）。农民工的形成就是在这两种力量的共同作用下完成的，而无论是"推力"还是"拉力"，追逐经济利益是最大的原因。尽管这些进城的农村劳动力在城市实现了就业，但由于现行社会制度的约束，他们的社会身份并未随着工作类型的改变而改变，从就业身份来说，他们是工人，而就社会身份来说，他们是农民，从而形成了极具中国特色的具有双重身份的特殊群体——农民工。

对于农民工概念的界定目前学界还没有定论，张雨林最早在

1983 年提出农民工这一称谓，并于次年在《社会学通讯》中给出了农民工的明确定义。他认为，农民工指的就是在乡镇企业进行工作的农民。此时由于户籍制度的严格限制，对农民工的界定仅局限在"离土不离乡"的群体。对目前所熟知的农民工界定最早来源于国务院在 1991 年公布的《全民所有制企业招用农民合同制工人的规定》。该《规定》中指出，农民工即农民合同制工人，也包括农民定期轮换工。此时农民工需要满足两个条件：一是务工时间期限在 1 年以上；二是在务工场所实行劳动合同制。在此之后，多个政府部门开始在政策制定与文件通知中使用农民工的概念，众多学者也对农民工进行了不同界定。在农民工产生初期，学者认为农民工就是"农民工人"的简称（袁方等，1998），具体是指本身身份是农民但从事的是除个体经营之外的非农生产劳动并以此获取收入的人群。此后，随着农民工人数的不断增多，有学者认为农民工是农民中的一个阶层，这一阶层包括在乡镇企业就业的农民工以及进入城市就业的农民工（陆学艺，2002），这只是简单地从务工地点进行区分。随后，陆学艺（2004）又从地域、职业、制度身份、劳动关系方面对农民工的含义进行了解读，并在此基础之上指出，农民工就是拥有农村户籍但被雇佣来从事非农工作的农村人口。近年来，有学者指出农民工主要代表户籍为农民、拥有承包地、从事非农生产并以此获得工资收入的劳动者（李培林、李炜，2007）。国务院发展研究中心于 2011 年正式明确了农民工的定义：农民工群体主要是指户籍在农村但主要在城镇从事非农产业的劳动人口。本书中从内涵包容性以及易于识别性的角度选择国务院发展研究中心（2011）对农民工进行的界定。

随着时间的推移和社会环境的巨大变化，农民工在代际分化过程中产生了一个新群体——新生代农民工。新生代农民工与老一代农民工经历的生活背景和社会背景都有很大差异。新生代农民工出生、生活的时期物质生活较为富足，互联网的普及使得他们更容易获得新信息、新知识、新思想，也促使他们形成更为复杂和多元的个性与特征，新生代农民工无论对物质需求还是对精神需求都不是老一代人能够相比的。最早开始关注并提出新生代农民工这一概念的是王春光（2001），并且从年龄、学历、社会认同等方面对新生代农村流动人口与老一代农民工进行了比较和分析，但并没有正式提出新生代农民工的界定。后来学者在此基础上提出新生代农民工主要从自身经历与时间代际上进行区分，认为年龄在 25 岁以下，处于第一代与第二代农民工之间的外出务工农村流动人口（王春光、罗霞，2003）。随着时间推移，第一代农民工逐渐被新生代农民工取代，由于其有别于第一代农民工的特点而引起学界的关注。众多学者将社会身份、年龄以及从事职业等方面作为判别标准，认为新生代农民工具体是指：在社会身份上拥有农村户籍、出生时间在 1980 年以后、20 世纪 90 年代开始外出进行非农业生产工作的流动人口（魏顺宝，2012；李培林、田丰，2011；张春龙，2011；《中国新生代农民工发展状况及代际对比研究报告》，2007；刘传江、徐建玲，2006；）。学界对新生代农民工的不断深入研究也得到了中央政府和地方政府的高度重视，政府出台的相关文件中也不断出现新生代农民工的概念。最早是在 2010 年的中央一号文件中引用了这一概念并且首次对新生代农民工进行了官方界定：新生代农民工指的是 20 世纪 80 年代以后出生、年龄满 16 周岁并离乡外出从事非农业生产的农村户籍人口。以往许多学者从其研究领域出发对新生代农民工的概念进行探讨，本书中在比对前人对新生代农民工概念辨析的基础上选用的是中央一号文件中的正式界定。

2.1.2　农民工的现状及特征

随着我国工业化、城镇化进程的不断推进，农民工成为我国的新型劳动大军，是产业工人的主体力量，为农村增加了收入，为城市创造了财富，为改革发展增添了活力，为我国现代化建设做出了重大贡献（杨志明，2014）。农民工是连接农业与工业、农村与城市、农民与工人的载体和桥梁（辜胜阻、易善策、郑凌云，2006），随着社会与经济的发展逐渐出现了一些突出的特征。

1. 总量持续增加，但总量增速回落；倾向于本地务工，但外出务工者跨省流动比例有所提高；西部地区吸纳务工能力持续增强；地级市务工比重继续上升。

据 2014 年全国农民工监测调查报告数据，我国农民工总数比2013 年增长了 1.9%，已经达到 2.74 亿人。其中，包括住户中外出和举家外出的农民工 1.68 亿人，以及在本地务工的 1.06 亿人，分别比 2013 年增长 1.3% 和 2.8%。跨省流动的农民工在所有外出农民工中占 46.8%，约有 0.79 亿人，比 2013 年增长 0.2%；同时，农民工总体中流入地级及以上城市的占 64.7%，约有 1.09 亿人，比 2013 年增长 0.8%（国家统计局，2014），具体如表 2 - 1所示。按输出地分，东部地区农民工占总量的 38.9%，中部地区农民工占总量的 34.5%，西部地区农民工占总量的 26.6%。从输入地看，1.6 亿人在东部地区务工，5 793 万人在中部地区务工，5 105 万人在西部地区务工。

表 2 - 1　　　　　　　　农民工的规模　　　　　　　单位：万人

	2010 年	2011 年	2012 年	2013 年	2014 年
农民工总量	24 223	25 278	26 261	26 894	27 395
外出农民工	15 335	15 863	16 336	16 610	16 821
住户中外出农民工	12 264	12 584	12 961	13 085	13 243
举家外出农民工	3 071	3 279	3 375	3 525	3 578
本地农民工	8 888	9 415	9 925	10 284	10 574

资料来源：2014 年全国农民工监测调查报告。

数据结果显示，尽管近年来农民工的增速有所回落，但外出农民工的增速仍然明显低于本地农民工的增长速度，这表现出目前农民工开始倾向于在本地务工，但外出农民工中跨省流动的比重有所提高。而西部地区转移出的农民工数量以及本身的吸纳能力均增长明显，特别是农民工的输出增速显著高于东部地区和中部地区。从流入地区来看，农民工进入地级以上城市的比重继续上升。

2. 男性、青壮年为主，受教育程度及培训比例有所提升。从性别分布来看，农民工中男性与女性分别占总数的 67%、33%；从年龄阶段分布来看，2014 年 16~20 岁、21~30 岁、31~40 岁、41~50 岁、50 岁以上的农民工分别占总数的 3.5%、30.2%、22.8%、26.4%、17.1%，如表 2-2 所示；从受教育程度来看，小学及以下的农民工尽管比上年有所减少，但 2014 年仍占总数的 15.9%，多数农民工为初中学历，占 10.3%；高中及以上农民工比上年增加 1%，占比 23.8%，如表 2-3 所示；农民工中接受过技能培训的比 2013 年增加 2.1%，占比 34.8%。农民工六成以上为男性并以青壮年为主，在受教育程度上逐年提高，而且无论在哪个年龄段，农民工接受农业和非农业职业技能培训的比例均有所提升。

表 2-2　　　　　　　　　　农民工年龄构成　　　　　　　　单位：%

	2010 年	2011 年	2012 年	2013 年	2014 年
16~20 岁	6.5	6.3	4.9	4.7	3.5
21~30 岁	35.9	32.7	31.9	30.8	30.2
31~40 岁	23.5	22.7	22.5	22.9	22.8
41~50 岁	21.2	24.0	25.6	26.4	26.4
50 岁以上	12.9	14.3	15.1	15.2	17.1

资料来源：2014 年全国农民工监测调查报告。

表 2-3　　　　　　　　　　农民工文化程度构成　　　　　　　　单位：%

	农民工合计		外出农民工		本地农民工	
	2013 年	2014 年	2013 年	2014 年	2013 年	2014 年
未上过学	1.2	1.1	0.9	0.9	1.6	1.6
小学	15.4	14.8	11.9	11.5	18.9	18.1

续表

	农民工合计		外出农民工		本地农民工	
	2013 年	2014 年	2013 年	2014 年	2013 年	2014 年
初中	60.6	60.3	62.8	61.6	58.4	58.9
高中	16.1	16.5	16.2	16.7	16.0	16.2
大专及以上	6.7	7.3	8.2	9.3	5.1	5.2

资料来源：2014 年全国农民工监测调查报告。

3. 第三产业从业的比重提高，从事第二产业的比重下降；自营就业农民工比重有所提升。从就业的产业分布看，2014 年，农民工在第二产业中从业的比重为 56.6%，农民工在第三产业从业的比重为 42.9%。具体而言，制造业从业人数比 2013 年减少 0.1 个百分点，尽管建筑业人数增加 0.1 个百分点，但总人数比 2013 年下降 0.2 个百分点。从事第三产业的农民工整体比 2013 年增加了 0.3 个百分点，批发和零售业、住宿和餐饮业均较 2013 年增长 0.1 个百分点，而交通运输、仓储和邮政业则增长了 0.2 个百分点；但从事居民服务、修理和其他服务业的人数有所下降，比 2013 年共降低了 0.4 个百分点，如表 2 - 4 所示。另外，受雇就业与自营就业的农民工分别占比 83%、17%，其中自营就业的农民工数比 2013 年增长 0.5%。

表 2 - 4　　　　　　农民工就业行业分布　　　单位：%、百分点

	2013 年	2014 年	增减
第一产业	0.6	0.5	- 0.1
第二产业	56.8	56.6	- 0.2
其中：制造业	31.4	31.3	- 0.1
建筑业	22.2	22.3	0.1
第三产业	42.6	42.9	0.3
其中：批发和零售业	11.3	11.4	0.1

续表

	2013 年	2014 年	增减
交通运输、仓储和邮政业	6.3	6.5	0.2
住宿和餐饮业	5.9	6.0	0.1
居民服务、修理和其他服务业	10.6	10.2	- 0.4

资料来源：2014 年全国农民工监测调查报告。

4. 收入保持增长，但制造、建筑、服务等行业和东部区域增长速度较快。整体来看，2014 年农民工的人均月收入比 2013 年增长了 255 元，达到 2 864 元，增幅为 9.8%（见表 2 - 5）。具体来说，各行业以及各地区的农民工收入均保持持续增长，其中增长速度较快的行业有制造业、建筑业以及居民服务等相关服务业，而批发及零售业、交通运输、仓储及邮政业的增速相对较慢；农民工收入增速较快的地区仍然是东部地区，人均月收入达到 2 966 元，比 2013 年增长了 10.2%，并且比中部地区、西部地区增幅分别高出 1.2%、0.6%。中部地区与西部地区的人均收入分别为 2 761 元和 2 797 元。

表 2 - 5　　　　　分行业农民工人均月收入及增幅　　　单位：元、%

	2013 年	2014 年	增长率
合计	2 609	2 864	9.8
制造业	2 537	2 832	11.6
建筑业	2 965	3 292	11.0
批发、零售业	2 432	2 554	5.0
住宿、餐饮业	2 366	2 566	8.4
交通运输、仓储和邮政业	3 133	3 301	5.3
居民服务、修理和其他服务业	2 297	2 532	10.2

资料来源：2014 年全国农民工监测调查报告。

5. 福利待遇、社会保障方面变化不大，问题仍然较为严重。

农民工就业及保障的调查结果表明，农民工的工作时间仍然普遍超出规定时限。2014 年，农民工每年平均有 10 个月外出工作，每个月的平均工作时间为 25.3 天，而且周工作超过 44 小时、日工作超过 8 小时的比重分别达到 85.4%、40.8%，如表 2 - 6 所示。农民工与雇主间签订劳动合同的比重与 2013 年变化不大，所占比例为 38%；被拖欠工资农民工占比为 0.8%；农民工在"五险一金"的参保率尽管均有所上升，但仍然比重较小，其中参加工伤保险、医疗保险、养老保险、失业保险、生育保险、住房公积金的比率分别为 26.2%、17.6%、16.7%、10.5%、7.8%、5.5%，外出农民工的工伤保险、医疗保险以及住房公积金参保率略高于本地农民工，养老保险、失业保险、生育保险参保率则低于本地农民工如表2 - 7 所示。

表 2 - 6　　　　　　　　　外出农民工从业时间和强度

	2013 年	2014 年
全年外出从业时间（月）	9.9	10.0
平均每月工作时间（天）	25.2	25.3
平均每天工作时间（小时）	8.8	8.8
日工作超过 8 小时的比重（%）	41.0	40.8
周工作超过 44 小时的比重（%）	84.7	85.4

资料来源：2014 年全国农民工监测调查报告。

表 2 - 7　　　农民工参加"五险一金"比重及变化　　　单位：%，百分点

	工伤保险	医疗保险	养老保险	失业保险	生育保险	住房公积金
合计	26.2	17.6	16.7	10.5	7.8	5.5
其中：外出农民工	29.7	18.2	16.4	9.8	7.1	5.6
本地农民工	21.1	16.8	17.2	11.5	8.7	5.3

	工伤保险	医疗保险	养老保险	失业保险	生育保险	住房公积金
比上年增加	1.2	0.5	0.5	0.7	0.6	0.5
其中：外出农民工	1.2	0.6	0.7	0.7	0.5	0.6
本地农民工	1.0	0.4	0.3	0.9	0.8	0.4

资料来源：2014 年全国农民工监测调查报告。

根据数据统计结果显示，超时劳动仍然在农民工就业时普遍存在，并且签订劳动合同情况与 2013 年相比并没有明显的变化。目前拖欠农民工工资的情况有所缓解，但从行业分布来看，拖欠工资较为严重的是农民工较为集中的建筑业，同时批发和零售业拖欠农民工工资的情况增长较多，并且工资拖欠额明显增加。在社会保障方面，参加"五险一金"的农民工比例提高，东部地区参保率最好，中西部地区参保率提高较快。

2.1.3　农民工的相关研究

进入 21 世纪以来，随着农民工群体的持续增长以及他们在社会经济发展中的重要性不断增强，关于农民工问题的研究也越来越多。农民工问题是一个综合性的问题，这不仅关系到广大农民工及其所在家庭的直接利益，对于国家社会来说更是牵涉到经济、社会、政治、文化等相关方面的重要课题。从以往研究领域来看，农民工问题一直得到社会学界的广泛关注，并且取得了许多有价值的研究成果。随着对农民工问题的深入探讨，其他学科也开始重视这一独特的社会群体，目前关于农民工的研究几乎覆盖了人口学、法学、经济学、管理学等所有的人文学科，从不同的角度来关注农民工问题（李国珍，2008）。

在研究内容方面，以往研究采用了社会学领域常用的描述性分析、个案与案例分析、田野分析等研究方法，对农民工流动迁移理论问题（王春光，2001、2003；李强，1999、2003）、权益及社会保障（郑功成，2003；李强，2001）、农民工在城市中的适应及社会融入（刘传江、周玲，2004；任远、邬民乐，2006）、社会认同与身份认同（陈映芳，2005）等方面进行了探索。随着新生代农民工进入历史舞台，以上研究问题开始逐渐从新生代农民工特点入手进行两代农民工的代际差异对比研究（王春光，2001；吴漾，2009；全国总工会新生代农民工问题课题组，2010）。农民工在输入地所显示的问题主要有农民工的来源地及其迁移的目的、就业方式、行业和职业、收入、工作与生活环境、权益保护以及社会网络、适应过程、对输入地的影响等；而对于输出地所带来的问题主要在农民外出就业的原因、性别、外出的信息来源、选择方式与外出人员特征、外出以后对家乡的影响、个人现代性的习得等方面（赵晓芳，2007）。李国珍（2008）通过对以往发表文章进行分析发现，对于农民工问题的探讨主要集中于研究农民工婚姻家庭生活、与城市有关的农民工问题、农民工综合问题等多个方面。尽管以往学者对于农民工问题的阐述取得了丰硕的成果，但由于其研究方法的局限性而使得研究结果主观性有余而客观性不足。

随着各学科对农民工群体的逐渐重视，各学科的研究方法已经开始应用到农民工问题上，但目前仍然使用得并不广泛。目前使用的实证研究方法多来自于经济学、心理学以及管理学领域，但其研究内容比较局限。如经济学领域的研究主要运用二手数据来探讨以农民工为代表的人口流动、工资等问题（刘林平、张春泥，2007；白暴力，2007）；心理学领域仅关注农民工群体的心理健康与行为反应问题（蒋善、张璐、王卫红，2007；胡宏伟、王金鹏、曹杨，2011）；管理学领域则多侧重于农民工的就业、职业流动等问题（刘万霞，2013；郭锦墉等，2014）。而对于跨学科的实证研究则非常少，特别是跨越社会学、管理学、心理学等研究领域的农民工社会地位与社会身份所带来的利益缺失对其职场行为的影响路径、权变因素等内容还存在空白。而且，以往对农民工的探讨主要聚焦于他们的宏观社会身份及其引发的社会性问题，从微观角度对农民工群体进行深入探讨的实证研究较少，并且对于他们在就业过程中的心理状态、行为选择等方面的研究，近年来才开始得到学界的关注且相关研究成果甚少。

农民工是我国特殊历史背景与社会背景下形成的庞大特殊群体，他们有着独特的物质及精神层面的利益诉求。在社会不断发展的过程中，农民工群体也呈现出与现行制度以及政策体系的矛盾和冲突，农民工希望融入城市及主流社会，并且渴望得到社会的尊重以及在政治权力、经济利益、福利保障等方面的公平对待（郑功成、黄黎若莲，2006）。而现有的研究大多局限在农民工对城市适应的现状和基础上，忽视了城市对农民工的接纳和排斥问题。城市对农民工就业过程中的排斥与隔离主要体现为对农民工在就业各个阶段的雇佣歧视，这种歧视主要由农民工的社会身份所引发，较为突出的是就业前的进入歧视以及在工作过程中的在职歧视。就业进入歧视主要表现为农民工难以进行平等的择业与就业；在职歧视则表现为在职业类型、工作内容、发展机会等方面农民工难以获得相应的权利（蒋长流、曾庆梅，2009）。农民工雇佣歧视问题一直受到学者的重视，以往学者对其所遭受的雇佣歧视类型、内容等进行了不同程度的研究（朱力，2001；刘玮，2005；赵耀，2006；冯都，2012）。雇佣歧视主要表现为工作单位在制度规定以及薪酬待遇上明显存在偏见和不公（谢嗣胜、姚先国，2006；邵志忠，2008），而且，随着新生代员工进入历史舞台，他们对于公平、民主、自由意志的需求更为迫切，而不公平的现实状况与其需求之间产生了强烈的冲突和矛盾，以致农民工感到不满和愤怒（全国总工会新生代农民工问题课题组，2010）。这些矛盾和不满不断激化导致农民工负面行为不断出现，如产生巨大社会影响的"格兰仕工人砸厂"、"南海本田罢工"、"富士康民工坠楼"等重大群体性事件，以及在工作场所频频发生的盗窃、怠工、攻击等个人行为。以上在劳动场所中的负面行为统称为反生产行为，即个体表现出来的任何危害或者可能危害组织及其利益相关者的合法权益的有意行为（Spector & Fox，2002）。通过文献梳理发现，前人的研究主要从社会学角度对农民工冲突、犯罪等行为进行探讨，也有学者开始关注农民工在组织中的群体利益抗争行为（蔡禾、李超海、冯建华，2009；冯虹、汪昕宇、陈雄鹰，2013；陈满琪，2014；王弘钰、王辉，2015）。群体性事件往往是微观个体问题不断激化和积累的结果，但目前的研究对于农民工在劳动场所中的反生产行为如群体性事件、个体消极行为等并没有进行深入探讨，而关于农民工不同雇佣歧视类型与其行为反应，特别是与反生产行为关系的研究还尚属空白，更遑论其作用机理以及权变因素的揭示。

综上所述，在组织中身份不能被认同、不能被公正平等地对待等雇佣歧视现象正是农民工压力和痛苦的主要来源之一（邵志忠，2008），这些歧视性现象往往造成农民工在务工过程中产生不满、愤怒或者焦虑等消极情绪（刘玮，2005），并引发迟到早退、偷懒怠工、破坏、偷窃、罢工等行为（Sackett & Devore，2001）。本书基于以上研究的空缺，将针对农民工雇佣歧视问题、反生产行为问题进行探索，并探讨雇佣歧视对反生产行为的影响机制以及哪些权变因素对此产生何种影响。

2.2 反生产行为

2.2.1 反生产行为的界定

反生产行为（Counterproductive Workplace Behavior）的内涵和初期概念最早是来自于 Kapla（1975）关于员工在工作场所内

各种越轨行为的探讨，焦点在于员工自主做出的任何有损于组织成员、组织利益的不良行为。Mangione & Quinn（1975）首次明确提出反生产行为的概念和界定，认为反生产行为具体是指员工不作为，并且有损于企业创造利润与相关利益的负面行为。在反生产行为提出初期，并没有迅速得到学界的广泛关注，而进入20世纪90年代后，随着员工反生产行为现象的不断出现，越来越多的学者开始对这一概念进行探索。尽管以往学者对反生产行为进行了许多界定，但多数学者所作的界定都基本遵循和赞同 Sackett & Devore（2001）提出的反生产行为三个核心内容：（1）这种行为一定是员工本人故意实施的；（2）这种行为会给组织带来某种危害或者潜在危害，但不是一定会引发恶劣的后果；（3）这种行为可能给组织带来的伤害需大于可能为组织获得的潜在利益。

后来许多学者均在此基础上提出了反生产行为的界定。例如Vivian、Wing & Jane（2003）在与劳动场所偏离行为、反社会行为进行对比的基础上认为，反生产行为是指员工故意实施的危害组织其他成员绩效或者组织整体绩效与效率的行为。Spector & Fox（2005）认为，反生产行为指的是员工个体在工作场所中故意实施的会对组织或者组织的利益相关者（其他员工、领导、客户等）造成现实危害或潜在危害的一系列行为。张建卫、刘玉新（2008）将其定义为，员工在工作场所故意实施的并且客观上危害到组织成员或者组织财物、无形资产等可见或不可见的系列行为，不管这种行为是否可能违反组织规范或者可能因此受到惩罚。我国学者王琛、陈维政（2009）以及张永军（2010）等也均在我国具体情境下提出了反生产行为的界定。此外，还有一些学者从员工的角色外行为角度对反生产行为的概念进行了阐述（Fox，Spector & Miles，2001；邓懿萱、何贵兵，2009）。以往学者对反生产行为概念界定的汇总结果如表 2 - 8 所示。

表 2 - 8　　　　　　　　　　反生产行为的界定

学者（年代）	界定
Mangione & Quinn（1975）	反生产行为是指员工不作为并且有损于企业创造利润与相关利益的负面行为
Robinson & Bennett（1995）	反生产行为是指员工故意实施的违反组织规范、对组织及其相关利益者造成危害或可能造成危害的行为
Sackett & Devore（2001）	反生产行为是指员工实施的有损于组织合法利益的任何行为。反生产行为的三层含义具体为：（1）这种行为一定是员工本人故意实施的；（2）这种行为会给组织带来某种危害或者潜在危害，但不是一定会引发恶劣的后果；（3）这种行为可能给组织带来的伤害需大于可能为组织获得的潜在利益
Fox, Spector & Miles（2001）	反生产行为实质上指的是消极的角色外行为。具体来说，员工在工作场所中所做出的消极怠工、偷窃、损坏组织物资、人身攻击、人际冲突等一系列可能会损害组织及组织其他成员并间接影响员工绩效及企业绩效的负面行为总和
Gruys & Sackrtt（2003）	反生产行为是指员工在组织中所做的能够损害组织合法利益的任何行为
Vivian、Wing & Jane（2003）	反生产行为的概念与劳动场所偏离行为、反社会行为等的含义有所交叉，具体指的是员工故意实施的、危害组织其他成员绩效或者组织整体绩效与效率的行为
Spector & Fox（2002，2005，2006）	反生产行为指的是员工个体在工作场所中故意实施的、会对组织或者组织的利益相关者（其他员工、领导、客户等）造成现实危害或潜在危害的一系列行为
杨杰、凌文栓、方俐洛（2004）	反生产行为是指员工在工作场所中表现出的违反组织相关规范、对组织其他成员或者组织利益可能造成影响的行为。反生产行为导致的结果有四种：损人利己、损己损人、损己利人以及双方共赢
张建卫、刘玉新（2008）	反生产行为就是指员工在工作场所故意实施的并且客观上危害到组织成员或者组织财物、无形资产等可见或不可见的系列行为，不管这种行为是否可能违反组织规范或者可能因此受到惩罚

学者（年代）	界定
Bordia et al.（2008）	反生产行为的内涵包括三点：（1）这种行为并不是偶然发生的，而是员工怀有目的、故意做出的；（2）这种行为违反组织相关的重要规则与规范；（3）这种行为会对组织利益或者组织成员造成危害
王琛、陈维政（2009）	反生产行为是指员工在组织中针对组织本身及其利益相关者故意做出的旨在降低组织工作效率与绩效的行为
邓懿萱、何贵兵（2009）	反生产行为主要指员工自主实施的包括其态度与行为本身的角色外负面行为，这种行为与组织成员和工作相关，所以不包含停工、离职等
张永军（2010）	反生产行为是从组织或者组织利益角度而定义的一种工作行为。反生产行为内涵具有三个特征：（1）行为本身是消极的，会危害或者可能危害到组织利益以及组织成员的相关利益；（2）行为是员工自发的、主动的，员工主观上怀有动机而确实实施的相关行为；（3）实质是员工的角色外行为，在组织规则和岗位守则中并没有规定是否必须完成或者禁止去做这些行为

资料来源：根据文献整理。

　　尽管学界对反生产行为从不同角度进行了许多界定，但目前受到广泛认可的是 Spector & Fox 对反生产行为的界定与相关补充，这是因为他们的界定包含了行为动机、实施场所、行为对象等全面的内容。因此，本书中采用 Spector & Fox（2005）的界定，即员工个体在工作场所中故意实施的会对组织或者组织的利益相关者（其他员工、领导、客户等）造成现实危害或潜在危害的一系列行为。

2.2.2　反生产行为的缘由、动机、预期及特征

　　1. 反生产行为的缘由。反生产行为的缘由来自多个方面，对这些因素进行检索总结后发现主要包含外部刺激与个体控制两大

类。外部刺激包括企业组织中的制度规范、工作特征、人际关系等情境性变量，个体控制包含人格特质、自尊、自我监控能力、个体情绪等个体差异变量（Marcus & Schuler，2004）。另有学者将外部刺激因素进行分类和总结，认为外部情境因素中包含组织因素、工作特征、领导因素等都会对反生产行为的产生具有正向或负向的影响（张永军，2012）。此外，学者除了对反生产行为的原因进行探究，同时对诱导和抑制反生产行为的不同因素进行识别，如公平感、工作压力等因素可能导致反生产行为，相反，优秀的组织文化、个体的正直程度则会抑制反生产行为的出现（Marcus & Schuler，2004）。对于以上缘由如何引发反生产行为，压力源—情绪模型理论认为（Spector & Fox，2005），这些外部刺激中的因素只要在组织中使得员工产生不满与压力感，这种压力感逐渐积累会对员工情绪产生负面影响，最终导致消极怠工、打砸、攻击甚至离职等行为；而个体特质由于存在个体差异，不同特质的员工对反生产行为往往采取不同的态度和实施手段，在"刺激—态度—行为"的整个传导链条中产生重要影响；诱导因素和抑制因素往往在此影响过程中起到增强或者减弱反生产行为的作用。除此之外，以往学者还运用"挫折—攻击理论"（Dollard，1939）、"计划行为理论"（Ajzen，1985）等对产生反生产行为的缘由进行识别与解释。尽管学者们的分类方式与所建模型存在差异，但整体来说反生产行为产生的缘由包括组织因素、工作因素与个体因素三个方面，这三个方面的具体作用机理将在第 3 章中详细论述，所以在此不再赘述。

2. 反生产行为的动机。以往研究已经从多方面证实组织因素、个体因素等都可能影响反生产行为的出现频率、严重程度和表现形式等，而对于产生反生产行为内在驱动力的研究还处于初步探索阶段（张永军，2012）。反生产行为的出现并不是偶然的，而是员工故意、主动实施的，这种主动的反生产行为背后由复杂的心理动机所驱动和支配（Griffin & Lopez，2005）早在 20 世纪 90 年代，学者已经对反生产行为的动机进行过一些尝试性的探索，并根据研究结果将其分为表达性动机和工具性动机两类（Robinson & Bennett，1997）。表达性动机主要指员工在遭受到不公或者粗鲁对待而产生消极情绪时，员工为了表达自己的心情以及发泄这些不满、愤怒与痛苦进而产生了一些冲突、破坏等形式的反生产行为。工具性动机是指个体通过修复情境，恢复公平并调节差异的动机，即个体为了改变当前所处环境或是减少他人与自己间的差异并达到相对公平的状态，此时，员工实施这些行为的目的不在于表达愤怒、不满，而是具有明确的目标性，即期望通过这些反生产行为的手段以达到获得心理上的满足或者物质利益上的满足。例如，员工偷窃企业的公共财物可以满足自己在物质财富上的增长，而上班时间上网聊天等会使得员工在心理上得到满足。事实上，人的行为不仅仅是一种动机的体现，通常受到表达性动机和工具性动机的联合支配（Bordia et al.，2008）。还有学者通过实证研究将反生产行为的动机又进一步细分，认为厌倦/冷漠、报复以及影响他人是三种具体的动机表现（Penney et al.，2007）。但是，多数学者对表达性动机与工具性动机的划分表示认同（Lee & Allen，2002；Bordia et al.，2008；唐汉瑛等，2012），并认为表达性动机具有明显的情绪驱动和被动性的特点，而工具性动机则具有目标驱动和主动性的特点；同时，认知归因、消极情绪是反生产行为动机激发中的关键心理机制（唐汉瑛等，2012）。

3. 反生产行为的预期。预期指的是个体对某种事件和行为预先的期待。反生产行为的预期包括积极预期和消极预期。反生产行为的积极预期表现在个体与组织两个层面。个体层面的积极预期表现在三个方面。第一，提高潜在收益。某些反生产行为主要是由于工具性动机支配，员工为了某些个人的目的和利益而做出这些行为，并且在行动前会对比和评估实施这些反生产行为所获得的利益与可能被惩罚的力度，当在惩罚可能性较低而反生产行为潜在收益较高时实施反生产行为将增加其收益（张永军，2012）。第二，维护个人利益。反生产行为的产生不是无缘无故的，员工在实施反生产行为时必然面临受到惩罚的危险，而他们仍然选择反生产行为的原因多是由于组织或他人已经威胁到员工自身的合理利益，他们不得不通过这种手段来表达自己内心的不满、愤怒，同时也试图通过反生产行为来防止自己的权益进一步受到伤害或者来补偿自己已经受到的损害（Kelloway et al.，2009）。第三，发泄消极情绪。从反生产行为的动机以及目的来看，除了一些具有长期计划性和明确目标性的反生产行为，多数情况下员工是为了发泄心中郁结的不满和愤怒而实施一些具有表达性的反生产行为。压抑在内心不良情绪会影响到员工的生理状态，而员工通过发泄这些消极情绪，可以缓解心理压力、提高自尊程度，有利于员工个人的生理健康和心理健康（张永军等，2010）；同时消除了紧张感，恢复了工作兴趣，从而更加努力地投入工作（Krischer et al.，2010）。组织层面的积极预期表现在，尽管反生产行为会在一定程度上危害组织利益，但在其他方面对组织的发展具有积极影响。如一些具有利他性动机和功能性作用的反生产行为，即员工由于考虑顾客、组织形象或者为了提高绩效等目的而违反现有组织规范的行为在某些程度上能够提高顾客服务绩效、维护组织声誉、激发组织创新或员工创造力（Mainemelis，2010；Dahling et al.，2012）。许多员工具有特殊天赋、强大的责任心和主人翁精神，他们在组织出现政策疏忽或者领导不当等情况时，尽管采取了违反组织现有规范、不服从领导指令、没有通过组织认可的创新行为等可能对当前组织产生不良影响的反生产行为，但长期来看却对组织的完善与发展、其他成员的利益具有潜在的积极影响（Galperin & Burke，2006）。

尽管反生产行为也存在一定的积极预期，但作为一种负面行为，其消极预期得到更多学者的关注，目前对于反生产行为的消极预期主要集中在造成组织的直接损失、对其他员工造成伤害或威胁、导致员工满意度与工作绩效下降等。首先，某些反生产行为的发生会导致直接利益损失的预期，如偷窃财物、造假、挪用公款等减少企业资产、造成企业利益上的直接损失。研究发现，员工的缺勤、迟到早退、消极怠工等不仅造成生产率下降，也间接地增加了企业的隐性成本。绝大多数企业都出现过偷窃、造假等导致直接损失的行为（Case，2000），特别是企业重点岗位的员工进行公款的挪用、诈骗、泄露企业机密以及离职不仅会导致客户流失、损害企业形象，甚至会给企业带来沉重的打击，阻碍企业的长远发展。其次，反生产行为不仅直接对组织产生危害，同时也可能危及到组织的其他相关利益者。较为突出的是散播谣言、背后打小报告、辱骂甚至暴力对待他人等人际间的偏差行为会给行为实施对象造成形象的损害、身体以及精神方面的伤害，例如会导致他们难以在工作中集中精力、工作效率下降、自尊心受挫、离职意愿增加等（Henle et al.，2005）。最后，许多学者运用定性、实证、元分析等方法进行深入研究，发现反生产行为存在多方面的消极预期。例如，研究发现职场攻击行为会对员工满意度、情感承诺、工作绩效、情感殆尽、离职意愿等产生消极预期（Bowling & Beehr，2006；Hershcovis & Barling，2010）；还有研究证明，反生产行为除了对绩效存在消极影响，还会损害员工身体健康与情绪智力（Rotundo & Xie，2008）。

4. 反生产行为的特征。尽管反生产行为是一系列负面行为的总和，但这些行为呈现出许多相似性与独有的特征，如多样性、普遍性、隐蔽性、故意性、危害性等（Marcus & Schuler，2004；张建卫、刘玉新，2009），这些特点导致反生产行为问题对企业利益和社会发展的危害日趋严重并且难以解决。以下将对反生产行为的各个特征进行分条具体阐述。

（1）多样性。Marcus & Schuler（2004）指出，尽管反生产行为具有许多特点，但其最为典型的特点是多样性，并且由此导致反生产行为研究中存在的突出问题之一是零散、缺乏系统性。反生产行为的类型多种多样，实施手段也存在许多差异。从类型来说，不管是影响较为轻微的消极怠工、吵架与谩骂、工作时间开小差等，还是对组织产生直接或重要危害的偷窃、破坏、诈骗等行为，都属于反生产行为（张建卫、刘玉新，2008）。从实施手段来说，目前的反生产行为已经不仅仅限于以上传统的行为方式，随着技术的发展与员工个性的不断突出，反生产行为还包括上班时间玩 QQ、微信、微博和上网等，并且他们常常运用便利的通信手段集体抱怨公司、停工、罢工、跳槽，还有日常工作中不听指挥、标新立异等（王妍媛、陈同扬，2012），这些行为在新生代员工身上体现得尤为明显。

（2）普遍性。反生产行为普遍性表现在员工工作过程中常常发生并且许多员工都出现过这样或那样的反生产行为。Harper（1990）的研究表明，企业中的员工有 1/3～1/2 曾经从事过损害企业利益的行为，例如偷窃和破坏企业财物、挪用公款、消极怠工、故意缺勤等。同时，反生产行为常常是由员工的消极情绪导致的，而员工感受到组织中的压力与不公平就会产生消极情绪，这种情绪往往在实际境况没有改变的情况下不断发生、不断积累，进而容易导致不断重复发生以上反生产行为。因此，企业中不仅发生反生产行为的人数较多，而且这些人会不断地实施不同形式的消极行为，进而导致反生产行为在组织中出现得相当普遍。

（3）隐蔽性。反生产行为往往具有隐蔽性的特征。由于反生产行为的负面性，多数行为是员工私下、偷偷进行而常常无法被发现（张建卫、刘玉新，2008）。除了打砸、攻击、离职、罢工等激烈的反生产行为能够被他人或者组织知晓，其他诸如消极怠工、传播谣言、偷盗、群体抱怨等行为由于其危害无法被直接识别而导致他人或组织难以判断和发现。但这些隐蔽的反生产行为却常常在不断积累过程中对组织产生严重的影响并伤害整个企业的利益（王妍媛、陈同扬，2012）。

（4）故意性。反生产行为的重要特征之一是行为的故意性和非偶然性（张建卫、刘玉新，2009）。Sackett 和 Devore（2001）对反生产行为进行定义并对其内涵进行阐述时，第一个重要方面就是行为的故意性，即反生产行为是有意为之的行为。而那些由于自身素质和能力的限制无法很好地完成工作的低绩效表现，以及员工按照组织规范严格执行但仍然出现给企业造成损失的纰漏和偶然事故等状况，只要员工的主观意愿是努力工作而并非故意做不好的这些行为则不属于反生产行为。

（5）危害性。反生产行为是一个负面概念，原因在于危害性是反映其实质的重要特征。反生产行为会给组织带来某种危害或者潜在危害，但不是一定会引发恶劣的后果，或者这种行为可能给组织带来的伤害大于可能为组织获得的潜在利益（Sackett & Devore，2001）。这种危害会是客观存在的，既有可能是为组织本身的财物、绩效、声誉的等有形或无形资产带来危害，也可能是对组织的相关利益者造成危害，如顶撞领导、背后传人谣言、与同事发生口角或者肢体冲突等，而无论这种危害的程度轻微还是严重，都属于反生产行为的范畴。同时，这种危害可能导致行为实施者被惩罚，也可能由于其隐蔽性而不被发现或者因为其危害程度较轻而不被惩罚，但只要事实上会给组织及其利益相关者带来伤害就都被视为反生产行为。

2.2.3 反生产行为的维度

反生产行为的维度划分主要分为单维和多维。早期学者通常将反生产行为作为单维构念进行研究（Mangione & Quinn，1975；Perlow & Latham，1993），主要关注的是员工违反组织规范的系列负面行为。

最先对反生产行为进行多维划分的是 Hollinger & Clark（1983）的二维划分法，即分为财产偏差行为和生产偏差行为。前者指的是直接对企业财务和利益造成损失的相关行为，如偷盗公司财物、挪用公款、破坏生产设备等；后者则指没有直接造成损失，但违反了企业的重要组织规范、会给企业带来潜在危害的系列行为，如迟到早退、消极怠工等行为。然而，这一划分方法仅仅关注了反生产行为对组织本身的危害，忽略了在组织成员间产生的影响。此后，对反生产行为维度划分得到学界广泛关注的是 Robinson & Bennett（1995）的四维划分法，他们提出了两个潜在维度，即组织—人际指向与轻微—严重指向，并在此基础上形成了财产型、政治型、生产型和人身攻击型四种偏差行为。后来有学者认为此种划分方式中的轻微—严重指向维度只是对危害程度区分，对反生产行为本身实质并没有显著的区分（Tepper，2000），所以 Bennett & Robinson（2000）对反生产行为的划分进行了合并和修订，认为反生产行为包括组织偏差行为（财产性偏差行为、生产性偏差行为）和人际偏差行为（人际攻击行为、政治偏差行为）两类。

国内外许多学者根据不同的情境与研究对象对反生产行为的维度划分进行深入的探讨，其中不少学者还针对相应维度开发了具有针对性的测量量表。这里在对目前文献梳理的基础上将以往学者的研究结果进行整理和汇总，具体如表 2 - 9 所示。

表 2 - 9　　　　　　　　　反生产行为的维度

维度	学者（年代）	维度内容
一维	Mangione & Quinn（1975）	反生产行为包括违反组织规范的越轨行为
	Perlow & Latham（1993）	反生产行为包括企业员工苛待客户的相关行为
二维	Hollinger & Clark（1983）	财产偏差行为、生产偏差行为
	Bennett & Robinson（2000）	反生产行为包括组织偏差行为（财产性偏差行为、生产性偏差行为）；人际偏差行为（人际攻击行为、政治偏差行为）
	Martino, Gundlach 等（2002）	反生产行为包括自我破坏、报复他人
	Berry, Ones 等（2007）	反生产行为包括组织偏差行为、人际偏差行为
	张季媛、王文宇（2008）	反生产行为包括危害到组织中成员的相关消极行为；危害到组织客观经济损失的相关消极行为
三维	Baron, Neuman（1998）	反生产行为包括敌意行为、障碍行为以及公开的攻击行为

续表

维度	学者（年代）	维度内容
四维	Robinson & Bennett（1995）	反生产行为包括针对组织的行为、人际间的行为，其中两种行为又分别从轻微到严重进行连续变化，继而形成四种不同的反生产行为维度：财产型、政治型、生产型和人身攻击型越轨行为
	Fox & Spector（1999）	反生产行为根据指向组织与指向个人、危害轻微与危害严重两种指标分为四种：轻微组织、严重组织、轻微个人、严重个人
	Kelloway， Franeis & Prosser（2010）	反生产行为根据指向组织和指向个人、个人行为与集体行为两种指标分为四类
	杨杰和陈小锋（2011）	反生产行为包括生产过失行为、合作破坏行为、损公肥私行为、违法行为。具体在中国企业情境中有45种典型反生产行为，在此不一一列举
五维	Spector 等人（2006）	反生产行为包括消极怠工、工作疏离、偷窃财物、破坏财物、人际恶意行为
	张燕、陈维政（2009）	反生产行为包括消极怠工、盗窃与滥用资源、暴力行为、破坏行为、给组织带来危害的组织政治行为

资料来源：根据文献整理。

　　根据对以往文献的梳理发现，多数学者和相关研究中大多采用反生产行为的二维度划分法，而其中最有影响力的应属 Bennett & Robinson（2000）在其1995年研究基础上修正后的维度划分方法，即分为组织偏差行为、人际偏差行为两类，因此，本书中也认同和采用这种划分方式。

2.2.4 反生产行为的测量

　　以往学者在研究过程中不仅对反生产行为的概念、维度进行了探讨，在此基础上，许多学者针对不同视角、不同对象等开发了反生产行为的测量工具，目前在测量反生产行为的量表中较具有代表性的有以下几种。

Bennett & Robinson（1995）对反生产行为进行了维度划分，将反生产行为分为财产型、生产型、政治型以及人身攻击型越轨行为。两人之后的研究在此基础上又将财产型越轨与生产型越轨合并为组织偏差行为，将政治型越轨和人身攻击型越轨合并为人际偏差行为，并基于这种二维划分方式开发了相应的量表。此量表包含19 个题项，其中组织偏差行为包含 12 个题项，人际偏差行为包含7 个题项（Robinson & Bennett，2000）。此量表尽管也有不被支持的使用结论（Lee & Allen，2002），但其信效度还是得到了许多国内外学者的验证，目前在反生产行为测量中被广泛使用。

Spector & Fox（2002）在其以往研究的基础上开发了反生产行为的量表清单（Counterproductive Work Behaviors Checklist），此量表清单有消极怠工、工作疏离、偷窃财物、人际恶意等 5 个维度构成，共包含 33 个题项，采用 Likert5 点积分法来测量员工在工作场所中实施反生产行为的可能性与频率。随着对反生产行为研究的深入，有的学者认为反生产行为并非只有破坏性，还有其建设性的一面。Galperin（2002）不但将建设性反生产行为分为革新性偏差、挑战性偏差、人际关系建设性偏差，并基于此种划分方式开发了相应的建设性反生产行为量表，也在后续研究中验证了量表的信效度，但目前在学界仍然使用较少。

本书中采用组织偏差行为与人际偏差行为二维度的反生产行为结构，所以也借鉴了 Robinson & Bennett（2000）开发的 19 题项量表。此量表已经受到许多学者的检验和采用，得到多数学者的普遍认同。

2.2.5 反生产行为的前因变量

众多学者基于"挫折—攻击"理论、"自我控制"论、因果推理理论、计划行为理论、"压力源—情绪"模型等相关视角对反生产行为的前因变量进行了深入而广泛的研究,根据以往研究成果发现,宏观层面、组织层面、工作层面和个体层面因素的影响都可导致员工反生产行为的产生,具体前因变量的总结如表 2 - 10 所示。

表 2 - 10   反生产行为的前因变量

类型	具体内容	学者(年代)
宏观层面	失业率	Marcus & Schuler(2004)
	群体规范	Robinson(1998)
	被发现的风险	Mikulay & Neuman(2001);Robinson(1998)
	僵固的政策、组织间竞争激烈的环境、法规和程序、经济状况	Martinko,Gundlach & Douglas(2002)
组织层面	减薪政策	Greenberg(1990);Marcus & Schuler(2004)
	物理环境:噪音、拥挤、污染和高温等	Penney & Spector(2002)
	不公平感、组织公平	Spector & Fox(1999);Jones(2004,2009)
	工作环境	O'Leary - Kelly & Griffin(1998)
	组织声誉等组织特征	Lau 等(2003)
	组织限制	Spector & Fox(2002);孙婷(2008)
工作层面	领导风格	Martinko,M. J.,Gundlach,M. J. & Douglas,S. C.(2002);Brown(2006)
	工作满意感、挫折感和压力感	Hollinger & Clark(1983a,1983b);Marcus & Schule(2004)
	工作稳定性	Mikulay(2001)
	工作约束	Penney & Spector(2002)
	工作自主性	Fox,Spector(2001)
	工作复杂性、职业的高危险性、工作自主性、工作完整性等	Lau 等(2003);樊晓丽、张建卫(2009);蔡宁伟(2011)

续表

类型	具体内容	学者（年代）
个体层面	性别、年龄	Hollinger（1986，1992）
	年龄、性别、婚姻状况、受教育程度以及工作年限	Martinko，Gundlach，Douglas（2002）
	责任意识	Salgad（2002）；Colbert A. E.，Mount M. K.，Harter J. K.，et al（2004）
	自控性、马基雅维利主义	Marcus & Schuler（2004）
	自我陶醉特质	Timothy & Jeffrey（2006）
	宜人性	Mount et al.（2006）
	个人道德水准	曹羽男（2006）
	自我监控	Parks L &Mount M K（2005）
	自我优越感	Penney & Spector（2002）
	控制点	Storms & Spector（1987）
	归因风格	Seligman（1990）；Martinko & Gardner（1982）；Douglas & Martinko（2001）
	消极情绪	Spector P. E.，Fox S.（2002）
	自尊	Ferris D. L.，Brown D. J. & Lian H. W.（2009）
	行为控制感	Marcus & Schuler（2004）
	人际冲突	孙婷（2008）

资料来源：根据文献整理。

1. 宏观层面。宏观层面的环境变量或者个体对具体所在环境的感知会改变反生产行为的实施结果，继而也会影响到反生产行为发生的可能性。Martinko 等人（2002）通过整合前人研究，指出宏观环境中僵固的政策、组织间竞争激烈的环境、法规和程序、经济状况等都是影响员工反生产行为的重要前因变量。还有学者通过研究发现，群体内与群体间规范、组织背景环境、失业率等（张建卫、刘玉新，2008；郭晓薇、严文华，2008）都是影响反生产行为的重要情境变量。Robinson（1998）研究表明，群体规范可以预测员工的反生产行为；Mikulay 和 Neuman（2001）认为，从事反生产行为被发现的风险可以预测该行为的频率，风险越大，反生产行为则越少；同时，也有研究指出，员工对于这种风险的可控制感能够影响其行为的选择。Marcus 和 Schuler（2004）的研究发现，失业的风险与反生产行为之间存在显著负相关。尽管以往研究中已经关注了某些宏观因素的影响，但目前来看，对于宏观层面影响因素的探讨仍然较为少见，特别是对应的实证研究更是寥寥无几。宏观因素研究较少，一方面的原因可能是对于宏观情境因素与微观行为变量间关系难以测量和阐述其间准确的关系，另一方面可能是由于宏观变量通常难以改变，对现实存在的反生产行为的直接影响较为微弱，目前众多学者多着眼于组织层面因素作为导致反生产行为的重要研究对象。

2. 组织层面。从以往研究来看，影响员工反生产行为的组织因素得到众多学者的普遍关注。在组织因素中，组织的相关规范与特征、工作的物理环境、组织文化与公平氛围以及领导的管理风格等都已经被证明会显著影响员工的反生产行为。在组织规范中，企业实行减薪政策会增加员工产生的盗窃行为（Greenberg，1990）。而工作中出现噪音、混乱、污染、高温等不舒服的物理环境时，则会导致员工对工作设备的刻意破坏、偷盗等反生产行为（O'Leary - Kelly & Griffin，1998；Penney & Spector，2002）。更为重要的是，员工在组织中感知到的公平程度是导致反生产行为的关键因素，例如 Jones（2004，2009）不仅发现不公平感会诱发员工反生产行为，而且证明了程序公平主要是指向组织偏差行为，人际公平与信息公平则与人际偏差行为存在明显的关联性。同时，组织文化以及领导风格也会通过改变个体的认知而影响反生产行为（Martinko，M. J.，Gundlach，M. J. & Douglas，S. C.，2002），而魅力型领导则会通过管理而减少员工可能在工作过程中产生的反生产行为（Brown，2006）。尽管组织层面因素的研究成果较多，但学者多数都只对组织中某种因素进行探索，对于整合性的实证研究仍然不足。

3. 工作层面。学者在对反生产行为影响因素的探讨中发现，从事不同行业、不同工作性质的员工行为反应不尽相同，大多数学者都认同了一个事实，员工所从事工作的不同特征会影响反生产行为的发生。例如，从工作稳定角度来说，员工面临失业的风险越大，则产生的反生产行为越少（Mikulay，2001）；从工作自主性来说，工作任务的自主性越低则员工会产生更多的压力和焦虑感，并且工作中的束缚越多，员工越容易出现更多的反生产行为（Fox et al.，2001；Penney & Spector，2002）。我国学者樊晓丽、张建卫（2009）也在因果推理模型的基础上，通过对以往研究的梳理发现工作复杂性、职业的高危险性、工作自主性等与工作特性有关的变量是反生产行为的重要影响变量。在工作因素中，目前备受关注的主要是工作本身的某些特征会影响员工对工作的满意度、压力感以及挫折感等的感受差异，继而改变员工的自身行为（Marcus & Schule，2004）。

4. 个体层面。性别、年龄等个体统计变量和控制点、自尊等个性特征是个体层面影响反生产行为的主要因素。在个体统计变量方面，已有研究已经证明，由于先天对攻击行为的偏好，男性员工明显比女性出现反生产行为的概率和频率要高（Hollinger，1986）；而年龄较小的年轻员工比工作多年的老员工更容易出现反生产行为，这主要是由于年轻员工对企业还没有归属感和忠诚度，同时忍耐力也较差，所以在遇到不公和不满时特别容易诱发负面行为（Hollinger，1992）。在个性特征方面，责任意识、情绪稳定性、马基雅维利主义等对反生产行为的显著预测作用已经得到学者的验证（Salgad，2002；Marcus & Schuler，2004）；自我监控性、责任心与指向组织的反生产行为之间存在较强相关，宜人性会直接引发指向人际的反生产行为（Parks & Mount，2005；Mount et al.，2006）。另外，个人道德水准、自我陶醉特质、认知能力等与员工的反生产行为之间也呈现显著负相关（曹羽男，2006；Timothy & Jeffrey，2006；Dilchert，2007）。

通过对以往研究的梳理发现，众多因素都可能会影响反生产行为的产生，但直接导致和引发反生产行为并产生恶劣后果的原因多集中于工作场所中的组织制度、规范以及公平待遇等与员工直接利益相关的内容。

以往研究中从正反两方面涉及了许多有关公平、不公等内容对反生产行为的影响，说明雇佣过程中的不平等和歧视问题严重损害了员工自身的利益，当员工无法享受其应有待遇、获得其应有的利益时，反生产行为发生的可能性更大。但员工在劳动场所中的雇佣歧视对其反生产行为的影响问题还没有直接的研究证据，特别是农民工，在普遍遭受雇佣歧视和在劳动场所经常出现反生产行为的情况下，其雇佣歧视对反生产行为产生怎样的影响，学者关注更少。因此，本书拟对上述缺口进行系统的实证研究。

2.3 雇佣歧视

2.3.1 雇佣歧视的界定

歧视是指有差别的对待，是某些人宁愿承担一定的费用，也不愿意与某个群体的成员打交道（贝克尔，1957）。歧视的表现很广泛，诸如政治领域的歧视、经济领域的歧视、社会领域的歧视等。雇佣歧视（Employment Discrimanation）是经济领域内存在的一种歧视形态（谢嗣胜，2005）。西方对雇佣歧视的研究，始于古希腊的自然正义论以及对性别歧视和种族歧视的研究，并在 19 世纪中期成为研究的焦点（高浙彬，2013），直到 Gunar Myrdal（1944）在《美国的贫困》一书中对歧视的累积效应和因果条件进行了分析，歧视经济学正式诞生。1957 年，美国诺贝尔经济学奖得主 GaryS. Becker 通过对歧视经济模型的建构，开创了歧视经济学对雇佣歧视的定量研究之路，同时，GaryS. Becker 首次给出了雇佣歧视的定义，即雇佣歧视是指劳动者具有相同的生产能力，但是由于性别、种族和国籍等某些非经济性特征上存在的差异，而导致的劳动者报酬等高低不同的情况。之后，有很多组织或者研究者都对雇佣歧视进行了界定（国际劳工组织，1958；美国平等就业机会委员会，1964；卢周来，1998；Hebl，2002；蔡定剑，2007；张体魄，2010；等等）。具体界定如表 2 - 11 所示。

表 2 - 11　　　　　　　　　　雇佣歧视的界定

学者、组织（年代）	界定
GaryS. Becker（1957）	雇佣歧视是指劳动者具有相同的生产能力，但是由于性别、种族和国籍等某些非经济性特征上存在的差异，而导致的劳动者报酬等高低不同的情况
国际劳工组织（1958）	雇佣歧视是指"基于性别、肤色、宗教、种族、社会出身、政治见解等原因，而取消或损害就业、职业机会均等或待遇保障平等作用的任何区别、排斥或优惠"
美国平等就业机会委员会（1964）	个体在企业的招聘、培训、考核评估、薪酬待遇、晋升、辞退等环节中由于性别、年龄、种族、肤色、国籍、宗教信仰等原因受到的区别对待，即发生雇佣歧视（employment discrimination）
卢周来（1998）	雇佣歧视是劳动力市场中的限制劳动力进入、限制劳动力行为进入、劳动力同工不同酬等现象
Hebl（2002）	雇佣歧视包括显性歧视和人际歧视，显性歧视是指员工在求职或者工作中遭遇的与法律和社会规范明令禁止的差别对待，人际歧视是指组织成员交往过程中遭遇到的组织或者其他成员的不公正的但是不与法律违背的行为
蔡定剑（2007）	雇佣歧视是指以与职业和工作无关的条件和理由，拒绝录用或差别对待员工的行为

续表

学者、组织（年代）	界定
张体魄（2010）	雇佣歧视是指条件相等或相近的求职者，在求职过程中，因某些与职业内在需要无关的因素不能享有平等的工作机会，或者工资待遇、晋升、培训和就业安全保障等方面不能享有平等的对待，从而使其平等就业权利受到侵害的现象
郭正模（2014）	雇佣歧视一般是指在外部和企业内部劳动力市场的交易活动中所发生的与劳动者个人的性状因素差异有关的不公平的行为与现象

资料来源：根据文献整理。

在现有界定中，美国平等就业机会委员会的界定是学者应用最多的、最权威的界定（姚鹤等，2010），本书中采用此界定。

2.3.2　雇佣歧视的类型、特征及实现手段

1. 雇佣歧视的类型。最早对雇佣歧视分类的是贝克尔（1957），之后有很多学者都从不同角度对雇佣歧视进行了分类。如按雇佣歧视的主体划分，可以将雇佣歧视分为政府歧视、雇主歧视、雇员歧视以及顾客歧视（贝克尔，1957；Arrow，1972；Lawrence M. Kahn，1991；张体魄，2013；等等），如按雇佣歧视成因的角度进行分类，可以将雇佣歧视划分为制度歧视、市场歧视、文化歧视、性别歧视、身份歧视、年龄歧视、相貌歧视、健康和残疾歧视等（黄梓洋、李莉，2003；娄耀雄，2004；韦凤泉、蒋万庚，2010），具体分类情况如表2-12所示。

表2-12　　　　　雇佣歧视分类汇总表

分类角度	雇佣类型	代表学者
歧视主体	雇主歧视、雇员歧视、顾客歧视和政府歧视	贝克尔（1957）；Arrow（1972）；LawrenceM. Kahn（1991）；张体魄（2013）等

续表

分类角度	雇佣类型	代表学者
歧视结果	机会歧视、待遇歧视、保障歧视和服务歧视	曹信邦（2008）； 王杰力（2013）； 杨桂宏、熊煜（2014）等
歧视方式	直接（显性）歧视 间接（隐性）歧视	Hebl（2002）； 姚鹤（2010）等
歧视的成因	制度歧视、市场歧视、文化歧视、身份歧视、社会歧视或性别歧视、年龄歧视、相貌歧视、户口歧视、校牌歧视、健康和残疾歧视等	黄梓洋、李莉（2003）； 娄耀雄（2004）； 谢嗣胜（2005）； 赵耀（2006）； 韦凤泉、蒋万庚（2010）； 刘义（2014）等

资料来源：根据文献整理。

2. 雇佣歧视的特征。雇佣歧视的现象普遍存在，就其表现来说，雇佣歧视具有一定的特征，但是学者们对此方面的研究不多，通过现有研究来看，普遍认为雇佣歧视最明显的特征就是排斥性、广泛性和过程性（谢嗣胜，2005；姚鹤等，2010）。

（1）排斥性。排斥性是指在劳动力市场，一些人依据不合理的理由、借助于不公正的方式对其他人员的排斥或限制，反映出特定时代、特定社会不公平的资源分配格局和基本特征（姚鹤等，2010）。具体可以指一些人借助市场的串谋（Michael Reich，1971）、制度的不公（石莹，2010）等手段排斥求职者，使其没有公平的就业竞争机会。或者即使求职者进入了劳动场所，也会由于身份和制度等原因在待遇、培训、保障等方面遭遇到限制（张体魄，2010）。由于特殊的国情、文化和制度，我国雇佣歧视的排斥性体现在由于某些"特权"和"剥夺"而导致的弱势群体被排斥和限制（谢嗣胜，2005）。如农民工群体在劳动力市场受到的歧视就是带有鲜明的"计划经济"时期特色的某个群体借助"特权"对其他群体的排斥，其根源是户籍制度和因此导致的城乡二元管理制度（就业制度、教育制度等）和福利制度（住房制度、养老医疗制度等）对农民工群体的"排斥"和"限制"（石莹，2010）。

（2）广泛性。广泛性是指雇佣歧视不局限于少数人范围内，其所涉及的人群范围是比较广的，是群体对群体的排斥或者限制（姚鹤等，2010）。也正因为雇佣歧视的广泛性，它可以通过正式制度的方式和非正式制度的方式来实现（谢嗣胜，2005），正式制度方式是指在制度安排和政策制定层面上以法律、法规、条例、政策的形式将含有歧视性的内容予以制度化，以在雇佣关系中对其他群体进行排斥或者限制；非正式制度方式是指可以以某种社会风气、价值观念、习惯的方式在工作场合对某些人群在招聘、培训、晋升等方面进行排斥和限制（吴忠民，2003）。西方的雇佣歧视体现的是多数人对少数人歧视的特点（朱艳等，2003），且劳动力市场上被歧视的主要是有色人种和女性（谢嗣胜，2005）。由于西方的反歧视法规比较完善，所以雇佣歧视逐渐从制度性歧视转为比较隐蔽的非制度性歧视。与西方雇佣歧视相比，我国雇佣歧视具有一定的特殊性，表现为少数人对多数人的歧视，涉及面更广，劳动力市场被歧视的主要是农民工和女性两大群体（谢嗣胜，2005）。而且，相比西方比较完善的歧视法律法规，我国反歧视的相关法规还有待完善，所以劳动力除了遭受到某些非制度性歧视，也遭受到了某些地方政府或者企业的公然的制度性歧视，因此，我国的雇佣歧视更具有广泛性。

（3）过程性。过程性指雇佣歧视是伴随着员工与企业雇佣关系建立和发展的整个过程出现的，存在于组织的招聘与岗位配置、培训与开发、绩效考核与薪酬管理等环节。以个体与组织签订及解除就业协议为两个分界点，可以将个体进入劳动力市场与组织接触的过程划分为个体求职、个体就职和个体离职三个阶段。雇佣歧视在前两个阶段以各种形式非常明显地存在，并对个体离职的第三个阶段产生影响（姚鹤等，2010）。西方雇佣歧视是求职者进入劳动力市场时开始的（谢嗣胜，2005），普遍存在于员工求职、就职这两个阶段，并对员工离职产生一定的影响。而由于我国既定的户籍制度、教育制度、婚姻制度和家庭劳动分工以及传统文化的影响，导致了不同人群之间的差异，在个体没有进入劳动力市场求职时雇佣歧视就已经开始了，如二元户籍下的农民工群体，他们在进入劳动力市场之前就已经被贴上"二等公民"的标签，"农民工"的称呼本身就是一种歧视（谢嗣胜、姚先国，2006）。

3. 雇佣歧视的实施手段。从贝克尔（1957）研究歧视的根源开始，有很多学者从不同的角度研究了雇佣歧视这一行为的实现手段。个人偏见歧视理论从完全竞争市场的角度，用雇主歧视模型、雇员歧视模型、消费者歧视模型和政府歧视模型考察了雇主、雇员、消费者和政府歧视的原因及影响，并认为以上四者及其整合就是市场歧视的实现手段（贝克尔，1957；王解静，2006）；而非竞争性歧视理论认为，非完全竞争的市场即双重劳动力市场、市场上的垄断行为和串谋等行为导致了雇佣歧视行为的发生（Edgeworth，1922；Bergmann，1971；Black Dan H，1995；章姗、瞿艳，2011）；统计性歧视理论则认为，在劳动力市场上，歧视的产生不是在于雇主的和厂商的垄断力量，而是由于获取信息的方式和成本等因素产生统计性歧视，即雇主为了节约信息搜集的成本片面地对某一个群体产生了统计性歧视（Arrow，1972；phePls，1972；Spenee，1974；Aiger & Cain，1977；章姗、瞿艳，2011）。由于我国国情的特殊性，使得有些劳动力如农民工在进入劳动力市场之前就已经被歧视了，如我国城乡二元户籍制度，在农民工还没有进入劳动力市场之前，就给其贴上了"歧视"的标签，即农民工在劳动力市场上的雇佣歧视主要是由于制度性因素引起的（王解静，2006）。所以上至国家政策（卢周来，1998；蔡昉，2000；石莹，2010）下至企业政策（管志慧、彭兆祺，2004），如户籍政策、养老保险政策、企业招聘政策、升迁政策（胡湘明，2013）等都是雇佣歧视的实现手段。

2.3.3 雇佣歧视的维度及测量

1. 雇佣歧视的维度。最早对雇佣歧视维度进行研究的是经济学领域的贝克尔（1957），他按照歧视的来源将雇佣歧视划分为雇主歧视、雇员歧视、消费者歧视和政府歧视，并分别建立经济模型利用歧视系数（discriminationcoefficient）来考查歧视的程度。在管理学领域，将"雇佣歧视"进行操作化定义，划分维度并进行量表测量的不多，目前维度划分主要包括单维和二维的。单维划分主要考量雇佣歧视的感知和歧视的普遍程度（Avery，2008；Forman，1997；等等），如考查不同群体间歧视的"日常歧视量表"就是按照一维的划分进行的测量。二维划分中比较权威是 Hebl（2002），他认为雇佣歧视包含两个维度：显性歧视和人际歧视，其中显性歧视是法律法规明令禁止同时也受到组织制度及社会规范反对的歧视，通常发生在雇佣、职位升迁等环节；人际歧视是指不违反法律和岗位职责要求的歧视行为，一般指组织成员在交往过程中的语言、非语言（或者肢体语言）或者类语言的排斥和抵触等行为构成。其余研究中维度的划分大多数是针对雇佣歧视的某一个方面，如性别歧视（颜士梅，2008）、招聘地域歧视（胡湘明，2013）、种族歧视（Brief 等，2000；Ziegert 和 Hanges，2005）等。

本书研究对象是农民工，考查农民工在工作场所的歧视感知。由于农民工具有普遍受教育程度低的特点，故对二维划分中的"法律明令禁止"的歧视并不完全知道，因此，二维划分不适合本书研究。同时，单维的日常歧视量表能反映农民工对城市用工群体的歧视感知，能体现农民工在劳动场所遭遇雇佣歧视的普遍程度，因此，本书中采用单维的划分。

2. 雇佣歧视的测量。经济学领域最早开始对雇佣歧视进行测量，相关的研究主要有两类：一类是考虑工资或收入差异的劳动力市场中分析歧视，即工资歧视的测量（Brown、Moon 和 Zoloth，

1980；Liu 等，2000；杜凤莲、范幸丽，2005）；另一类是研究影响了雇佣过程的分割，或者是研究不同群体劳动者在各职业或行业间分布不均所反映出的分割，即职业隔离的测量（Duncan，1955；Hutchens，2001；罗胤，2008；等等）。

除了经济学领域，其他领域也开发了一些量表用于测量雇佣歧视，这些量表主要对被试的偏见水平、被歧视感知和歧视的普遍程度进行测量（姚鹤，2010）。

（1）被试的偏见水平测量量表。Brief 等（2000）使用现代种族歧视量表（the modern racism scale，MRS）从现代种族主义和服务权威的角度，对雇佣歧视中发起者的偏见水平进行评估。Ziegert 和 Hanges（2005）使用针对黑人态度量表（ATB）对于外显种族态度进行测量。

（2）被歧视感知的测量。Goldman 等采用 2 个 5 点计分式问题对被歧视感知进行测量（姚鹤等，2010），Avery 要求被试回答过去一年在工作情景中是否遭到过歧视，回答"是"则要给出 3 个理由（2008），Singletary 和 Hebl（2008，2009）通过 3 个答案为"是""否"的题目对显性歧视进行测量，如要求应聘者回答是否完成申请应聘，并通过在现场实验后对当事人、旁观者及听面试过程录音的被试分别进行了负面能感知问卷（Perceived Negativity Scale，PNS）及负面观察问卷（Coded Negativity Scale，CNS）。姚鹤（2011）根据蔡定剑（2007）对我国劳动力市场存在的雇佣歧视表现形式调查结果，按照 Hebl（2002）对雇佣歧视的显性歧视和人际歧视的分类，开发了显性歧视调查问卷，共 10 个项目。代表性项目如"我在应聘或晋升环节因为性别受到过区别对待"、"我在应聘或晋升环节因为学历受到过区别对待"。在本书中，该量表测量结果的内部一致性系数为 0.801。在对新生代农民工的歧视状况调查中，刘杨、李泽、林丹华（2013）采用 Richard（2001）编制的歧视量进行测量，该问卷达到了很好的内部一致性（Cronbachα 为 0.78），问卷列举了新生代农民工可能会遭受到的

16种歧视情况，通过询问被试"所描述的句子是否与实际情况相符"来考查新生代农民工知觉到的歧视的情况。该问卷为5点计分，5为"完全符合"，1为"一点都不符合"，总分越高，表明感知到的歧视越多。

（3）歧视普遍程度的测量。在歧视的普遍程度上，最权威的量表是Forman等（1997）修订的日常歧视量表，该量表是在流行病学、心理学和社会学研究中应用最为广泛的歧视量表之一（Tene′ T. Lewis，2012），用于测量不同种族间、不同群体间歧视的状态。该量表共有十个题项，考查其他群体是否对被试者有"不礼貌"、"不尊重"或者"不公平的对待"等行为，采用四点计分的方式测量歧视发生的频率，分别是Never（从不）、Rarely（很少）、Sometimes（有时）、Often（经常）。由于该量表具有很好的信度和效度，同时又是测量不同群体间歧视的量表，且该量表在很多学者的研究中被采用（Rodney Clark，2004；Tene′ T. Lewis，2012；王弘钰等，2015），因此，本书中采用此量表。

2.3.4 雇佣歧视产生的原因

从贝克尔（1957）的模型开始，经济学家对劳动力市场歧视问题提出了各种理论解释和分析，包括个人偏见理论、非竞争性歧视理论、统计性歧视理论。个人偏见理论假设存在一种竞争性的劳动力市场，认为歧视产生的原因是雇主、雇员以及顾客等的偏见（Gary. S. Becker，1957；Lawrence M. Kahn，1991；王解静，2006；等等）。非竞争性歧视模型认为雇佣歧视产生的原因可能是由于串谋，也有可能是因为垄断力量的存在（Edgeworth，1922；Bergmann，1971；Dan H. Black，1995；范婧，2014；等等）。统计性歧视模型认为，在劳动力市场上雇佣歧视产生的原因在于，由于搜寻成本等原因，雇主很难准确掌握某个求职者的实际生产率等信息（phePls，1972；Spenee，1974），只知道一些与求职者个人生产率有关的信息，但这些要素并不能完全反映求职者的实际生产率，因而就会产生统计性歧视（王解静，2006；冯都，2012；等等）。目前，在对歧视产生原因的研究中，还没有任何一种歧视模型能得到普遍认同，但总的说来，所有歧视模型都同意的观点是劳动力市场歧视之所以会持续存在，可能是由于垄断等非竞争力量造成的，也可能是因为向竞争性力量方向进行调整时各种阻碍因素造成的。可见，非竞争性力量的影响是学术界普遍赞同的导致雇佣歧视产生的主要原因，消除非竞争性的影响，将有助于消除劳动力市场歧视（罗胤，2008）。

　　由于我国的国情和特殊的制度使然，我国雇佣歧视产生的原因也与西方不同，制度、社会、经济、历史、文化等各方面的因素都导致了我国雇佣歧视的产生（周小亮，1994；赵耀，2006；姚鹤等，2010；王杰力；2013；等等），如在制度方面，我国农民工雇佣歧视与西方国家的市场型雇佣歧视不同，其产生属于典型的制度性歧视，导致我国农民工雇佣歧视的制度性根源在于我国城乡二元经济社会结构（卢周来，1998；石莹，2010；等等）。而在文化方面，"男尊女卑"的传统文化、"权利缺失和维权意识淡薄"的法律文化以及粗放的企业文化和企业社会责任的缺失导致了我国雇佣歧视的产生（蔡定剑，2007）。

2.3.5　雇佣歧视的结果变量

　　已经有很多学者对雇佣歧视的结果变量做了研究，概括起来主要包括宏观和微观两个方面。从宏观方面，雇佣歧视违背了市场经济原则，会使资源配置效率降低（周小亮，1994；蔡昉，2000；张兴华，2000；张体魄，2013；等等）、影响社会公正与社会稳定（谢嗣胜，2005；袁国敏、曹信邦，2007；张体魄，2013；等等）。从微观方面，雇佣歧视会对员工的心理、行为产生一系列的影响，并认为这些影响是消极的，会使员工的公平感知（池晓娜、王旭

东、金柏范，2009）和满意度（Spector，1992；曾瑜，2009）下
降，自尊和主观幸福感降低（李泽、林丹华，2013），产生悲观、
焦虑、自卑等消极情绪，产生抵触和仇视社会的心理（罗丞，
2014），也会使员工产生如盗窃、怠工、停工、罢工、聚众斗殴、
离职等反生产行为（池晓娜等，2009；Jones，2009；王弘钰、王
辉，2015），具体结果变量研究如表2-13所示。

表2-13　　　　　　　　　雇佣歧视结果变量汇总表

结果变量		代表学者
宏观方面	资源配置效率	周小亮（1994）、蔡昉（2000）、张兴华（2000）、张体魄（2013）等
	总体社会福利	谢嗣胜（2005）、赵耀（2006，2007）、韩宏刚（2014）等
	城乡差距	周小亮（1994）、蔡昉（2000）等
	社会公正与社会稳定	毕霞、魏丛东（2005），谢嗣胜（2005），袁国敏、曹信邦（2007），张体魄（2013）等
微观方面	员工心理 消极情绪	王宇清、龙立荣、周浩（2012），罗丞（2014）等
	公平感知	池晓娜、王旭东、金柏范（2009），姚鹤（2011）等
	员工满意度	Oldhametal.（1986），Sweeney（1990），Sweeneyetal.（1990），Summers and DeNisi（1990），Summers and Hendrix(1991)，Spector(1992)，曾瑜(2009)等
	自尊	李泽和林丹华（2013）等
	主观幸福感	李泽和林丹华（2013）等
	社会认同感	姚鹤（2011）等
	员工行为 建言行为	姚鹤（2011）等
	反生产行为	池晓娜、王旭东、金柏范（2009），Jones（2009），王弘钰、王辉（2015）等
	人际冲突	张坚雄、刘婷（2010）

资料来源：根据文献整理。

通过上述文献回顾，雇佣歧视的结果变量有很多，反生产行为是其中的一个主要变量（迟晓娜等，2009）。以往学者虽然已从定性角度对雇佣歧视与反生产行为关系进行了较深入的研究，取得了较丰硕的成果，但从定量角度，雇佣歧视作用于反生产行为的研究还十分少见，尤其针对农民工雇佣歧视对反生产行为影响的实证研究尚属空白。因此，本书试图打开农民工雇佣歧视作用于反生产行为的黑箱，探索农民工雇佣歧视对反生产行为的作用机制。

2.4　雇佣歧视与反生产行为的关系

2.4.1　雇佣歧视对反生产行为的影响机理

社会交换理论认为，人与人之间的互动是一种交换关系，这种交换包括情感、报酬、资源、公正性等（Homans，1974）。社会交换有很多形式，组织交换是其中的一种（Blau，1964），员工与组织之间依赖关系的形成就是一种社会交换关系的形成（Rhoades & Eisen‑berger，2002），这种交换关系之所以能发生和持续要遵循互惠原则、回报原则和公平原则（陈志霞，2006）。

互惠原则和回报原则表现为，在交换过程中，由于双方都是理性的经济人，因此，社会交换在双方都有利的情况下才能实现，当一方施惠另一方时，另一方通过各种方式回报施惠者，社会交换得以继续，双方形成积极对待和交换的关系，即积极互惠（Blau，1964）；反之，当一方受到另一方的不当对待时，受害方倾向于采用报复性态度或行动回应施虐者的行为（WeiF、SiS，2013），即双方形成"以牙还牙"的消极互惠（BironM，2010）。消极互惠阐述了一种互惠双方间的行动规范：当一方受到另一方的不当对待时，另一方会以"报复"的方式予以回应。从互惠原则和回报原则来看员工与组织的交换，如果员工受到了企业的合理对待，积极互惠的交换便形成，员工便会以积极的工作绩效回报组织；而当员工遭遇到了组织的歧视，他们便会用退出、破坏、怠工散布谣言等负向"消极互惠"的方式"回报"组织，而这些退出、怠工、散布谣言、破坏等行为就是反生产行为（Spector & Fox，2002）。

公平原则表现为，在交换过程中，只有双方都认为是公平的，社会交换才有可能发生，当个体发现交换不公平时，即当有不公平的感受时，个体就会产生心理压力（Adams，1965）。员工在与组织交换的过程中遭遇到了诸如薪酬、晋升等歧视时，不公平的感受便会使他们产生压力，根据压力因应理论（Hans Selye，1956），个体便会采取措施来试图改变，以释放压力，达到心理平衡。这些释放压力的手段可能是消极怠工以减少劳动付出，给他人制造麻烦以减少他人的收入，制造人际矛盾，搞破坏，甚至离职等反生产行为（王弘钰，2010）。

通过社会交换理论可以分析，组织内的雇佣歧视会使员工有"消极互惠"的反应，使其产生心理压力，引发一系列破坏、怠工等行为。很多学者已证实雇佣歧视能引发反生产行为（池晓娜、王旭东、金柏范，2009；Jones，2009；王弘钰、王辉，2015；等等）。

2.4.2 雇佣歧视对反生产行为的间接作用

雇佣歧视不仅对反生产行为有直接影响（池晓娜等，2009），也可能通过某些中介变量作用于反生产行为，但对于中介的研究还十分不足。根据刺激—认知—反应理论（汪甦、汪安圣，1992），当个体面临刺激时，会通过认知判断刺激的意义，进而产生后续的行为（凌玲、卿涛，2013），而情绪是对认知内容的特殊状态，普遍存在于组织工作中（毛江华、廖建桥、刘文兴、汪兴东，2014），因此，个体会通过刺激产生一定的情绪，进而影响员工的行为，故可推断，情绪是"刺激"和"反应"的重要的中介变量，即员工的行为可能是理性加工的结果，更有可能是其情绪的反应（Ashkanasy & Humphrey，2011；Miner & Glomb，2010），而对情绪尤其是消极情绪的中介作用却一直未得到学者的足够重视（Barsky，Kaplan & Beal，2011）。仅有少量学者（王宇清、龙立荣、周浩，2012）将消极情绪作为不公正"刺激"和员工偏离行为之间的中介变量进行研究。虽然组织中不公平感知和雇佣歧视及员工偏离行为和反生产行为从表面上看有相类似之处，其实从内涵上看，却有本质的区别，但上述成果却给了本书研究中提出以消极情绪作为中介变量揭示农民工遭受雇佣歧视后对其反生产行为影响的理论依据。

2.5　消极情绪在雇佣歧视与反生产行为关系间的中介作用

2.5.1　消极情绪的界定

情绪（emotion）这一概念，最早可以追溯到蒙苗（Murray，1858）字典，最初是用它来描述物理学领域的一种运动的过程，但现在已经被严格地限定在精神活动的范畴中。美国心理学家Arnold（1960）对情绪的定义作了权威的阐述，即情绪是一种稳定的心理体验。而关于情绪的划分最早可以追溯到Darwin在1872年提出的进化论，该理论从生物进化论的角度将人的情绪分为基本情绪（basicemotion）和复合情绪（complexemotion）两种类型。随着进化论帷幕的拉开，众多学者也对情绪划分产生了不同的想法，但大致都依照性质划分（李艳杰，2011）。最早将情绪依照性质划分的是Waston（1985），他将情绪划分为积极情绪与消极情绪，后续研究表明，此种划分方式较为权威（Lerner & Keltner，2000）。Waston（1985）最早对消极情绪做出了界定，他认为，消极情绪是人们在心情低落和陷于不愉快境况时的一种主观体验，包括愤怒、憎恶、恐惧、耻辱、紧张、负疚等各种令人生厌的不良情绪状态。Lazarus（1991）在其基础上结合"情绪—认知"理论更好地诠释了消极情绪产生的机理（白新荣，2010），认为消极情绪是指个体由于内外刺激、事件不满足或无法满足需要而产生的伴有一种明显不愉悦的主观体验。而国内部分学者从功能和起因方面对消极情绪作了界定（刘朝，2013）。例如，程族桁（2009）认为，消极情绪是会产生消极因素的情绪，可以降低人体活动能力和积极性，或者使人的意志削弱甚至完全丧失；董会龙（2011）认为，消极情绪是员工在工作中遇到的由于某种原因影响而产生的不利于个人工作的完成或者正常思考的不良情感，如忧愁、焦虑、紧张、愤怒、痛苦、愧疚、憎恨、悲伤等。

本书中选用 Lazarus（1991）对消极情绪的界定。其主要原因，一是 Lazarus 在 Waston（1985）基础上，从情绪认知视角更好地诠释了消极情绪产生的机制；二是其他学者对消极情绪的界定大多都是参照 Lazarus（1991）的情绪认知视角界定（ShieldsS. A，2002）。

2.5.2 消极情绪的维度

消极情绪的维度分为单维和多维，单维即把消极情绪看成是个体对其工作或者生活的整体情绪评价（Waston，1988；王力、李中权、柳恒超、杜卫，2007）；多维则是把消极情绪划分为神经焦虑、冲动感、攻击敌意性等多个方面，然后对每一方面进行分别测量，从而获得个体的消极情绪水平。

Waston（1988）将消极情绪划分为单维。而在多维划分方面，Russell（1980）根据情绪评价或归类的方法，把消极情绪划分为愉快度和强度两个维度；Plutchik（1965）认为不同消极情绪都可以在愉快度、紧张度、唤醒度这三个维度的两极之间的不同位置上找到。Izard（1977）在 Plutchik（1970）基础上进行筛选，确定了四个维度，包括愉快度、确信度、紧张度、激动度（冲动度），其中愉快度表示个体主观体验的享乐色调；确信度表示个体胜任承受感情的程度；紧张度表示情绪的生理激活水平；激动度（冲动度）表示个体对突发的情境缺乏预料和准备的程度。具体维度划分如表2-14所示。

表2-14   **消极情绪维度划分**

维度	学者（年份）	内容
一维	Waston（1988）	对个体的整体消极情绪进行评价
	张洁（2005）	
二维	Russell（1980）	愉快度和强度
三维	Plutchik（1965）	愉快度、紧张度、唤醒度
	Albert & Mehrabian（1996）	愉快度、唤醒度和优势度
四维	Izard（1977）	愉快度、紧张度、激动度和确信度

资料来源：根据文献整理。

尽管许多学者对于消极情绪维度的具体内容进行了探索，但目前学者们对消极情绪的维度划分还没有达成统一和明确的认识，而以往学者对维度的划分方式多基于病人、教师等独特对象而进行研究，这些维度难以直接用于农民工群体。而且，多维度结构其内容繁杂且并不统一，很难有效测量。因此，本书中选用一维度消极情绪进行研究。

2.5.3　消极情绪的测量

近20年来，关于消极情绪的测量研究颇多，包括汉密尔顿抑郁量表（SAS）、汉密尔顿焦虑量表（HAMA）、状态—特质焦虑问卷（STAI）、抑郁自评量表（SDS）等。然而，这些评定量表都是用于评定单一消极情绪的（黄丽、杨廷忠、季忠民，2003）。除上述量表外，还存在一些量表并非评定单一消极情绪，McNair（1971）使用的"情绪状态量表（POMS）"，其主要测量五种消极情绪：紧张、压抑、愤怒、疲劳和慌乱，而后由迟松（2003）等将该量表 65 个题项简化为 30 个题项。Izard（1974）等人在 Bradburn（1969）设计的"情感量表（Affectscales）"基础上开发了"不同情绪量表（DES）"，其主要包含四个维度：愉快度、紧张度、确信度与冲动度，并且主要测量了九个不同的消极情绪（愤怒、恐惧、厌恶、藐视、羞愧、内疚、敌意、悲哀、害羞）。Zuckerman & Luhin（1964）的"多种情绪形容词检核表—修订版（MAACL - R）"，关于消极情绪主要包含三个维度：冲动感觉寻求、神经质焦虑、攻击敌意。王培席（2011）等人使用了"负性情绪评定量表（IDA）"，其中包括：焦虑、抑郁、内向性激惹和外向性激惹四个维度。具体消极情绪量表如表 2 - 15 所示。

表 2 - 15　　　　　　　　消极情绪量表

量表	学者（年代）	内容
汉密尔顿焦虑量表（HAMA）	Hamilton(1959)	由 14 个题项组成，评估个体焦虑症状的严重程度
汉密尔顿抑郁量表（HAMD）	Hamilton(1959)	由 17 个题项组成，评估个体焦虑症状的严重程度
抑郁自评量表(SDS)	Zung(1965)	由 20 个题项组成，用于评定个体抑郁程度
多种情绪形容词检核表—修订版（MAACL - R）	Zuckerman&Luhin(1964)	含 33 个形容词，主要测量敌意、抑郁、焦虑三种消极情绪
状态特质焦虑量表(STAI)	Charles D Spielberger(1970)	由 40 个题项组成，用于评估焦虑状态和情绪体验
心境状态量表(POMS)	McNair(1971)	共 29 个形容词组成，测量紧张、压抑、愤怒、疲劳、慌乱五种消极情绪

续表

量表	学者（年代）	内容
不同情绪量表（DES）	Izard（1974）	由 18 个题项组成，测量愤怒、敌意、蔑视、厌恶等六种消极情绪
情绪量表（PANAS）	Waston（1988）	包含 10 个形容词，主要测量负罪、敌意、悲伤、害怕四种消极情绪
情绪量表修订版（PANAS - X）	Waston & Clark（1994）	包含 19 个形容词，主要测量负罪、敌意、悲伤、害怕四种消极情绪
消极情绪量表	张洁（2005）	由九个题项组成，测量冷漠、厌烦、压抑等六种消极情绪
负性情绪评定量表（IDA）	王培席（2011）	由 43 个题项组成，主要测量焦虑、抑郁、内向性激惹和外向性激惹四种情绪

资料来源：根据文献整理。

这些量表在成分数量上都有很大区别，其中 IDA 量表涵盖不全，应用范围也较小（杭斐、陈亚妮、张庆柳、徐瑾，2014）。Waston & Clark（1994）在 PANAS（1988）的基础上开发了修订版（PANAS - X）。DES 和 PANAS - X 测量较细、涵盖较广，有 12 个分量表；而 POMS 和 MAACL - R 仅有 5 个分量表。PANAS - X 相比 DES 虽然只涉及了五个消极情绪，但只是侧重点不同，并非测量不全面（石林，2000）。况且 DES 量表中有些测量维度如"我经常觉得别人做的是错的"和"我经常有嘲笑他人行为的想法"并不适合农民工这一弱势群体。

张洁（2005）在 PANAS - X 的基础上开发了适合于国内企业一般员工的量表，最终检验结果理想，信效度均较高。不仅如此，中国特殊的二元户籍制度是依据户籍进行社会权益的分配，划定了两个不平等的社会群体，并且严格限制自由迁徙（郎雪云，2007），况且农村与城市的不同地域文化差别也成了农民工在融入城市进程中的"绊脚石"，重重阻碍使得农民工作为社会成员的地位低下，因此，相比于西方量表而言，国内一般员工的消极情绪量表更适合农民工。为了更好地测量农民工消极情绪，本书研究选用张洁（2005）开发的量表。

2.5.4 消极情绪的前因变量与结果变量

对于消极情绪的研究主要集中在其影响因素的探讨。消极情绪早期的研究通常考虑很多因素，其主要来自于个体特征、工作本身和组织环境等方面，如自尊、自我监控、神经质、工作生活质量、工作关系、工作特征辱虐管理、程序不公正、职场排斥等。20世纪80年代，Hochschild（1983）和 Waston（1988）等人开始系统探讨消极情绪的结果变量，直至2011年，Ashkanasy 和 Humphrey 将其他学者的研究整合，提出了组织中的五层情绪研究理论（王宇清，2012）。根据该理论及其他学者的相关研究，消极情绪的结果变量大致上分为两个层面：态度层面与行为层面，如工作满意度、离职倾向、工作倦怠、创新行为、员工偏差行为、员工越轨行为等。具有代表性的变量研究如表2－16所示。

表2－16 消极情绪的前因变量与结果变量

	类型	内容	学者（年份）
前因变量	个体特征	自尊、自我监控、神经质	ClarkWatson & Mineka（1994）；DeNeve & Cooper（1998）；Miller，Vachon & Lynam（2009）；Synyd（1974）；Leary，Schreindorfer & Haupt（1995）；柏乔阳（2006）；胡发稳、丁颖（2011）；肖崇好、谢亚兰（2012）；杜跃（2014）

续表

	类型	内容	学者（年份）
前因变量	工作本身	工作生活质量、工作关系、工作特征	Wegge et al.（2006）；温馨、肖剑科（2008）；Totterdell（2007）
	组织环境	组织支持、领导授权赋能行为、辱虐管理、程序不公正、职场排斥、不当督导	龙立荣、周浩、王宇清（2012）；Kiefer（2005）；Wegge, Dick, Fisher, West & Dawson（2006）；李董平（2015）；耿昕（2011）；仵凤清、刘璐（2014）；Lance Ferris et al.（2008）
结果变量	态度层面	工作倦怠、离职倾向、人际信任、工作满意度、组织承诺	Grandey（2004）；Yi（2006）；Totterdell & Holman（2003）；Eriksson（2004）；陈薇静（2009）
	行为层面	工作绩效、创新行为、偏差行为、越轨行为、建言行为	周浩、龙立荣、王宇清（2012）；孙旭、严鸣、储小平（2014）；耿昕（2011）；李蓉（2014）；胡飞飞（2009）

资料来源：根据文献整理。

通过上述梳理发现，关于消极情绪的前因变量研究，大部分来自于组织情境。不仅如此，众多学者也认识到组织情境是导致个体情绪产生的重要影响因素（Arnold，1960；S. Schachter，1964；Robert J. Sternberg，2005；潘发达，2004），而组织情境是通过情绪对员工行为发生作用的（Barsade & Gibson，2007）。况且在西方学者的研究中，直接从员工情感视角出发的研究也较少（李蓉，2014），雇佣歧视是一种典型的组织对员工区别对待的情境因素（Hebl，2002），特别是对于遭受到雇佣歧视较为严重的农民工群体。同时，雇佣歧视是否会通过消极情绪间接引发反生产行为仍未得到答案。因此，本书中试图引入消极情绪作为雇佣歧视与反生产行为的中介变量，深入剖析组织中雇佣歧视对个体反生产行为的影响机制。

2.5.5 消极情绪的中介作用

1. 雇佣歧视对消极情绪的影响。"评定—兴奋"理论（M. Arnold，1960）认为，刺激情境能影响个体的情绪，但并不直接决定情绪的性质，即使面对同样的刺激情景，不同的个体会形成差异化的感知评价，进而产生不同性质或程度的情绪，即面对刺激的情景，被刺激者首先要对刺激进行评价，而后才能产生情绪。因此，"刺激情境—情绪"产生的基本过程是"刺激情景—评估—情绪"，有利的刺激，评估后会引发积极情绪的出现；无关的刺激，评估后个体倾向于选择忽视（刘淑凤，2014；白洁、王姝彦，2013）；有害的刺激，评估后会引发消极情绪的出现（Lazarus，1991）。雇佣歧视是一种典型的组织对员工区别对待的刺激情境，当遭遇歧视时，被歧视者身心都会受到伤害。当发现自己由于身份的不同，如劳务派遣工、农民工等，致使自己干的工作与正式工一样多，而得不到跟正式工一样的待遇，就会产生不公平、愤怒等不满情绪。因此，雇佣歧视是导致消极情绪产生的重要前因变量。

2. 消极情绪对反生产行为的影响。"认知—新联结主义"理论（Berkowitz，1990）认为，当个体心境不佳时倾向于怀有敌意，当个体愤怒且有合适的发泄对象时则会产生攻击行为。以农民工为例，农民工进城务工，面临各种雇佣歧视，进而产生消极情绪（宋高远，2013）。

由于农民工遭受的各种歧视是一个社会问题，不是在短时间内就能彻底解决的问题（Zhao，1999；张敦福，2000；张晓蓓、亓朋，2011；王哲，2015），因此，农民工就需要长期饱受来自于社会、企业、正式工、城市居民的各种歧视而带来的困扰。当不满、抱怨、害怕、怨恨等不良情绪得不到有效解决时，农民工为了缓解消极情绪带来的不适感，他们被迫出现消极怠工、破坏工具甚至罢工等反生产行为。因此，消极情绪对反生产行为会产生影响。

3. 雇佣歧视通过消极情绪作用反生产行为的机理。"一般压力"理论（Agnew R.，1992）认为，个体受到压力的影响会变得紧张、焦虑、心烦意乱，进而会以越轨或犯罪的手段来减轻或者逃离压力带来的紧张、焦虑等负面情绪，或者报复那些给他们带来紧张、焦虑感的压力施加者，因此，"一般压力"理论的模型可以总结为：压力源—消极情绪—越轨行为（蒋佳瑜，2011）。以下三种主要的压力能引起个体的越轨行为：第一，个人未能达成积极评价目标而带来的压力，如金钱、地位、自由；第二，个人正面的刺激的消失引发的压力，如家人病逝；第三，面对负面的刺激而产生的压力，如家暴、被周围人歧视和在社会上遭受不公平对待等（Agnew R.，1992）。可见，劳动场所的不公平待遇、各种歧视是压力源之一，压力会使个体变得烦躁、愤怒（Gibson & Callister，2010；Weiss et al.，1999），最终迫使他们采取反生产行为来发泄其所面临的压力与情绪（Eisenberg & Fabes，1992；Hoffman，1983）。

虽然通过文献整理发现，雇佣歧视是消极情绪的重要的前因变量，消极情绪对反生产行为产生影响，雇佣歧视作为压力源可通过消极情绪对越轨行为产生影响，但针对农民工，上述的作用路径是否成立，在作用的过程中是否还受到条件因素的限制，目前鲜有学者关注。

2.6 雇佣歧视对消极情绪影响的条件因素

2.6.1 组织间竞争的调节作用

组织或企业间竞争可以被看做是两个或者多个企业或集团组织在市场上为实现自身的经济利益，为比竞争对手更有效地创造出更多、更好、更高的价值，而不断进行角逐的过程，表现为参与竞争的企业之间内有动力、外有压力的持续不断的市场较量（陈秀山，2010；汪秀婷，2004）。汪秀婷（2004）认为，可以从四个不同的角度来理解组织间竞争：第一，从竞争主体上看，组织间竞争是企业与相关利益主体为实现价值最大化而进行的竞争；第二，从竞争内容上看，组织间竞争是参与竞争的企业运用自身的资金、技术、人力资本、品牌、企业家创新精神等因素，通过对原材料的采购、生产、研发、销售等整体价值链而实现价值能力的竞争；第三，从表现形式上看，组织间竞争最终要落实到企业商品竞争上，因此，竞争主要表现为质量、价格、品牌、速度、技术等的竞争；第四，从竞争结果上看，企业只有为顾客创造最大价值并以更高效率传递给顾客，才能获得组织竞争优势。

在市场经济中，竞争是市场运行的普遍规律，组织间竞争更是市场经济的常态表现（汪秀婷，2004）。随着管理科学理论与实践的发展，组织间竞争已经从传统的单一层次的竞争发展成多层次的竞争，即组织间竞争不再仅仅是组织基于产品、顾客需求以及资源争夺而进行的竞争，而是一种多层次的综合竞争（王弘钰，2010）。同时，在知识经济和全球一体化的今天，组织的存在与发展无时无刻不处在动态的、不确定的竞争环境之中（关晓红，2003），组织间竞争已经趋于国际化、白热化和动态化（帖征等，2011），且不同时期组织之间的竞争存在差异，不同行业组织之间的竞争程度也是不一样的（贺水金，2000）。由此可见，组织间竞争具有不稳定性和难以预测性。

组织间的不断竞争角逐，影响员工的情绪及行为（Friedman & Förster，2000）。组织间竞争激烈与否，对员工的工作节奏、强度以及工作满意度等有重要影响，激烈的组织竞争可以通过给员工带来压力而使他们产生紧张、压抑等消极情绪（邹岚萍，2008；熊舒华，2009）。

当竞争激烈时，组织可能面临两种情况：一种情况是因经营状况起伏不定而对人力成本进行压制，或者面临破产、倒闭或减产；

另一种情况是组织在竞争中脱颖而出，市场占有率和利润相比以前都有很大的提升（俞前，2014）。面对第一种情况，由于经营状况的起伏不定，会导致员工对工作的稳定性产生疑虑和不安，使其处于高度紧张、焦虑的状态，进而使其知觉和注意集中的范围变得过于狭窄（Friedman & Förster，2000），限制了员工正常的信息加工，因此，员工的注意力大部分集中在对动荡不安的竞争而引起的工作稳定性的关注，此时即使面对来自用人单位的待遇、保障、晋升等方面的歧视，由于员工更加关注自己是否还能在组织中继续工作，继续赚钱，养家糊口，即使劳动场所仍存在歧视现象，他们也能接受，他们的关注点不在那里，因此而产生的倦怠、焦虑等消极情绪也会有所减轻。面对第二种情况，组织在竞争中脱颖而出，员工因此而对组织产生较强的荣誉感、归属感，而此时来自于组织的公平程度他们不是很在意（王弘钰，2010），即便组织对他们有待遇、培训、晋升等的歧视，他们因此而产生的消极情绪也会因对组织的自豪感而有所缓解。因此，若组织间竞争程度加剧，组织对员工的不公平待遇、各种歧视等现象，对员工消极情绪的影响在减弱。

当组织间竞争程度不强烈时，员工的竞争压力减小，工作的节奏和强度也相应变少，工作相对稳定，员工不会时刻担心自己的薪酬下降或者工作丧失等情况的发生，因此，员工开始有更多的时间和精力关注工作本身以及组织工作环境、公平程度、自尊等。此时，如果员工发现在原有歧视问题并没有解决的情况下又出现了新的歧视现象，如不仅同岗不同酬，而且差距在不断增大，则会导致员工对此类现象更加敏感，反应更加强烈，更加不满、愤怒与不安。由此可见，组织间竞争的强烈程度，影响雇佣歧视对员工消极情绪产生的程度，即组织间竞争在雇佣歧视与消极情绪之间具有调节作用。

2.6.2 组织声誉的调节作用

组织声誉（Organizational Prestige）是指与其他竞争者相比，组织过去的行为结果以及未来前景对其利益相关者的整体吸引力，这些利益相关者包括顾客、投资者、媒体、社会公众以及内部员工等（Fombrun，1996）。Fombrun & VanRiel（1997）认为企业声誉有六个特征：（1）声誉是企业在组织领域突出地位的反应；（2）声誉是员工对企业社会身份的识别等内部识别的外在反映；（3）声誉是企业发展历史和此前的资源配置的反应，并作为行动壁垒和竞争优势决定着企业以后的行为和竞争对手的反应；（4）声誉是所有和企业相关者的综合评价，是不同的人使用不同的标准对企业的潜力和能力的评价；（5）企业声誉体现了企业效率的两个评价维度，即经济绩效和社会责任履行情况；（6）声誉可以简化企业绩效的构造，帮助观察者应对市场的复杂性。通过对以上属性的分析可以发现，组织声誉是不同利益相关者的感知，由于评价者自身特点及其关注的信息重点的不同（Freeman，1984），所以对组织声誉的主观评价也是不完全一样的，因此，组织声誉具有主观性、多面性和多重性（Dolphin，2004）等特点。此外，组织声誉还有累积性、易碎性和不稳定性的特点（张四龙、周祖成，2002），即组织声誉的形成不是通过商业炒作以及媒体宣传就能获得的，而是一个企业长期努力的累积过程，并且企业赢得声誉后，并不是一劳永逸的，它需要企业继续努力和小心地呵护（韩兴武，2004），否则企业经过长期积累的良好声誉可能因一个偶然事件而受到严重损害，甚至无法弥补（缪荣、茅宁，2003）。由于组织声誉的主观性、多面性和易碎性等特点，导致其成为一个不可控制的变量。

组织声誉会显著影响员工的组织自尊（宝贡敏、徐碧祥，2006）。当一个组织的声誉较高时，员工能从中获得自尊感（Fisher & Wakefield, 1998），致使员工更愿意靠近组织，赞同和拥护组织（Dutton & Dukerich, 1994），即：一方面高声誉组织会吸引员工，员工会愿意进入这样的组织，因为这样的组织对他们的权益和发展都是保障（李民牛, 2008）；另一方面员工也为隶属于这个组织而感到骄傲，他们的组织向心力和努力意愿也较高（刘郑一, 2006），更愿意为组织服务，他们会觉得工作更有吸引力并且激励自己努力工作（Fombrun & VanRiel, 2004），同时希望通过自己的努力长期留在现有的声誉较高的组织（刘郑一, 2006）。若此时组织对员工有一些歧视的现象发生，员工虽然会有一些焦虑情绪产生（池晓娜等, 2009），但他们依然相信能让他们产生自豪感的组织将来会以正直、可靠的方式对待他们（刘慧杰, 2010），即对这样的组织仍然充满着信任、期待和宽容，因此，对消极情绪能起到部分的缓解作用。

当组织声誉较低时，组织对员工的吸引力降低。对员工来说，他们不再以组织为自豪，也不会因组织而产生强烈的自尊感，相反，他们会因为与别的声誉较高的组织比较而产生一定失落的感觉。同时，他们也会担心在声誉这么不好的组织中自己的权益会不会得不到保障，因而也会觉得很不安。这种情况下，若再遭受到来自组织的不公平的待遇、各种歧视，则会使员工对所在组织更加不满和失望，由此可见，组织声誉的大小影响着雇佣歧视与消极情绪之间的关系，组织声誉在雇佣歧视与消极情绪间起到调节作用。

2.6.3　不当督导的调节作用

不当督导是指员工对于领导的语言性或非语言性的敌意行为程度的知觉（Tepper, 2000），这些敌意行为主要包括两大类：一类是嘲笑下属、在别人面前贬低下属或者指责下属能力不足、对下属翻旧账等领导主动性不当行为；另一类则是对下属不理不睬、对下属撒谎，或即使下属完成了非常费力的工作也不给予赞扬、履行对下属的承诺等较为被动的行为（Mitchell & Ambrose, 2007）。一些学者（Harris，Kacmar & Zivnuska，2007）认为不当督导有以下特征：(1) 主观性，即主管不当督导行为的多少，是下属的一种主观性的评估和判断。这也就意味着，即使是针对同一主管，不同的下属知觉到的不当督导的程度也不尽相同。(2) 行为表现性，即不当督导行为只涉及外在的行为表现，而不包括行为的意向。(3) 非肢体接触性，即不当督导包括敌意的言语及非言语行为（如主管对下属的冷嘲热讽、辱骂、轻视睥睨的眼神），但不包括肢体接触。肢体接触属于暴力行为的范畴。(4) 持续性，即不当督导行为不是一时性的偶发事件，也就是说，主管在与下属互动的过程中会经常表现敌意行为，而不只是偶尔出现一两次。因此，不当督导具有很强的主观性和不稳定性等特点（李楠楠，2009），可以作为调节变量。

不当督导会打击下属工作的积极性，导致员工的自尊受挫（Tepper，2001），因此，不当督导常常被员工视为一种不当对待甚至人际虐待（ThauS, Mitchell M.，2010），这种人际虐待会对员工的心理、态度和行为造成十分消极的影响（吴隆增、刘军、刘刚，2009），也会让员工产生强烈的失望感和一系列倦怠、焦虑等消极情绪（Tepper，2000、2007；吴宗佑，2008）。

对于受到雇佣歧视的员工来说，即使他们很出色地完成了工作，领导也不对他们进行表扬，甚至在公共场合不断对他们进行贬低、嘲笑、冷嘲热讽，即领导的不当督导的程度很高的时候，会使他们在对组织失望的基础上（姚鹤等，2010），对领导有强烈的失望感，由于领导的双重代表性，既代表个人又代表组织（孙旭等，2014），所以员工会感受到了来自组织的更大的伤害，基于资源保存理论，他们不得不动用更多的资源来应对两种叠加的伤害行为，以至于无法集中全部注意力在工作上，更容易产生消极情绪（陈晓燕、戴万稳，2013）。同时，根据情感事件理论（Weiss 和 Cropanzano，1996），这些来自组织歧视的"情感事件—雇佣歧视"和来自领导辱虐的"情感事件—不当督导"共同作用于员工，而这些"情感事件"又决定了员工的心情和情绪（Weiss & Cropanzano，1996），因此，会使员工产生更大的压力和更多倦怠、焦虑、抑郁等消极情绪（Foster，2000）。因此，当领导的不当督导程度高的时候，雇佣歧视会使员工产生更多的消极情绪。相反，如果此时领导不对员工贬低、嘲笑、辱骂，并能相对公正地对待员工，即不当督导程度较低时，对于遭遇雇佣歧视的员工来说，领导的相对公正的对待以及一丝安慰与支持，对员工来说也是一种鼓舞（李锡元、高婧，2011），能够有效治愈雇佣歧视的伤害带来的负面影响，缓解不良情绪，会使他们原本因为雇佣歧视而产生的自卑、焦虑等消极情绪有所缓和（Lepore，1992），即不当督导程度较低的时候，会使员工因雇佣歧视产生的消极情绪变少。因此，不当督导程度的高低变化会影响雇佣歧视对员工消极情绪的影响，故不当督导在雇佣歧视和消极情绪之间起调节作用。

2.6.4 工作特征的调节作用

工作特征是指工作本身所具有的可能促进工作效果和员工满意度的性质（Hackman & Lawler，1971）。任何工作的内容都隐含着五种核心特征，即技能多样性、任务重要性、任务整体性、工作自主性和反馈性（Hackman & Lawler，1975）。其中，技能多样性指的是员工的工作内容需要其应用多种技能和能力的程度；任务重要性指的是工作结果对组织内外其他人的工作与生活影响的程度；任务整体性指的是工作能为员工提供的全面完成一项任务的程度；工作自主性指的是工作方式上允许员工自由、独立地安排工作进度以及具体实施方式的程度；反馈性指的是员工能从工作本身得到关于自己工作效果的信息反馈的程度。因为工作特征的高低是员工主观的感受（罗茜、李洪玉、何一粟，2012），不同员工对同一工作特征的评价可能不同，所以工作特征具有很强的主观性特点。而且同一员工在不同时期对工作特征的感觉也不尽相同，所以工作特征具有易变性的特点。

工作特征包括技能运用性、决策自主性、工作支持（工作中的领导支持、同事支持、老乡支持等）、工作控制、工作资源、工作自主权及工作结果反馈等很多方面（Hackman & Oldham，1974；Karasek，1979）。根据工作特征理论（Hackman & Oldham，1974），如果一项工作的工作特征较高，即一项工作需要多项技能，员工独立、完整地完成工作并且完成该工作会对他人产生一定影响的话，员工就可以从工作中体验到工作的意义和价值，提高员工的满意度和组织承诺（Fried & Ferris，1986；Bhuian，Al - Shammari，Jefri，1996；Demerouti 等，2001；张兰芳、庄淑惠等，2004；张一驰，2005；罗茜、李洪玉、何一粟，2012）。同时，高工作特征的工作会使员工得到自己工作绩效的反馈，使其感知工作结果，影响其工作的态度（Hackman & Oldham，1974），也会给予员工更多自主选择的权利，培养员工的责任感，减少工作倦怠等消极情绪（史玥、孙林岩、王敏，2011）。相反，低工作特征让员工体会不到工作的意义和价值，没有更多自我选择的权利，没有责任感，同时，员工不能得到工作反馈，也就失去了继续努力工作的动机，久而久之能够引起员工的倦怠、焦虑、抑郁等消极情绪（Karasek，1979；Demerouti等，2001；史玥、孙林岩、王敏，2011；李乃文，2012；等等），即工作特征对员工的消极情绪产生影响，工作特征越高，员工产生的消极情绪越少，工作特征越低，员工产生的消极情绪越多。

Quick（2003）指出，员工在工作场所的一系列倦怠、焦虑等消极情绪的形成不单单取决于某些工作特征和压力来源，而取决于两者的交互作用。农民工大多处于就业末端，因为遭受待遇歧视，他们的工资水平大大低于拥有城镇户籍的从业人员，他们不得不面对在城市生存的压力；由于受到就业保障歧视，绝大部分农民工都是在保障缺失的情况下从事累、苦甚至高度危险的工作，同时工伤、医疗、失业、养老保险对他们的覆盖面很低（王利迁，2010），他们不得不面对危险的压力和保障的压力；由于受到户籍歧视，农民工很难融入城市生活，其子女上学和生活也让他们时刻感受到生活的压力，承受着种种压力。他们在雇佣过程中遭遇的待遇、保障和户籍等歧视是农民工的重要压力来源之一（刘玮，2005），因此，按照Quick（2003）的观点，我们可以推断农民工的雇佣歧视和工作特征的交互作用对其消极情绪产生显著的影响。故可以按照工作特征的高低及雇佣歧视的高低交互组合来探讨不同组合对农民工消极情绪的影响。首先，当雇佣歧视高—工作特征低时，即农民工在工作场所受到的雇佣歧视程度很高，而此时又面对着较低的工作特征，即工作自主性、工作支持、工作反馈等都很低，在此组合下，根据Spector 和 Fox（2002）提出的"压力源—情绪"模型（S‐EM），农民工对来自组织的高歧视以及来自低工作特征带来的双重压力进行认知评价会产生很强烈的受挫感，这种受挫感将引发个体的负性情绪（如忧虑、憎恨等）。相反，在雇佣歧视低—工作特征高组合下，农民工在组织中除了面对组织的相对公平的对待，同时又感受到工作的自主性、反馈性，又有很强的工作场所社会支持。根据社会交换理论的互惠原则（Blau，1964），即员工受到组织的积极对待，也会以积极的方式回报组织，故农民工会以积极的态度和行为回馈组织，因此，这种组合给农民工带来的消极情绪与其他组合相比是比较少的。其次，对于高雇佣歧视—高工作控制组合来说，即农民工在工作场所中受到很高的雇佣歧视，在就业机会、待遇、保障以及户籍等很多方面受到了不平等的待遇，因此，产生士气低落、孤独、自卑、倦怠、压力等很多消极情绪（姚鹤等，2010），而此时，如果工作特征较高，即工作自主性较强，能获得积极的反馈，特别是领导支持以及工作场所社会支持较多，这些来自领导的、老乡的和同事等的工作场所支持可以有效缓冲农民工的心理压力（Demerouti & Bakker，2001、2003），对因歧视产生的农民工的倦怠等消极情绪也是一种抚慰，因此，这种缓冲是一种保护机制，减少了农民工的消极情绪，因而这种组合的消极情绪由于两者的中和没有雇佣歧视高—工作特征低组合的消极情绪程度高，低雇佣歧视—低工作特征的组合也是如此。所以从以上四种交互的情况分析，农民工遭遇的雇佣歧视及其工作特征的交互作用影响了其消极情绪的高低，且不同交互组合对消极情绪的影响也不尽相同。即不仅仅雇佣歧视能够引起员工的倦怠、焦虑等消极情绪（王宇清等，2012；李泽等，2013；等等），工作特征也对员工的消极情绪有显著影响，而且同时工作特征和雇佣歧视的交互也影响了员工的消极情绪。故可以推断，工作特征在雇佣歧视和消极情绪之间起到调节作用。

2.7 消极情绪对反生产行为影响的条件因素

2.7.1 组织限制的调节作用

组织限制是在工作中阻碍任务绩效的情景（Peter & O'connor，1980），或妨碍员工将能力和努力转化为高水平工作绩效和成果的不利条件（Spector & Jex，1998），例如工作中必须使用的工具、设备和仪器存在质量问题、工作中必要的信息无法完整地获得以及其他干扰工作的情况等。组织限制产生的原因众多，且在不同行业中的表现也不尽相同，组织限制作为组织层面的一种情景因素，其高低程度具有不确定性，对个体的态度和行为的影响也会不同（Spector & Jex，1998），因此，组织限制具有多样性和不可预测性。

组织限制作为一种压力源会影响到组织内员工的工作绩效（Spector、Jex，1998），如果员工长期因为组织限制而没有完成绩效指标，他们就会出现侵略、敌意、破坏、工作疏离（Chen、Storms，1992）和偷窃（Chen、SPector，1992）等反生产行为。Fox 和 Spector(1999) 研究也表明，组织限制与反生产行为密切相关。

对于已经有了焦虑、倦怠、不满等消极情绪的员工，当面临较高的组织限制时，即工作时经常出现设备或原材料的缺乏、缺少必要的关于做什么或怎么做的信息，同时面临较差的工作环境、挑战性较低的工作、不清晰的职业前景时（Peter、Connor，1980），员工会累积更多的不满、焦虑、愤怒、挫败的消极情绪（Spector，1997、1998），由"挫折—攻击"理论（Dollard，1939）可知，受到挫折影响的员工会促使其产生攻击行为，他们会因更多消极情绪的累积进而出现侵略、敌意、破坏、工作疏离（Chen、Storms，1992）和偷窃（Chen、SPector，1992）等行为。因此，当组织限制较高时，消极情绪会导致更多的反生产行为产生。

相反，若组织限制程度低，同事关系和谐融洽，工作条件和环境比较完备，员工会在一定程度上感受到组织对自己贡献和幸福程度的重视，而这种有形和无形支持可以提高员工对组织的评价，调动工作中的积极情绪（Rhoades，Eisenberger，2002），这样有利于抚慰员工的焦虑倦怠等消极情绪，也能加大员工的工作投入，最终提升满意度并增加对组织有利行为的践行（Rhoades，Eisenberger，2002），员工的反生产行为也就随着减少。因此，组织限制越低，员工因消极情绪而产生的反生产行为就越少。故可以推断组织限制在员工消极情绪和反生产行为之间起到调节作用。

2.7.2　不当督导的调节作用

员工在遭遇雇佣歧视后，会产生不满、倦怠等消极情绪（刘玮，2005），这种消极情绪不及时排解，会产生破坏、退出等反生产行为（王宇清、龙立荣、周浩，2012）。而当员工有消极情绪时，其往往会寻求周边的支持（Nelson & Friedlancer，2001）和安慰，领导者作为组织中权力的拥有者，其行为无论对下属还是组织都具有很强的影响（于静静等，2014），所以有了消极情绪之后，领导是员工要寻求的重要支持之一。对于有倦怠、焦虑等消极情绪的员工来说，如果得不到领导的支持，反而遭受到领导的辱骂、奚落、贬低等人际虐待，即领导的不当督导程度较高时，根据挫折—攻击理论（Dollard，1939），挫折将不可避免地导致某种形式的攻击行为，而此时的攻击行为变成了既报复组织雇佣歧视又报复领导不当督导的双重攻击行为，这些攻击行为可以包括对组织的破坏、对同事的攻击以及退出等反生产行为。所以，不当督导程度高时，员工的消极情绪会使其产生更多的反生产行为。相反，如果领导减少对员工的辱骂、奚落等人际虐待行为，并能相对公正地对待员工，对于焦虑、倦怠等消极情绪的员工是一种抚慰，也能够带领员工更快走出不愉悦的阴影，员工也会有积极的评价与回应，作为回应，他们会减少破坏、退出等反生产行为（Tepper，2000），投身于工作之中，而且不当督导的程度越低，员工的感知越多，回应也就越多（Nelson & Quick，1985），即不当督导程度低时，员工因消极情绪而产生的反生产行为会有所减少。因此，不当督导程度的高低变化会影响员工消极情绪对其反生产行为的影响，故不当督导在消极情绪和反生产行为之间起调节作用。

2.8 雇佣歧视对反生产行为影响的条件因素

2.8.1 自尊的调节作用

自尊是对自我的一种评价性和情感性体验（Wang Y，Ollendick T，2001），是个体自信（self-confidence）和自我尊重（self-respect）的整合，是个体生存的能力和生存的意义（Brandon，1969），尤其是在应付生活挑战时的个人能力和个人价值之现存状态（Mruk，1999）。可以从两个角度理解自尊的内涵：第一，自尊是对自我的主观评价而引发的情感体验，而不是对他人；第二，自尊包括能力和价值两个维度，是对自己能力和价值的评价性情感体验（田录梅，2007）。从以上学者的定义中可以看出，自尊具有主观性很强的特点，是个体主观的自我评价和体验，除此之外还具有动态性和开放性的特点（田录梅，2007），即自尊是发展的产物，同时又处于发展之中，而且有些人的自尊是长期稳定的，而有些人的自尊是经常波动的（倪凤琨，2005），因此，自尊具有主观性、动态性和开放性等特点。

交互作用理论认为，个体和情景构成了一个系统，在系统中，个体的认知因素和情景的交互作用影响着个体的行为（Bandura，1962）。其中，个体的认知因素包括个性特征、自我评价、心理因素等（Freedman，1975），情境因素主要来源于组织（于显洋，2001）。自尊是一种自我评价，属于个体的认知因素，雇佣歧视是组织对个体的不公平对待，是个体在劳动场所生存好坏的重要情景因素。因此，基于交互作用理论，可以推断，认知因素中的自我评价—自尊和来自于组织的情境因素—雇佣歧视的交互作用影响个体的行为——反生产行为。

根据自我一致理论（Pierce J L，Gardner D G，2004），即便是同时面对组织情景中的歧视性对待，高自尊个体和低自尊个体的评价、关注和表现截然不同。首先，高自尊个体比低自尊个体更能进行积极的自我评价，更倾向于接受自我价值的引导，倾向于对失败进行外部归因（Dodgson & Wood，1998；Brown，J. D.，Dutton，K. A & Cook，K. E，2001），这种积极的自我评价和外部归因可以帮助他们积极地调节组织歧视等压力，减少不端行为（张桂平、廖建桥，2012）。其次，即便是同时面对组织的雇佣歧视带来的压力，高自尊个体也能积极面对，而且比低自尊个体对压力的感受弱，而低自尊个体则对压力等负面信号比较敏感，同时承受能力也较差，也更倾向于从事不端行为来应对与回应（Pierce J L，Gardner D G，2004）。最后，高自尊个体比低自尊个体更倾向于注意组织环境中的正面信息，往往更多地关注于组织能给自己带来好的一面，能够感知到组织对他的贡献的重视和关注他的生存状态（沈伊默等，2009）。对于高自尊个体而言，即便遭遇歧视，他们仍然会对自己和组织有积极的评价（沈伊默、袁登华、张华，2009），甚至在某些程度上理解组织、感受到组织的支持（彭欣，2003；张奇、王锦，2007）。根据社会交换的互惠原则（Blau，1964），员工受到组织的恩惠和支持，当以积极的行动互惠组织，因此，高自尊的员工由于组织的正面评价和感知的支持，也会以积极的行动互惠组织，故其也就会减少其怠工、破坏、损毁公司财物等反生产行为的发生。因此，高自尊个体与低自尊个体在面对共同情景因素——雇佣歧视时的行为表现不尽相同，即自尊在雇佣歧视和反生产行为之间起调节作用。

2.8.2　自我监控的调节作用

自我监控是指个体对社会情境中他人的表情和自我的呈现具有较强的敏感性，通过关心以上相关社会行为的情境，并使用情境中的线索进行自我观察、自我控制和自我调整的能力（Snyder，1974）。Snyder（1974）同时认为，自我监控能力包括两个方面：一方面，自我监控者对情景线索有着敏感性，能够通过自我观察判断出什么样的自我呈现行为是与情景相适宜的；另一方面，自我监控具有变化性很强的特点，即自我监控者根据社会适宜性的可靠线索来监控和呈现自我的表达行为，并且这些行为和呈现随着社会情境的变化而发生变化。同时，高、低自我监控个体其心理和行为具有很强的差异性（肖崇好，2005）。

相比低自我监控者，高自我监控者的变化性很强，其自我呈现随情境而变化（Snyder，1974），他们对情境中的他人和自我呈现的行为更加敏感，更加关注社会适宜性的线索，并能用这些线索作为控制和调整自己的指南（Snyder，1974）。基于此，我们从自我调整能力和自我控制能力两个方面分析高、低自我监控者在面对雇佣歧视时所展现出来的不同表现及行为。（1）相比低自我监控者，高自我监控者自我调整能力较强，当面对来自组织的雇佣歧视时，一方面，他们可以根据组织的歧视性对待这一线索不断调整自我的呈现和感知，通过改变自身心理特征等来缓解对雇佣歧视的感知（王弘钰、王辉，2015），因此，由歧视而产生的负向行为也会有所缓解（Foster，2000）；另一方面，高自我监控者的自我调整能力也表现为，调整自己的呈现行为使其与情境的需要一致，能够更好地处理表达行为和自我概念的不和谐（Snyder & Cantor，1980），即当他们有了不和谐的歧视感知的自我概念时，他们能很好地处理他们表达的行为。他们会努力将自己从劣势群体中脱离出来（王弘钰、王辉，2015），通过改变行为，如付出更多的努力、提高自身的技能、提高工作绩效来面对各种歧视。（2）高自我监控者比低自我监控者具有更清晰的自我认知和定位，能够控制言行以塑造自己所期望的样子（王弘钰、王辉，2015），即高自我监控者比低自我监控者具有更强的自我控制能力，即便是因雇佣歧视而产生了"报复"的心理，他们也会因为这种强的自我控制能力而控制自己的言行举止，而低自我监控者则难以控制自己的言行举止，常通过简单粗暴的方式直接表达自己的不满（王弘钰、王辉，2015），如人际冲突等反生产行为。由以上分析可见，高自我监控者与低自我监控者面对雇佣歧视时所呈现的反应不同，因而产生的结果——反生产行为也不同，即自我监控在雇佣歧视和反生产行为之间起到调节作用。

2.9　雇佣歧视对反生产行为影响的其他路径

2.9.1　工作满意度在雇佣歧视与反生产行为关系间的中介作用

1. 工作满意度的界定。工作满意度（Job Satisfaction）的概念最早出现在 Taylor 于 1912 年发表的《心理学与工业效率》文章中。

Hoppock 在 1935 年出版的书籍《Job Satisfaction》中第一次运用工作满意度这一名称，他认为工作满意是指员工从心理和生理两个方面对工作和工作环境的满意感受，即员工在工作中得到的满足程度，也就是员工对工作情境的主观反应。多数学者认为工作满意度是情感体验，如员工对其工作或工作评价中的一种积极的情感状态（Locke，1976）；员工对比自己期望获得收益与实际获得收益的时候产生的心理感受（Crannyetal，1996）；员工所拥有的对其工作的一种特殊类别的态度（郑晓芳，2013）。也有学者认为工作满意度是员工根据一个参考框架对工作特征加以解释所得到的结果（蔡林亮，1993；张凡迪，2003）。台湾地区学者徐光中（1977）在综合了各位学者对工作满意度的定义后，将其归纳为综合性定义、期望差距性定义、参考架构性定义三大类，基本涵盖了学术界对工作满意度的观点。综合性定义指的是工作人员对工作及其相关环境所持有的一种整体的一般性态度（Vroom，1973），它是一个单一的构念，不涉及多维性、形成原因及过程。期望差距性定义认为是员工在工作中实际获得的与预期应获得的之间的差距，差距越小，满意程度越高，差距越大，满意程度越低（许彩娥，1981）。参考架构性定义将工作满意度界定为员工根据一定的参考架构对工作及其相关特征加以解释后所得到的结果，它更加强调员工根据工作情境的特殊方面所做出的情感反应（Gouldner，1959；Wexley & Yukl1977；Smith & Kendalletal，1969）。

尽管有许多学者使用参考架构性定义和综合性定义，但由于参考架构定义包含的内容层面较多且并不统一，所以在主要内容与表现上，综合性定义更加直观并且易于测量和观察；同时，农民工的工作内容较为单一、工作情境差异较小（刘传江、周玲，2004），关注整体满意的综合性定义更加适合农民工群体；此外，本书旨在探讨农民工对工作是否满意的一般性态度，所以在此选用的是综合性定义。

2. 工作满意度的维度。一般工作满意度的维度分为单维和多维。单维即把工作满意度看成是个体对其工作及相关特征的整体满意（Vroom，1973；Locke，1976；张春兴，1989；Anonymous，2000；郑晓芳，2013）。在这种情况下，工作满意度的调查被试会被要求回答诸如"如果你把所有因素考虑在内，你对自己的工作满意吗？"。

　　多维则是把工作特征划分为多个要素，如工作性质、当前收入、同事关系等，然后对每一项要素进行分别测量，从而获得员工对各项要素的满意程度。Wanous（1974）等根据内外部因素的不同，将工作满意度分为内源性满意度和外源性满意度。还有学者从工作内容、工作条件等物质属性定义了工作满意度的维度（Hoppock，1935）；此后，许多学者从更为广泛的角度对工作满意度的维度进行定义，如从需要的满足角度提出五个工作满意度的维度，即安全的、社会的、自尊的、独立的和自我实现（Porter，1961）；从工作中所接触到的不同对象进行划分，如工作特性、工作条件、福利待遇、同事关系、报酬工资、领导因素（俞文钊，1996）等。由于多维的划分涉及不同的工作内容，再加之学者们各自的研究对象也不同，所以呈现出不同的划分维度，具体维度划分如表 2 – 17 所示。

表 2 – 17　　　　　　　　　　　工作满意度多维度划分

维度	学者（年份）	内容
二维	Wanous（1974）；Wong（1998）；Hirschfeld（2000）	内源性满意度、外源性满意度
三维	Friedlander（1963）	社会及技术环境因素、自我实现因素、被人承认因素
五维	Porter（1961）	从需要满足的角度提出五种类型的满意度：安全的、社会的、自尊的、独立的和自我实现
	Smith、Kendall & Hullin（1969）	工作本身、升迁、薪水、管理者及工作伙伴

续表

维度	学者（年份）	内容
五维	冯伯麟（1996）	自我实现、工作强度、工资收入、领导关系和同事关系
	邢占军（2001）	物资满意度、社会关系满意度、自身状况满意度、家庭生活满意度、社会变革满意度
	卢嘉、时堪（2001）	领导行为、管理措施、工作回报、工作协作和工作本身
	冉斌（2002）	对工作报酬的满意度、对工作性质的满意度、对工作伙伴的满意度和对企业管理水平的满意度、对企业生产经营的满意度
	吕芳卉（2010）	职业认同感、工作责任感、人际状况、成就感、情感感受
六维	俞文钊（1996）	工作特性、工作条件、福利待遇、同事关系、报酬工资、领导因素
	凌文栓、张治灿、方俐洛（2000）	对同事的满意度、对领导的满意度、对晋升的满意度、对组织的满意度、对报酬的满意度以及对工作本身的满意度
七维	Vroom（1964）	管理、提升、工作内容、上司、待遇、工作条件、工作伙伴
其他	Rice，Gentile，Mcfarlin（1991）	薪酬、工作时间、交流时间、提拔机会、与同事的交流、与顾客/客户的接触、学习新技能的机会、决策权、物质需要的满足、精神需要的满足、与管理人员的联系以及员工对工作时间的控制感

资料来源：根据文献整理。

综上所述，目前学术界对于工作满意度应该区分为哪些具体的方面，并没有统一、明确的认识。尽管许多学者对于工作满意度多维度的具体内容进行了探索，但由于这些划分方式多基于学者对诸如教师、知识员工等独特对象而进行研究，所以这些维度难以直接用于农民工群体。而且，多维度结构由于其内容繁杂且并不统一，无法进行有效的测量。所以结合本书研究对农民工整体满意感的关注，采用单维工作满意度进行研究。

3. 工作满意度测量。工作满意度作为一个成熟的概念，不同学者均根据自身的研究内容和研究对象开发了许多有针对性的量表，但目前对于工作满意度的测量在学术界较为熟知的主要有明尼苏达量表（minnesota satisfaction questionnaire，MSQ）、工作说明表（job descriptive index，JDI）、工作满意调查表（job satisfaction survey，JSS）、一般工作量表（job in generalscale，JIG）等（张舒涵，1993），具体内容如表 2 - 18 所示。

表 2 - 18 工作满意度量表

量表	学者（年份）	内容
明尼苏达工作满意度调查表（MSQ）	England，Lofquist（1967）	包括正式量表与简版量表，正式量表共 100 个题项，对满意度进行 20 个方面的测量；简版量表共 5 个题项，包括一般满意度、内在与外在满意度三部分
工作描述指数（JDI）	Smith，Kendall，Hulin（1969）	由 72 个题项，评估员工对工作本身、报酬、晋升、主管和同事的满意度
工作诊断调查表（JDS）	HackmanOldman（1974）	包括总体工作满意度和特定方面的满意度。前者共 15 题项，包括整体满意、内部工作动机和成长满意；后者包括工作稳定性、报酬、同事和主管等方面的满意度
工作满意度量表（JSS）	Spector（1997）	分为 9 个维度，每个维度 4 个题项测量，共计 36 题项；维度包括督导、晋升、报酬、绩效奖金、额外收益、工作条件、工作特点、同事关系和交流
工作满意度量表	卢嘉（2001）	包括五个方面的工作满意度量表，分别是企业形象的满意度、领导的满意度、工作回报的满意度、工作协作的满意度、工作本身的满意程度

资料来源：根据文献整理。

明尼苏达量表由于信效度稳定、普适性强而受到多数学者的青睐，其信效度也得到了国内许多研究的验证（王忠、张琳，2010）。同时，由于农民工本身答题素质与质量问题的存在，本书中也借鉴明尼苏达的简版量表对农民工的工作满意度进行测量。

4. 工作满意度的前因变量与结果变量。对于工作满意度的研究主要集中在其影响因素的探讨。工作满意度早期的研究通常考虑很多因素：工作本身、报酬、成就、晋升、人际监督、技术监督、合作者、能力利用、活动标准、权威、公司的政策与惯例、创造性、独立性、道德价值、认可、责任、社会服务、社会地位、任务变化、职业进步、个人成长和工作条件（Lofquist & Dawis，1969；Smith 等，1969）。此后，Cook 等（1981）的研究结果表明，整体的工作满意度与工作中的各方面满意度都受到整体工作设计、报酬、提升、工作条件、职业进步、同事和监督管理等因素的影响；同时，整体满意度与工作各方面的满意度会进一步引发员工生理压力、心理压力、报怨、缺勤、跳槽等负面心理状态和反生产行为（Locke，1976；Cook 等，1981；Cranny 等，1992），代表性的前因变量和结果变量的研究如表 2 - 19 所示。

表 2 - 19　　　　　　　　工作满意度的前因变量与结果变量

	类型	内容	学者（年份）
前因变量	个体特征	自尊、个人价值观、性别、年龄、工作年限、婚姻状况等	Locke，Henne（1986）；王志刚等（2004）；薛翔（2007）；徐涛（2008）
	工作本身	工作条件、工作环境、工作关系、工作自主权等	Hoppock（1935）；Locke，Henne（1986）；Spector（1992）；胡蓓（2003）；徐涛（2008）

续表

	类型	内容	学者（年份）
前因变量	组织因素	组织公平、劳动关系氛围、领导方式等因素	Buledorn（1982）；Alexande, Roadman（1987）；Yohei, Psecort（2001）；梁开广（1999）；张惠晨（2005）；徐迎霞（2008）；陈利军、李刚（2009）；崔勋（2012）；李新云、陈加洲（2013）
	匹配性	人与工作环境的匹配；个性与组织的适应性；个人价值观与工作特征、组织特征的匹配	Tziner（1983）；Stem（1983）；Wiggins（1983）；Bulter, Greenhaus（1983）
结果变量	个人行为	组织公民行为；消极怠工、迟到、缺勤、攻击、离职等行为；反生产行为	Porter & Steers（1973）；Hulin（1966）；Muchinsky & Tuttle（1979）；Mowday & Porter（1982）；Carsten & Spector（1987）；张勉（2001）；赵西萍（2003）；叶仁苏（2005）；王忠，张琳（2010）；胡丽丽（2009）；刘凯（2013）；陆成（2013）
	组织行为	生产率、组织承诺、工作绩效、工作倦怠等	Affaldano（1985）；Judge（2001）；Bowling（2007）；刘菲菲（2014）；Marsh & Mannari（1977）；Blegen（1993）；Lum（1998）；康锦江（2004）；叶仁苏（2005）；康勇军（2010）；霍甜（2011）；崔勋（2012）；聂林（2014）

资料来源：根据文献整理。

多数学者认为，组织及工作本身等多种因素中的"公平与歧视问题"是影响工作满意度的核心内容（Spector，1992），包括公平感、歧视感知在内的工作感受直接成为工作是否满意的重要指标（Oldham et al.，1986；Sweeney，1990；Sweeney et al.，1990；

Summers & DeNisi, 1990; Summers & Hendrix, 1991; 曾瑜, 2009)。也就是说，在就业和工作过程中是否得到公正的对待严重影响劳动者在组织中的满意程度，若劳动者在组织中感受到的不是公平，而是无处不在的雇佣歧视，不能与其他人一样拥有相同的福利待遇等，则就会降低他们的满意度，即在务工过程中个体遭遇的雇佣歧视是影响工作满意度的重要变量之一。工作满意度的结果变量研究则多探索工作满意度与工作绩效、离职率等组织反应变量的关系，但是许多学者的研究结果并不一致，如在工作满意度与工作绩效、组织承诺的因果关系中，谁因谁果还是互为因果皆无定论，需要进行进一步探讨（冯缙、秦启文，2009）。而被普遍认可的观点是，工作不满意对员工的负面行为反应具有重要影响，可以在相当程度上预测消极怠工、攻击、缺勤、离职等在内的反生产行为发生率（Samuel Bacharach, 2008; Mangione, Thomas, Quinn, Robert, 1975; Farhadi, Hadi, 2012; Hammond, 2008; 刘凯, 2013; 陆成, 2013）。

通过对以往影响工作满意度的因素进行梳理发现，目前研究较多的工作满意度前因变量仍集中在年龄、性别、受教育程度、婚姻状况等人口统计特征方面，近年来许多学者进一步探讨了工作满意度与组织承诺之间的关系（Bateman & Strasser, 1984; Mathieu & Zajac, 1990; Allen, Shore & Griffeth, 2003; Vanderherg & Lance, 1992; 蔡坤宏, 2000; 康勇军、屈正良, 2010），但对于雇佣歧视对工作满意度的影响研究较少，特别是对于遭受到雇佣歧视较为严重的农民工群体，这种被歧视的现状在何种程度上改变了他们的工作满意度还没有得到验证。同时，雇佣歧视是否会通过工作满意度间接引发反生产行为仍未得到答案。农民工的工作满意度问题是影响企业正常运营、社会和谐发展的重要议题，所以对于雇佣歧视通过工作满意度对其行为影响的探讨具有重要的现实意义。

5. 雇佣歧视与工作满意度的关系。以往研究中已经发现，工作中的公平性是影响员工工作满意度的主要因素之一，无论是人际间的公正还是信息上的公正都与工作满意度正相关（Loi，2009）。亚当斯认为，身边人的工作待遇、他人对工作的评价会影响员工工作满意度（转引自张平、崔永胜，2005）。差异理论（Lawler，1971）认为，满意度取决于个人实际取得的报酬与他期望得到的报酬之间的差异。公平理论（Adams，1965）认为，满意度取决于个人取得的报酬与拥有相似工作的他人的工作贡献和回报的相互比较。几乎所有的不满或满意都源于以上的这些"比较"，当员工个体将自己与他人进行比较时，便会对自己的现实生活得出一个判断和态度，如果他感受到了歧视性的待遇和不公，则会影响其工作满意度。满意度随着比较的参照对象所得待遇水平而变化（Dyer 和Theriault，1976；Goodman，1974；Summers & DeNisi，1990；Sweeny et al.，1990）。当员工感知其待遇低于参照对象，满意度就会降低。同时，内部和外部参照对象对满意度均具有一定的影响（Ronen，1986；Blau，1994）；而内部比较（internalcomparisons）相对于外部比较（externalcomparisons）对工作满意度的影响更强（Finn & Lee，1972；Hills，1980；Capelli & Sherer，1988；Taylor & Vest，1992）。工作满意度与知觉到的工作压力是高度负相关已经得到证实（Blegen，1993），而雇佣歧视作为工作中重要的压力源也成为工作满意度的重要影响因素。针对我国的农民工群体，许涛（2008）使用多项无序 Logit 模型分析了农民工工作满意度的影响因素及各因素的影响机制，发现对于公平的自我认知会显著影响农民工工作满意度，认为真正影响企业员工工作满意度的是他们对所得待遇的感受，且较关注薪酬、工作条件、工作安全性、劳动强度、企业福利等方面是否受到差别待遇（蒋平，2009；孙永正，2006），农民工在劳动场所中常常面临工作内容枯燥劳累、同工不同酬等不公平的状况，因此，他们在进行相互比较时，就会因感到不平和不满而影响他们工作满意程度，所以提高农民工工作满意度要从农民工的基本需求的公平性出发（刘辉，2007）。

　　6. 工作满意度与反生产行为的关系。工作满意度与员工行为的关系研究主要集中在员工工作绩效。其中，对于工作满意度与员工工作绩效中负绩效的研究逐渐引起学者注意，并进行了一些相关的研究。根据认知理论，"评价"和"应对"作为在人与环境的相互作用中两个重要的认知过程，在个体面对压力的困扰时，能够影响到个体压力的感受和反应。"评价"是为某事物赋值或判断某事物的性质，"应对"是用行为或认知的方法处理环境和内部的需求及两者间的冲突。在工作中，如果员工对于工作本身、报酬待遇或者领导方式等的评价为"不满意"则会影响到他的心理认知及行为反应，容易产生工作消极行为。而心理上的退出行为随着不满的逐渐加深也很可能转化为怠工、旷工、离职等实际的消极行为（Staw，1984）。唐·荷尔瑞格（2001）研究显示，员工的工作态度是影响员工行为的主要因素之一。大量研究也证明，作为最常见的工作态度之一，工作满意度能够显著地预测员工的离职倾向、缺勤行为、生产率等反生产行为（Vroom，1964；Lawler，E. E.，Porter，L. W.，1967；Smith，P. C.，Kendall，L. M.，Hulin，C. L.，1969）。

2.9.2 人际冲突在雇佣歧视与反生产行为关系间的中介作用

1. 人际冲突的界定。冲突是一种广泛存在的社会现象。由于研究者关注的焦点和研究角度不同而对冲突进行了多种界定，但此概念并没有得到一致的看法（Rahim，1986），其类型也存在多种划分方式。在管理学中，目前普遍使用和认可的仍然是两种类型的分类方法，主要将冲突划分为任务冲突和人际冲突，任务冲突聚焦于任务本身，而人际冲突聚焦于组织成员之间人际上的不和（胡箭，2013）。随着企业管理技术的不断完善以及各岗位任务分配日趋合理，任务冲突的现象逐渐减少，相反，由于员工需求层次的提升、对话语权和公平待遇的渴望，当前人际冲突问题日趋严重并引起实践界和学术界的广泛关注。

人际冲突是指发生在相互依赖方之间的一种动态过程，是当双方感知到相互意见分歧且目标的实现受阻时，反映出负面情绪的过程（Barki & Hartwick，2004）。该定义归纳出人际冲突的三大属性：意见分歧（disagreement）、负面情绪（negativeemotion）和干涉行为（interference），它们分别反映出人际冲突在认知、情感和行为三方面的不同要素，同时它们也是与冲突发生的情境紧密相连的。另有学者认为，人际冲突指的是由于利益关系、特质差异等因素造成的交往对象间的紧张、敌对状态，强调的是情感态度（张翔、樊富珉，2003；赵凤娟，2004；黄丽、陈维政，2014）。尽管许多学者将人际冲突的范围扩展到从分歧、情绪到行为的整个互动过程，如认为个体或群体间相互争斗、压制、破坏甚至消灭对方的方式和过程（周晓虹，1996；Robinson，2000），但由于其内容过繁杂而导致研究太笼统，无法进行更为细致和精确的探讨。

本书关注的人际冲突聚焦于个体在人际交往中的一种状态，并期望探索是什么原因导致这种冲突状态的产生，而这种紧张的状态如何影响个体下一步的行动，借鉴了樊富珉等（2003）对人际冲突的定义，即人际冲突是指由于利益关系、特质差异等因素造成的交往对象间的紧张、敌对状态。

2. 人际冲突测量。对于人际冲突的测量，目前主要包括对人际冲突水平的测量以及对人际冲突处理方式的测量。尽管一些学者开发了人际冲突处理方式的测量工具（Blake & Mouton，1964；Lawrenee & Lorseh，1967；Hall，1969），但目前较好地排除社会赞许性影响并被多数学者认可的测量工具是 Rahim（1983）编制的Rahim 组织冲突问卷，此问卷含 28 个测量条目，包含五个人际冲突处理的因素。人际冲突水平可以通过组织成员感知的冲突强度和冲突频率来衡量。Jehn（1994，1995）开发的团队内部冲突量表（Intergroup Conflict Scale，ICS）被广泛地用于测量团队内部的任务冲突和关系冲突水平。Spector 和 Jex（1998）编制了人际冲突量表，由 4 个条目组成，测量员工在工作中与他人的冲突情况。陈世平、张智等、陈勃等学者对人际冲突量表也根据自己的研究内容进行了修订。

以往对于人际冲突的研究多集中于处理策略的研究，并且通常根据不同的研究对象进行探讨。但本书研究主要关注人际冲突的水平、状态以及在此情况下对于个体的行为产生何种影响。所以本书中采用 Spector（1998）开发的测量与他人冲突水平的量表，此量表已经被证明具有良好的信度和效度（孙婷，2008）。

3. 人际冲突的前因变量与结果变量。目前人际冲突的研究主要集中在其来源以及积极或消极的影响结果，常被研究者当作员工行为前因和工作绩效之间的中介变量加以分析处理（Gladstein, 1984；Pelled, 1996）。许多学者从组织冲突角度进行研究，认为组织结构、沟通不畅、利益不相容以及个人因素等都会引发人际冲突（George. H. & Labovitz, 1980；Rahim, 1986；Robbins, 2000），具体的前因变量的研究结果如表 2-20 所示。

表 2-20　　　　　　　　　　人际冲突的前因变量

前因变量	学者（年份）
组织结构、沟通的扭曲、人际或者行为方面	George. H. & Labovitz（1980）
情感冲突、利益冲突、价值冲突、认知冲突、目标冲突以及实体冲突	Rahim（1986）
沟通、结构和个人因素	Robbins（2000）
信念、意见与态度的差异；价值观与意识形态的差异；利害的差异；认知差异；地位差异	陈照明（2002）
人际之间利益的不同、沟通的障碍、认识的差别、个性的差异	樊富珉（2003）
个性特征、利益不相容、交互作用和镶嵌环境	娜仁、刘洪（2014）

资料来源：根据文献整理。

关于冲突的后果，目前普遍的观点认为冲突既有好处也存在破坏的潜在危险，破坏性冲突对组织有破坏作用，而建设性冲突是组织提升绩效不可或缺的（Assael，1969；Deutseh，1969；Jehn，1997a；Dreu & VandeVliert，1997；Kelly & Kelly，1995；Pelled，Eisenhardt & Xin，1999；樊富珉，2003）。人际冲突水平过高或过低都意味着关系失调，导致组织绩效低下，而适度的冲突水平对应的组织绩效才是最佳状态（刘晶晶、邢宝君，2006）。

对于人际冲突的建设性后果主要表现在适度的人际冲突会使得员工进行自我反省与自我批评，对创新意识和创新精神有促进作用，并且会推动组织变革，使组织始终保持旺盛的生命力，组织绩效也会达到较好的状态。关于人际冲突的破坏性后果，目前主要从诱发员工负面行为、降低组织绩效等方面进行探索，其中人际冲突对员工行为的影响得到了许多学者的证实（Pearson，Anderson & Porath，2000）。冲突作为一种人际间的敌对状态，在外界刺激下会对员工的行为选择产生重要的影响，不仅可能会导致针对冲突对象的过激行为，还可能将这种不良的情绪带到工作中，消极怠工并降低工作效率（Penney，2002）。

尽管众多学者的研究结果有所出入，但都认同的是，当组织成员之间出现利益不相容的情况容易造成人际间的关系紧张、敌对甚至出现过激的行为对抗。利益不相容或利益冲突主要表现在雇佣过程中是否公平的问题，在工作中由于制度不规范和管理失当等情况，导致资源分配以及利益分配不均进而影响到人员间的认同和交往（Thompson，1998），也就是说，雇佣歧视的现象会引发组织中人际间冲突问题。而这种人际冲突在过高或过低的情况下都会导致员工行为的改变，在过低的情况下容易出现冷漠、消极怠工等；而在过高的情况下则可能出现辱骂、攻击、侵害等反生产行为的产生（刘晶晶、邢宝君，2006）。但是，目前的研究对于雇佣歧视如何引发人际冲突，又在什么冲突水平上会导致反生产行为的出现，人际冲突在雇佣歧视与反生产行为间的作用机制如何，这些问题还没有得到学界的关注，而这是对人际冲突处理策略和规范员工行为极为重要的课题。所以本书中以农民工群体为研究对象探讨三者之间的关系及影响机理具有重要的研究意义。

4. 雇佣歧视与人际冲突。物质社会资源的有限性决定了利益冲突的客观存在，个体间利益不一致往往是导致冲突的根本原因。利益冲突不仅受个人对所得报酬的期望的影响，而且受个人对报酬制度公平与否的认同的制约。员工总是希望分配制度和晋升政策能让他们觉得公正、透明并与他们的期望相一致。如果员工觉得在利益分配中感受到歧视，分配程序和决策不够公开透明，晋升机会不均等，他们对工作的不满意度会提高，人际间的冲突会增加（张坚雄、刘婷，2010）。差异性是不同事物存在的主要特征，是双方产生分歧与冲突的直接原因。具有一定相互依赖关系的个体、群体之间差异性越大，双方存在的分歧越多，发生的冲突也越多（郝玮瑷，2007）。农民工群体与城镇职工群体在求职以及务工过程中，就业机会、薪资待遇以及晋升渠道等都存在严重差异，农民工始终处于弱势地位，这种就业过程中群体间的差异性成为他们之间冲突的重要来源。同时，在组织中由于资源配置不合理、考核评价不当等歧视行为会引发人际冲突（陈树文，2005），农民工面对的"同工不同时、同工不同酬"等雇佣歧视更成为引发他们不公平感、敌对及冲突的直接原因。

5. 人际冲突与反生产行为。个体在组织中人际交往的对象和层次多种多样，主管或他人等人际间不友善的对待，包括被忽视或者被沉默以对，被当众羞辱，说话时被恶意打断，以及在工作中与他人发生争执等，难免引发员工的不满、怨愤等消极情绪，被恶意对待的员工未必会公然对抗，但却可能以隐秘的方式宣泄不满，表现出财产越轨、政治越轨、人际越轨和生产越轨等反生产行为（刘玉新，2012；Jaramillo et al.，2011），或通过减少助人行为等抵制活动来获取心理的平衡（Liu et al.，2013）。近年来，关注人际冲突对反生产行为的研究不断增加，早期的冲突研究认为冲突对组织产出存在负面影响，大量的经验研究表明，人际冲突与焦虑、抑郁、沮丧等消极情绪、偏离行为紧密相关（Liu et al., 2007）。农民工在务工过程中由于比其他员工遭到更多不公平的待遇和差别化的对待，在城镇务工时又难以得到他人的尊重，他们内心的不满、怨愤情绪会直接导致在人际交往时冲突的产生，过度的冲突会降低他们的工作满意度，引发缺勤、对抗、离职等行为的产生，降低企业生产率与工作绩效（岑颖，2004；胡箭，2013）。

第 *3* 章

理论框架与研究假设

3.1 研究框架

本书以农民工为研究对象，从消极情绪角度探索雇佣歧视对反生产行为的影响机制，并针对中介作用的不同阶段，从宏观因素、中观因素、组织因素以及个人因素中识别并验证出调节变量，同时探讨了工作满意度、人际冲突在雇佣歧视与反生产行为之间的中介作用。具体研究框架如图 3 - 1 所示。

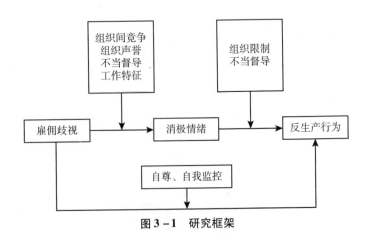

图 3 - 1 研究框架

3.2 研究假设

3.2.1 雇佣歧视对反生产行为的直接影响

员工在组织中遭受到的歧视性对待对其反生产行为具有很强的预测作用，并且个体感知到的歧视程度越深，在心理层面上出现的负面效应就会越多（Foster，2000），因而产生的反生产行为也就越多（Spector，1975）。现有研究分别从待遇歧视、绩效考核歧视和人际相关歧视等方面研究了雇佣歧视对员工反生产行为的影响。相关研究表明，员工在企业遭受的待遇歧视与其损毁公物、旷工、攻击他人等反生产行为呈正相关（Greenberg，1993；卢嘉等，2001；杨立敏，2012）。张永军（2014）研究指出，员工在绩效考核中遭遇的歧视性对待能引起员工的人际反生产行为和组织反生产行为；而同时在人际歧视方面，员工在职场遭遇"圈外人"的歧视越多，其所产生的反生产行为越多（刘玉新、张建卫，2013）。对于农民工的实证研究也表明，雇佣歧视与农民工劳动场所偏差行为正相关（王弘钰、王辉，2015）。同时，本书研究在对农民工访谈过程中，当被问到"如果企业对你有歧视政策时，会影响你的工作行为吗？"，大部分农民工的回答是会影响他们的工作，比如工作积极性降低、故意偷懒、迟到早退、浪费工作材料等。而当有农民工被问到"你如果遭受到领导和同事的歧视性对待时，你会有何反应？"大部分农民工的回答是，歧视性对待会给他们带来很深的伤害，特别是面对领导的歧视，他们往往敢怒不敢言，常常采取隐蔽的方式报复，如消极怠工、故意偷懒等方式，也有一些农民工的回答是，他们会采取散布谣言、人身攻击等方式回击领导对他们的歧视性对待。基于学者研究成果和深度访谈的结果，笔者认为，农民工就业过程中的雇佣歧视对其反生产行为有直接促进作用，基于此，提出以下假设：

H1：农民工雇佣歧视对反生产行为具有正向影响。

3.2.2 雇佣歧视通过消极情绪对反生产行为的间接影响

1. 雇佣歧视与消极情绪。根据现有研究，组织不公平对待、领导不公平对待和组织中的排斥性对待对员工消极情绪有显著影响。对于组织的不公平对待，许多研究证实，员工在企业中遭受不公正的对待后，会体验到多种令人不悦的消极情绪（龙立荣，2004；Murphy & Tyler，2008；Barclay & Skarlicki，2009；王宇清、龙立荣、周浩，2012），包括焦虑、失眠、压抑等。Krehbiel 和 Cropanzano（2000）研究发现，组织分配程序中不公平对待越多，员工的焦虑情绪就越多。对于领导的不公平对待，如领导的辱虐行为（Aryee S，Chen Z X，Sun L Y，Debrah Y A，2007；Thau S，Mitchell M S，2010）能引起员工的消极情绪（Buckley 等，2004；Ferris 等，2008；孙旭，2014）。同时，对组织中的排斥性对待研究也指出，员工在工作中遭受到的排斥和限制与其伤心、悲痛和愤怒、焦虑、抑郁等情绪状态也呈正相关（吴隆增等，2012），个体感知到的排斥限制越多，个体的沮丧、愤怒等情绪就越多，若没有及时调整，会导致负面情绪的累积，造成抑郁（程苏，2011）。而以上所言的组织不公正对待、领导不公正对待和排斥、限制其实就是员工在劳动力场所遭遇的雇佣歧视（贝克尔，1957；张体魄，2010），故我们推断雇佣歧视能引起员工的消极情绪，且员工遭受的雇佣歧视越多，员工的消极情绪就越多，上述推断在深度访谈中也得到了证实。访谈中，当我们问农民工："如果企业对你有歧视对待，如与城里人同工不同酬，或者领导和同事觉得你们是农村人就对你们排斥限制，会影响你们的心情吗？"答："当然会了。"

问："你们会有什么感觉呢?"答："我们会感觉很自卑、很苦闷也很焦虑。"基于学者研究成果和深度访谈的结果,本书研究认为农民工就业过程中遭受雇佣歧视对其消极情绪有直接促进作用,因此提出如下假设:

H2:雇佣歧视对农民工消极情绪具有正向影响。

2. 消极情绪与反生产行为。员工的行为不仅是其理性加工的结果,更是由其情绪所致(Ashkanasy & Humphrey,2011;Miner & Glomb,2010)。很多学者的实证研究均表明,员工的消极情绪与其反生产行为有着密切的关系,消极情绪是反生产行为重要的预测变量(Douglas,2001;孟昭兰,2005;Spector & Fox,2005;Kaplan,Bradley,Luchman & Haynes,2009;林玲、唐汉瑛、马红宇,2010)。龙立荣、周浩(2007)研究表明,个体越是具有愤怒、焦虑等情绪,就越容易在工作场所中实施反生产行为。Kaplan,Bradley,Luchman & Haynes(2009)通过分析表明消极情绪和反生产行为显著正相关。其他实证研究同时表明,员工的消极情绪不仅能显著预测员工的离职行为(Price & Mueller,2000),也能引起自我攻击行为(Klonsky,2003)、职场攻击行为的发生(Douglas,2001),对人际攻击行为和组织攻击行为有显著的正向预测力(Hershcovis,2007)。而以上所言的离职行为、攻击行为均属于反生产行为的范畴(Spector & Fox,2002)。针对农民工的研究发现,新生代农民工的怨恨感和压抑感会带来一系列社会危害如导致群体性事件的发生(孙红永,2012);卢晖临、潘毅(2014)通过对深圳与东莞农民工的口述资料和田野调查资料研究表明,农民工长期累积的自卑、焦虑和苦闷的消极情绪除了会引起农民工的怠工、离职、攻击行为,严重的还会引起诸如静坐、示威、上访等集体行动的发生。这一点在深度访谈中也得到了证实。访谈中我们问农民工:"工作中经常有苦闷、焦虑、自卑等不良的情绪吗?"答:"经常有。"问:"这个时候你们会怎么样呢?"答:"我们会找人倾诉或者和老乡出去喝酒等排解。当有了太多的郁闷,难以忍受的时候，我们就会想到发泄，不然真的受不了。"问："你刚刚说到发泄，能具体说说都有什么？"答："我们会趁领导不注意故意磨洋工，也会故意摔坏厂子的东西，或者把厂子的东西偷回家来以报复厂子，有的同事他们有的实在气不过，还把领导给打了；老乡中，还有的出现自杀的，别的厂子还有的工人一起到厂门口静坐示威的。"基于学者研究成果和深度访谈的结果，本书研究认为，农民工的消极情绪对其反生产行为有直接促进作用，因此，提出如下假设：

H3：农民工消极情绪对其反生产行为具有正向影响。

3. 消极情绪的中介作用。由前述学者的研究成果和深度访谈的结果可知，雇佣歧视与农民工消极情绪具有显著相关性，消极情绪与反生产行为具有显著相关性，雇佣歧视与农民工的反生产行为也具有显著相关性，所以本书研究认为农民工的消极情绪雇佣歧视与反生产行为之间起着中介作用，这一点在其他学者的实证研究中也得到了证实。吴谅谅（1991）对 42 家工厂的调查表明，面对组织的不公平对待，员工会产生气氛、焦虑等消极情绪，进而会采取挫败他人、消极怠工等方式应对对不公平而产生的心理失调。De Boer 等（2002）研究发现，组织的不公正对待会影响员工的身心健康，进而引发员工旷工现象的发生，即组织的不公正不仅会导致员工对组织绝望和对上司愤怒，也会导致员工的自我价值感和尊严感持续降低，进而产生持续的紧张、抑郁状态，最终会让人筋疲力尽，身心健康受损，引发员工的旷工。王宇清、龙立荣、周浩（2012）研究指出，消极情绪是组织不公正感对员工偏离行为作用的中介变量，而雇佣歧视就是员工在工作机会、工资待遇、工作保障、培训、升职等方面遭受的组织不公正对待（张体魄，2010），因此，提出如下假设：

H4：消极情绪在农民工雇佣歧视与反生产行为之间起到中介作用。

3.2.3　调节变量在雇佣歧视与消极情绪关系间的调节作用

1. 组织间竞争在雇佣歧视与消极情绪关系间的调节作用。组织间竞争是员工情绪和行为的前因变量（Friedman & Förster，2008；邹岚萍，2008；熊舒华，2009），但组织间竞争在雇佣歧视与消极情绪之间调节作用的实证研究不多。王弘钰（2010）通过对劳务派遣工的实证研究得出组织间竞争在组织公平与组织认同之间起负向调节作用的结论，这为我们研究提供了很大的启示。首先，劳务派遣工和农民工一样，都属于弱势群体，在劳动场所经常遭受不同程度的歧视和差别对待；其次，劳动场所的公平程度或歧视程度会引起员工态度和行为的强烈反应，因此，公平或歧视是员工的刺激源，认同、反对等情绪的产生就是反应。因为组织间竞争在组织公平与组织认同之间具有调节作用，同时基于"刺激—反应"理论，本书中推断组织间竞争在雇佣歧视与消极情绪之间也具有调节作用。这种预测在深度访谈中得到了证实。访谈中我们问："你现在的企业和同行企业间竞争激烈吗？"答："以前的企业还行，现在感觉竞争挺激烈的。"问："怎么感觉到的呢？"答："因为这几个月领导总是和我们说，别的厂子这个月出了多少货，我们也要赶上，如果我们比别的厂子快、出的货好，我们明年就能得到更大的订单，那我们每个月就能涨很多钱；如果不能完成，就给我们少开工资，严重的话厂子要倒闭，我们就离开。"问："那这时你们是什么想法呢？"答："我们当中大多数人的想法是尽量好好干，一方面，希望厂子更好，能多接大活，我们能多挣钱；另一方面，我们也不希望厂子在竞争中倒闭，因为大家找到这份稳定的工作也不太容易，而且老乡们都在一起，也都不想离开。"问："也就是说，这个时候你们的注意力其实更希望厂子不倒闭，有活干，有钱挣，因此，更努力地工作，是吗？"答："是的，这个时候大家真地比以前更努力，也没有时间想其他了。"问："那这个时候企业如果对你们有不公平的做法，如在培训、晋升、保障等方面仍然没有达到你们的要求，与城市员工相比区别还很大，你们会怎么样，会很郁闷吗?"答："我们会郁闷，但是这个时候的郁闷与厂子倒闭带来的没有钱挣、没有工作做的郁闷，就是小多了。"问："当竞争不激烈、工作比较稳定的时候，面对与城里员工相比的同工不同酬、不公平的待遇，你们怎么看?"答："非常的不爽。"问："为什么?"答："因为没有丢失工作的担忧，我们的注意力开始关注这些不公平问题。"农民工的回答说明，组织间竞争的强烈程度，影响雇佣歧视对消极情绪作用力，验证了本书研究的推断。且组织间竞争越激烈，雇佣歧视对消极情绪的影响力越弱；反之，则雇佣歧视对消极情绪的影响力加强，基于学者实证研究和深度访谈的结果，提出如下假设：

H5：组织间竞争在雇佣歧视与农民工消极情绪之间起到负向调节作用，即组织间竞争越激烈，雇佣歧视对农民工消极情绪的影响越弱，反之越强。

2. 组织声誉在雇佣歧视与消极情绪关系间的调节作用。组织声誉对员工的态度和行为都有很大的影响，一个公司的组织声誉越高，员工的满意度、组织自尊和组织认同就越高，同时工作就越投入，离职行为也就越少（Winkleman，1999；Chun，2005；魏均、陈中原、张勉，2007）。组织声誉在雇佣歧视与员工消极情绪之间的调节作用，虽然直接实证研究还不多见，但相关的实证研究还是非常有参考价值。Cable 和 Turban（2003）的实证研究指出，组织声誉能够显著改变应聘者的工作选择取向，Behrend、Baker 和 Thompson（2009）研究指出，组织声誉能正向直接影响企业的招聘实施效果和员工供职意愿之间的关系。王弘钰（2010）在实证研究中得出结论：组织声誉在组织公平和组织认同间起正向调节作用。通过以上学者们的研究我们可以发现，组织声誉作为一个组织层面的概念，对"组织—个体"互动关系具有不可忽视的影响效应（莫申江、王重鸣，2012），而雇佣歧视作为组织的对待，消极情绪作为员工的反应，正是"组织—个体"互动的一部分，因此，我们推断组织声誉对雇佣歧视—消极情绪之间也有影响效应，这个推断在对农民工的深度访谈中得到了证实。

访谈中，在我们将组织声誉的内涵和农民工解释后，问："你们在乎企业的声誉吗？"答："当然在乎了。"问："为什么呢？"答："我们来到城里，很多人看不起我们，干完活不给钱的现象也很多，所以如果企业的信誉好、名声好，我们会觉得在这样的企业工作，各方面都有保障。"问："在这样的企业上班，还有其他的感觉吗？比如自豪啊、感觉有面子啊。"答："会的，回到家乡的时候，我们会更愿意和家里人说起我们的企业，感觉挺有面子的。"问："声誉好的企业，会不会遇到与城里人相比同工不同酬等歧视的事情呢？"答："也会遇到。"问："怎么想呢？"答："心理不舒服，郁闷，但是这种郁闷与在名声不好的企业相比较，还是好多了。"问："为什么呢？"答："我们来城里务工，会遇到很多不公平、歧视的事儿，使我们自卑、愤怒、害怕、担心。如果此时所在的企业名声还不好，例如，被当地电视台曝光过多次，大家都不愿意在这个企业做的话，那我们就会更加焦虑和担心。"农民工的观点表明，组织声誉越高，农民工因雇佣歧视而产生的消极情绪越少，组织声誉越差，农民工因雇佣歧视而产生的消极情绪越多。因此提出如下假设：

H6：组织声誉在雇佣歧视与农民工消极情绪之间起到负向调节作用，即组织声誉越高，雇佣歧视对农民工消极情绪的影响越弱，反之越强。

3. 不当督导在雇佣歧视与消极情绪关系间的调节作用。不当督导对雇佣歧视和消极情绪关系的影响，目前虽然还没有学者进行研究，但深度访谈为不当督导在雇佣歧视与消极情绪之间的调节作用提供了直接的依据。在访谈时我们问农民工："干活的时候，是否遇到过领导对你们嘲笑、贬低、谩骂的现象？"农民工回答：

"常遇到!"问:"什么感受?"答:"心理感觉很不舒服,郁闷、压抑和自卑。"问:"为什么会有这些感受?"答:"我们进城打工,本来就已经遭受了许多不公平的对待,城里人看不起我们,跟城里人干同样的活,却拿不到与城里人一样的工资,感觉总是寄人篱下,低人一等。如果此时我们再遇上领导动不动地辱骂、嘲笑我们,拿我们撒气、欺骗我们(干完活不给钱)或强行的霸王条款(一年一给工钱)等事儿,我们就会更加郁闷和自卑,更加没有安全感,也更加紧张甚至恐惧。"农民工的回答说明,劳动场所的歧视会使农民工产生消极情绪,若此时又遇到了领导的不当管理,则雇佣歧视对农民工的消极情绪影响更加严重。

在访谈中我们还问道,"在你们眼里什么样的领导是好领导?"答:"正常地对待我们,而不是让我们感觉低人一等的领导是好领导,不是动不动就辱骂我们,拿我们撒气的领导是好领导;当我们超额完成任务,能给我们多发一些工资或改善一点儿伙食的领导就是好领导。"问:"在干活的时候,是否遇到过这样的领导?"答:"也遇到过,但比较少。"问:"如果遇上了这样的领导,你会怎样想?"答:"幸运,感觉心情好!"问:"为什么呢?"答:"我们知道再好的领导,也不能一下子把我们带出'低人一等'的地步,企业仍然会看不起我们。但如果领导能把我们当人看,当与城里的人一样看待,不歧视我们,对我们的劳动能给予一定认可的话,我们就已经感觉到很大的安慰,我们心里的自卑感、苦闷感就好了很多。"农民工的回答说明,领导的有效管理能减少雇佣歧视对农民工消极情绪的影响。

因此,基于深度访谈的结果,可以认为领导不当督导的高低能对雇佣歧视与消极情绪之间的关系产生影响,且高的不当督导相对于低的不当督导而言,雇佣歧视对消极情绪的影响力在增强,因此,提出如下假设:

H7:不当督导在雇佣歧视与农民工消极情绪之间起到正向调节作用,即不当督导的程度越高,雇佣歧视对农民工消极情绪的影响越强，反之越弱。

4. 工作特征在雇佣歧视与消极情绪关系间的调节作用。虽然学者们鲜有研究工作特征在雇佣歧视与消极情绪之间的权变影响作用，但一些学者研究表明工作特征在工作压力和消极情绪之间起到负向调节作用。Bakker，Demerouti & Euwema（2005）认为，高工作控制会缓冲高工作压力与倦怠等消极情绪的关系，认为这种缓冲可以防止员工受到过大的工作压力的伤害，是一种保护机制（Demerouti，Bakker，Nachreiner，& Schaufeli，2001），也有学者的研究表明，下属的工作特征在破坏型领导施加给员工的压力和员工消极情绪之间起负向调节作用（Tepper，2000；严丹，2012）。Dollard，LaMontagne，Caulfield，Blewett & Shaw（2007）通过对1999～2004年间的35篇论文的回顾分析发现，高工作要求带来的压力与低工作特征的交互能导致不良的情绪健康状况和组织结果。同时，Siegrist（2008）对1998～2008年间研究工作心理压力与抑郁症之间关系的8篇论文进行综合分析后发现，在工作中常暴露于高要求压力和低工作控制下的员工，患抑郁症的可能性将显著升高。以上研究均证明了工作特征在各种工作压力源和消极情绪之间的负向调节作用。郭淑梅（2012）通过对员工工作压力源的实证研究发现，员工工作压力是一个三维构念，包括工作超负荷、职业发展以及分配不公平，同时，有学者指出，农民工的重要压力源就是他们在雇佣过程中遭遇的待遇、保障和户籍等歧视（刘玮，2005）。因此，对农民工而言，雇佣歧视是其工作压力的一个重要方面，这一点在深度访谈中也得到了验证。在深度访谈中发现，农民工现在最大的压力其实就是用人单位在求职、培训、晋升、工资待遇以及社会保障等方面的歧视，因此，可以推断工作特征在雇佣歧视和消极情绪之间也起到负向调节作用，这一推测在访谈到得到了证实。

访谈中当我们问："对于一项工作，你最看重的是什么？"农民工回答："我们最看重的是工资待遇。"问："除此之外，还有您看重的吗?"答:"我还看重工作中能否体现出我自己的价值;能否证明,我不比城里人差。"问:"为什么呢?"答:"我们来到城里打工,无论城里人还是用人单位都觉得我们是二等公民,在很多方面瞧不起我们,这让我们感觉很苦闷。但其实我们干的活并不差,如果领导安排的活能体现出我有用,能让我自己做主去完成,或者当我干得好的时候,企业或者领导能表扬我并给我加薪,那这样的工作我就觉得是有意义和有价值的。"又问:"如果你得到了一项这样的工作,你会怎么样?"答:"如果有这样的工作,我的心理也就不会那么自卑了,我会更努力,即使生活中、工作中有些压抑、郁闷、焦虑的情绪,我也都觉得能克服,因为工作让我感觉自己被尊重、有价值,有奔头。"农民工的观点可以说明,一项工作若能体现自己的价值,有用,就会减少不公、歧视对消极情绪的影响。

当继续问道:"刚才您所描述的有价值的工作,您经常能遇到吗?"答:"偶尔吧,但不多。"问:"能具体说说吗?"答:"我们大多数人从事的都是行尸走肉式的工作。"问:"那是什么样的工作呢?"答:"我和我的一些老乡们,有的在工厂,日复一日做生产线上的工作,感觉就是行尸走肉,有的人在做服务员之类的工作,单位和领导根本不考虑他们的特长和性格,随便给他们安排工作,干得好,领导也很少表扬。"问:"你周围就没有工作中感觉比较有价值的吗?"答:"也有,有的老乡,比如他们在海底捞上班的,单位和领导很重视他们,工作中如果遇到一些客人不满意等的状况,他们也有些权利去处理一些问题,而且他们经常因为干得好了,得到一些奖励,比如探亲假啊。"问:"和他们相比,你内心有什么样的感受?"答:"我很羡慕他们,而对我们来说,本来企业就看不起我们,就感觉低人一等,现在感觉更加自卑,内心也更加苦闷,甚至觉得工作就是在煎熬。"农民工的观点可以说明,一项工作如果自己没有一点自主性,不能体现自己的价值,甚至根本得不到认可,就会加剧农民工因雇佣歧视而带来的消极情绪。

通过学者们的研究以及深度访谈的结果，可以认为工作特征在雇佣歧视和消极情绪之间起到调节作用，且高的工作特征相对低的工作特征而言，雇佣歧视对消极情绪的影响在减弱，因此，提出如下假设：

H8：工作特征在雇佣歧视和消极情绪间起到负向调节作用，即工作特征越高，雇佣歧视对消极情绪的影响作用越弱，反之越强。

3.2.4　调节变量在消极情绪与反生产行为关系间的调节作用

1. 组织限制在消极情绪与反生产行为关系间的调节作用。虽然组织限制对员工的消极情绪和反生产行为间关系影响的研究十分少见，但学者们以往的研究还是给我们提供了相关线索，学者研究指出，组织限制能引起员工的愤怒或挫败的情绪（Pector，1978），也能引起员工的反生产行为（Spector & Fox，1999、2005），因此，我们可以从中分析，对于有了消极情绪的员工来说，组织限制越高，就会越加重他们的消极情绪，由挫折—攻击理论（Dollard，1939）可知，消极情绪作为一种挫折能引起员工的负向攻击行为，故员工因消极情绪进而产生的反生产行为也就越多，即组织限制的程度不同能引起员工消极情绪与反生产行为之间关系的变化，组织限制越多，因消极情绪而产生的反生产越多。这一分析在访谈中也得到了验证，访谈中当我们问："在干活的时候，有没有妨碍你干活质量、干活速度的事出现呢？比如你干活的工具有问题，或者干活的环境太恶劣等直接影响你的工作的事儿？"答："有。"问："这时候你们的感受是什么呢？"答："感觉很闹心，有时难以忍受。"问："为什么呢？"答："我们在企业上班，城里人根本看不起我们，本来我们就很郁闷了，现在有时也不给我们提供合适的工具就让我们好好干，有时候生产线的机器总出问题，也赖在我们身上，领导会骂我们，还会罚我们钱，这些都使我们难以忍受。"问："闹心的时候会做什么呢。"答："心情不好的时候会故意多弄出些不合格的产品，也会趁领导不注意磨洋工。"问："如果影响你们工作的不利因素少了，你们会不会好好工作呢?"答："当然会了，我们干起活来会很顺手，因此，就不会那么闹心了，同时我们干得好了，领导不骂我们了，工资还会比现在多，我们当然会更加好好干活，少搞破坏了。"农民工的观点验证了上述的分析，即：组织中限制员工正常工作的情况越多，员工因消极情绪而产生的反生产行为就越多；组织限制越少，农民工因为消极情绪而产生的反生产行为就越少。因此，提出如下假设：

H9：组织限制在消极情绪和反生产行为之间起到正向调节作用，即组织限制越高，消极情绪对反生产行为的影响作用越强，反之越弱。

2. 不当督导对消极情绪与反生产行为关系的调节作用。不当督导是反生产行为的前因变量（钟慧，2013；于静静、赵曙明、蒋守芬，2014），但消极情绪对反生产行为影响力的大小是否受到不当督导程度高低的影响，目前还没有学者进行研究。本书研究通过深度访谈，得到了不当督导在消极情绪与反生产行为起调节作用的依据。在访谈中，当问道："工作或者生活中有倦怠、焦虑、苦闷的感觉吗?"答："有，经常有。"问："有这些情绪的时候，你们通常会怎么做?"答："我们经常会憋在心里，或者和老乡、朋友倾诉。"问："会不会和你的领导倾诉呢?"答："遇到好领导的时候偶尔也会吧，但遇到有些领导，我们会更郁闷，就别提倾诉了。"问："有些领导是什么样的领导呢?"答："对我们非常不好，动不动就冷嘲热讽，一点儿小事不顺心，就拿我们撒气，骂我们，我们都会更加郁闷、自卑了，还倾诉什么呢?"问："这种时候，你们会怎么样?"答："我们会想到发泄，有时候想报复企业，也想报复领导。"问："你们都做什么去报复或者发泄呢?"答："我们会故意慢点干活，也会故意把工具损坏，有时背后也会骂领导几句，我的老乡，本来就在郁闷的时候，领导无缘无故骂他，他还动手打了领导，然后领一些人在工厂面前静坐。"问："那郁闷的时候，领导对你们好点，你们心里会好受些吗？"答："那当然了，不用领导对我们多好，哪怕他们不无缘无故辱骂我们，扣我们工资，不对我们冷嘲热讽，我们心里就舒服多了，也能配合领导努力干活，完成任务。"农民工的观点可以说明，当农民工郁闷或者焦虑的时候，领导的不当对待会使他们更加郁闷，会有更多的发泄和报复行为。

因此，基于深度访谈的结果，本书研究认为，领导不当督导的高低能对农民工消极情绪与反生产之间的关系产生影响，且高的不当督导相对于低的不当督导而言，消极情绪对其反生产行为的影响力在增强，因此，提出如下假设：

H10：不当督导在消极情绪与农民反生产行为之间起到正向调节作用，即不当督导的程度越高，消极情绪对农民工反生产行为的影响越强，反之越弱。

3.2.5　调节变量在雇佣歧视和反生产行为关系间的调节作用

1. 自尊在雇佣歧视与反生产行为关系间的调节作用。有关自尊在情景因素和员工反应之间调节作用的研究，以往研究结论不一致。一些学者基于行为弹性理论（behavioral plasticity theory）的观点，证明自尊在情境因素和个体的负向行为间起正向调节作用（Sommer，2001）；同时还有一些学者研究发现，自尊对社会排斥与攻击性的关系没有显著影响（Twengeh & Campbell，2003），但大多数学者基于自我一致理论（self-consistency theory）的观点，实证研究认为自尊在压力等情景因素和员工的负向行为之间具有负向调节作用，如张桂平、廖建桥（2012）在对科研工作者的实证研究指出，学术自尊对科研压力与学术不端行为之间的关系具有负向调节作用，也有研究指出自尊在社会排斥和攻击性行为之间起到负向调节作用（刘璐，2012）。导致上述研究结果不一致的原因可能是研究中对自尊的定义和内涵理解不同以及实证研究中的量表使用和测量误差（张桂平、廖建桥，2012）。笔者认同大多数学者自尊在歧视等情景因素和员工负向行为之间负向调节的观点，并认为自尊在雇佣歧视和反生产行为之间起着负向调节作用。这一推断在对农民工的深度访谈中得到了直接的验证。

访谈中当我们问："你们在来到城市打工的时候，你们是否很自信，认为自己还能干一些事？"农民工回答："是。"又问："当你们对自己评价较高的时候，企业如果对你们有歧视的对待，如干一样的活，你们却不如城里人赚得多，面对这种情况，你们通常会怎么做呢？"答："还得好好干活，因为虽然有歧视，但干活表现好的同事还是能够得到认可的，所以关键还是自己能干多少让领导满意的活，至于在单位遭受的各种歧视，在哪里干活其实都存在，厂子不是只针对自己，由此就会减少一些压力带来的不悦感，因此负向行为有所减少。"农民工的观点说明，对自己评价比较高（即自尊水平高）的农民工能减小雇佣歧视对其反生产行为的影响力。因此，基于实证研究和深度访谈的结果，提出如下假设：

H11：自尊在雇佣歧视与反生产行为之间起到负向调节作用，即自尊水平越高，雇佣歧视对农民工的反生产行为影响越弱，反之越强。

2. 自我监控在雇佣歧视与反生产行为关系间的调节作用。自我监控是反生产行为重要的预测变量（Spector，2011；张永军等，2012），同时当个体自我调整和自我控制能力较高时，即便是因为雇佣歧视等产生对企业强烈的不满，或者有通过反生产行为表达不满的强烈愿望，员工不会轻易实施反生产行为（Spector，2011；张永军，2012）。同时，研究表明，自我监控还能在组织与员工的互动过程中起到调节作用。例如，王弘钰、王辉（2015）基于社会认同理论，对千余名农民工进行问卷调查，利用多元线性回归方法和 Bootstrapping 得出了自我监控负向调节了雇佣歧视与人际冲突之间的关系，并在雇佣歧视与偏差行为之间显现出被中介的调节作用，即雇佣歧视与自我监控的交互作用通过人际冲突对劳动场所偏差行为产生显著影响。故可以推断，自我监控在雇佣歧视和农民工反生产行为之间起着负向的调节作用，这一推断在对农民工的深度访谈中得到了证实。访谈中，我们问："遇到一些事的时候你能很好地控制自己吗？"答："能！"问："当你有这样的控制和调整能力时，企业对你有歧视性对待，那你还对企业或者领导有发泄行为吗？"答："少多了。"问："为什么呢？"答："虽然企业看不起我们，歧视我们，我们对企业很不满，但是我们还尽量安慰自己、调整自己不去通过简单粗暴的方式去报复，那样也解决不了问题，即便是有了想要报复的想法，我们也尽量控制，因为那样可能会把事情弄大，可能会丢饭碗，甚至出现更多的麻烦。"农民工的回答可以说明自我监控水平高的农民工因雇佣歧视而产生的反生产行为会有所减少。因此，基于实证研究和深度访谈的结果，提出如下假设：

H12：自我监控在雇佣歧视与反生产行为之间起到负向调节作用，即自我监控水平越高，雇佣歧视对农民工的反生产行为影响越弱，反之越强。

3.2.6　雇佣歧视通过工作满意度对反生产行为的间接影响

1. 雇佣歧视与工作满意度。雇佣歧视在工作场所中主要表现为组织、领导等对员工的不公平对待（张体魄，2010）。以往许多研究也已证明，工作中的公平性是影响员工工作满意度的主要因素，无论是分配上的不公平、程序上的不公平还是互动不公平都与工作满意度显著相关（Summers & Hendrix，1991；Neiehoff & Moorman，1993；Loi，2009）。分配不公平不仅对工作中的报酬满意度具有显著影响（Summers & Hendrix，1991），同时对员工整体满意度的影响作用也已经被证实，相对于感知到公平的员工，具有歧视感知的员工具有较低的报酬满意度和工作满意度（Sweeney et al.，1990；Witt & Nye，1992）。程序不公平对工作满意度的影响主要体现在程序上的不公正会引发员工对领导、权威的不满，使得员工满意感下降（Conlon，1993）。团体中不良的人际关系、彼此间的不信任和信息传递的障碍会直接减弱工作满意的程度（郑晓芳，2013）。对于农民工来说，在薪酬、工作条件、工作安全性、劳动强度、企业福利等方面（蒋平，2009；孙永正，2006）是否受到差别待遇是影响农民工工作满意度的重要因素（许涛，2008）。这在对农民工的访谈中也得到了证实，当被问道："是否在受聘、工资奖金发放等方面受到不同程度的歧视？"农民工都是给予肯定的回答，并认为这种状态十分普遍，已经习以为常。而在回答"这些感知到的歧视是否会造成对工作的不满？"时，多数农民工都"会生气、不满"，这说明在工作中雇佣歧视造成的内心落差和工作不顺心会降低农民工的满意状态。基于学者研究成果和深度访谈的结果，可以认为农民工在劳动场所中的雇佣歧视对其工作满意度具有负向的影响作用，基于此，提出如下假设：

H13：农民工雇佣歧视对工作满意度具有负向影响。

2. 工作满意度与反生产行为。通过文献梳理发现，在工作中，随着工作满意度的降低，很可能促使员工产生怠工、旷工、离职等实际的消极行为（Staw，1984）。许多学者的不同研究均证明，工作满意度能够显著地预测员工的离职倾向、缺勤、生产率降低等反生产行为（Vroom，1964；Lawler，E. E.，Porter，L. W.，1967；Smith，P. C.，Kendall，L. M.，Hulin，C. L.，1969）。我国学者也针对国内不同的员工群体证实，工作满意度与员工离职具有很强的相关关系（叶仁荪、王玉芹、林泽炎，2000；黄春生，2004；彭川宇，2008；何川明、沈承明，2010）。对于农民工群体，目前还没有对其工作满意度与反生产行为之间的关系进行证明，在访谈中我们发现，当被问及："是否会因为在工作中的不满而做出一些消极的、违反组织规定的事？"多数农民工回答都是"对工作和单位不满当然会做出些事情来发泄，比如能不干得就不干、干活的时候不好好干、偷着做一些与工作无关的事等。"由此可以推断，农民工在工作不满意时会采取不同形式的反生产行为来表达自己的不满和发泄愤怒。基于此，提出如下假设：

H14：工作满意度对反生产行为具有负向影响。

3. 工作满意度的中介作用。基于前文所述，在组织中的雇佣歧视会影响农民工对工作的满意程度，而工作满意程度的降低则会引发反生产行为的出现。尽管前人研究中并没有直接对工作满意度在雇佣歧视与反生产行为之间的中介作用进行探讨，但以往研究成果具有很大的借鉴意义。相关研究表明，相对于感知公平的员工来讲，感知到雇佣歧视的员工工作满意度更低，并且会采取更消极和懈怠工作行为（Sweeney et al.，1990；Witt & Nye，1992；Agho et al.，1993；Covin et al.，1993）。当员工感知到自己被歧视和排斥时，员工往往会产生不满意感并且采取消极怠工、减少工作产出量（如迟到、旷工、无故病假等）行为（Hills et al.，1994）。De Boer（2002）也发现，组织内的歧视会导致员工工作满意度降低并且最终导致旷工行为。个体往往以最易得的公平信息为基础来认识自身与组织的关系，进而影响他们的工作态度和行为（姚鹤、段锦云、冯成志，2010），而工作满意度作为一种态度和认知是个体行为的前提。据此，针对农民工对雇佣歧视的不公平性感知以及由其所引起的心理不平衡和行为反应提出如下假设：

H15：工作满意度在雇佣歧视与反生产行为之间起到中介作用。

3.2.7　雇佣歧视通过人际冲突对反生产行为的间接影响

1. 雇佣歧视与人际冲突。以往学者对于组织中的人际冲突产生原因和前因变量的实证研究较少，较为公认的是，人与人之间的个体差异或称作异质性是冲突的重要来源（宝贡敏，2007）。在劳动场所中，农民工常常因为其社会身份、户籍的不同被用工单位歧视和排斥，而这种由于主观上认同差异而导致的区别性、歧视性对待是造成人际间冲突的主要因素之一（Tajfel，1971），两者差异和区别对待越大，双方存在的分歧越多，发生的冲突也越多（郝玮瑗，2007）。在组织中，由于资源配置不合理、考核评价不当等歧视行为也会引发人际冲突（陈树文，2005），如果劳动者觉得在利益分配中感受到歧视，分配程序和决策不够公开透明、晋升机会不均等，他们对工作的不满和愤怒情绪逐渐积累导致人际间的冲突随之增加（张坚雄、刘婷，2010）。以往学者的研究也已证明，组织中的不公正与领导的不公平对待会增加员工的压力感并导致人际冲突的产生（叶余建，2003）。在访谈中，当问到"是否会因为不公平的待遇而与其他员工、领导或者用工单位产生冲突？"许多农民工的回答是"会出现冲突的情况，特别是干同样的工作，如果其他人比我拿的工资或者福利多，我肯定不能干，必须找领导或单位说清楚并且把该给我的给我啊。"同时，还有一些被访谈者提到，农民工本来就挣得少，能获得的待遇和福利本来就低，就算有一点点差异他们也是不能接受的。因而可以推断，当遭遇不公正对待时，农民工的人际冲突行为会增加。基于此，提出以下假设：

H16：雇佣歧视对人际冲突具有正向影响。

2. 人际冲突与反生产行为。工作中与他人发生争执难免引发员工的不满、怨愤等消极情绪，被恶意对待的员工未必会公然对抗，但却可能以隐秘的方式宣泄不满，表现出财产越轨、政治越轨、人际越轨和生产越轨等反生产行为（刘玉新，2012；Jaramillo et al.，2011），或通过减少助人行为等抵制活动来获取心理的平衡（Liu et al.，2013）。已有研究表明，人际冲突与焦虑、抑郁、沮丧等消极情绪以及工作偏离行为紧密相关（Liu et al.，2007），如过度的冲突会降低员工的工作满意感，引发缺勤、对抗、离职等反生产行为，降低企业生产率与工作绩效（岑颖，2004；胡箭，2013）。当人际冲突不断加深和激化，会直接影响到个体的行为反应并会直接增加工作者的抱怨、怠工、偷窃、攻击等反生产行为（钟慧，2013）。在农民工身上也同样如此，当被问及"如果与单位、领导及同事产生冲突，对正常工作有没有影响"时，农民工都回答"对平时的工作肯定有影响"。在进一步的访谈中发现，许多农民工表示如果冲突没有被解决，比如单位仍然没有满足自己的要求、领导仍然不为自己争取利益等，此时由于害怕单位不给发工资或者领导给自己"穿小鞋"，没有其他办法去"惩罚"单位和领导，他们只能采取工作不认真、偷拿单位财物等行为进行发泄与平衡心态。基于此，可以推断农民工的人际冲突会导致其反生产行为的产生，因此，提出以下假设：

H17：人际冲突对反生产行为具有正向影响。

3. 人际冲突的中介作用。在前文所述中，劳动场所中的雇佣歧视现象将引发农民工与用工单位、领导与同事间的人际冲突，而人际冲突不断深化会进一步导致反生产行为的出现。尽管还没有研究探讨人际冲突在雇佣歧视与反生产行为间的中介作用，但在以往的研究中，人际冲突也常在员工行为引发因素与工作绩效之间被作为中介变量来分析处理（Gladstein，1984；Pelled，1996）。反生产行为是员工绩效中的负绩效，同时前文已经阐明，雇佣歧视是员工行为特别是反生产行为等消极行为的重要前因变量，由此可以推断人际冲突可能是雇佣歧视与反生产行为的中介变量。前人研究成果表明，组织中的不公正对待会导致员工采取人际冲突来提高自尊（陈浩、薛婷，2010），并间接引发缺勤、对抗、离职等行为的产生，降低企业生产率与工作绩效（岑颖，2004；胡箭，2013），对于农民工来说亦是如此。综上所述，可以推断雇佣歧视会通过人际冲突间接导致反生产行为，并提出以下假设：

H18：人际冲突在雇佣歧视与反生产行为之间起到中介作用。

第*4*章

研究方法与设计

在第 2 章和第 3 章，本书已经对农民工的雇佣歧视、消极情绪和反生产行为的相关概念和研究成果进行了系统的阐述，并在此基础上构建了理论模型和研究假设。本章将对研究中使用的方法以及具体设计内容进行介绍，具体包括：深度访谈与设计、问卷调查与设计以及数据统计方法。

4.1 深度访谈与设计

作为一种定性的研究方法，深度访谈（In-depth Interview）在当今社会学领域中具有非常重要的作用。访谈的方式目前主要有结构化访谈、非结构化访谈以及半结构化访谈三种。

1. 结构化访谈（Structured interview）。结构化访谈主要特点是在进行访谈之前，访谈者已经计划并提前确定好访谈及记录方法、所有访谈的问题及提问顺序等内容。访谈者在访谈过程中占完全的主导地位，无论被访谈者是谁，所有的访谈程序与过程都是一样的、标准化的。所以此种访谈方式更加适用于完全的定量研究（杨威，2001）。

2. 非结构化访谈（Non-structured interview）。非结构化访谈通常也叫做开放型访谈，顾名思义，此种访谈方式主要以被访谈者为核心，围绕被访谈者所关注的内容和问题进行展开，目的是了解被访谈者的思想动态、对相关问题的解释和看法。非结构化访谈没有固定的访谈形式、访谈问题、访谈方法等，访谈者的主要作用是引导辅助被访谈者畅所欲言，使他们能够表达出自己的想法即可。

3. 半结构化访谈（Semi-structured interview）。半结构化个人访谈中，访谈者在整个访谈过程中都是围绕一些核心的开放性问题，如围绕被访者的公平感受进行访谈。尽管在访谈中有明确的问题，但访谈者可以根据访谈中的实际情况打乱提问顺序，也可以就被访谈者提到的某些关键点进行深入挖掘。深度访谈则通常会围绕一两个主题展开，但细节丰富，特别是对于人的感受、态度、信念、动机、行为等主观问题的探讨，这种半开放式的定性资料获取比定量的研究更具优势（廖星、谢雁鸣，2009）。

由此可见，结构化访谈只对已有题目进行关注，很难发现新的方向、背后的原因及内容。开放型访谈难以将问题聚焦到本书研究所针对的核心问题，访谈太松散、难以完成对本书研究的探讨。半结构化访谈是目前学术界深度访谈的主要模式（Hakim，1987；Arksey & Knight，1999；Wengraf，2001）。访谈中，访谈者和被访谈者面对面交流，访谈者需要掌握高级访谈技巧来对被访者进行深入的询问，其目的是揭示被访者对某一问题的理解、态度及背后的动机和未来的想法等。

结合本书研究所关注的农民工群体而言，为了探索农民工雇佣歧视和反生产行为的现状以及他们内心的想法和背后的动机等问题，本书选择深度半结构化访谈的模式。

4.1.1　访谈目的与对象

深度访谈中访谈者与被访者直接进行交流，对访谈目的的把握和访谈对象的选取直接影响到访谈结果的质量。所以在进行访谈之前，要明确访谈的目的，避免访谈方向偏离。对访谈对象的选择也应谨慎，将突出和具有典型特征的访谈者纳入访谈范围。

1. 访谈目的。

（1）考察农民工对本书研究中变量及其内涵的感知。本书是针对农民工这一弱势且普遍的群体提出的雇佣歧视、消极情绪和反生产行为的理论模型。同时将组织间竞争、组织声誉、自尊和自我监控等变量作为雇佣歧视与消极情绪、消极情绪与反生产行为之间的调节变量。通过深度访谈，了解农民工对上述这些变量的理解，以及对变量的内涵、维度的建议和看法，考察这些变量在农民工身上是否存在、现状如何。

（2）对模型中构建的变量间关系进行确认。在文献梳理的基础上，本书已经在理论模型中提出了各个变量之间的逻辑关系。但这些关系是否都存在、影响方向是否与预期一致、在农民工群体中是否具有其特殊性等问题都需要在现实访谈中得出依据。而且，在此访谈基础上对已有模型进行修正，使之更符合实践。

（3）为量表的修订提供现实依据和建议。在进行深度访谈时，访谈者根据农民工在进行问题回答时的理解、反应及表达，能够总结出农民工对问题的理解、对术语的把握以及回答的方式等信息，而这是进行量表修订的重要依据。根据深度访谈的结果对题项进行修改，可以使问题描述更有针对性，而农民工对问题的理解更加容易和深入，最终问卷的质量能够得以提高。

2. 访谈对象。为了提高深度访谈的有效性，一般倾向于选取所研究领域中的专业人士或与研究目的相关的人士作为受访者（王弘钰，2010）。然而，对于农民工这一特殊群体而言，其群体素质普遍较低，并不存在相应的领域专业人士。因此，研究访谈对象仅以相关农民工作为受访者。但这并不影响研究结果，由于本次调查群体即为农民工并不包括其他相关者，而农民工本身最能了解自身的问题以及表达自身诉求，这些诉求既包括生理又包括心理、既包括外部组织环境又包括自身工资等，而这些问题许多他人无法回答，因此，由农民工自身表达再贴切不过。

本书研究分别对在东北地区、长三角地区、珠三角地区务工的49 名农民工进行了深度访谈。在东北采访了 20 名农民工，其中，女性 8 名，男性 12 名；他们现在或以前曾从事的工作和岗位有工厂临时工、家政服务、建筑工人、餐厅服务员、制造业工人。在 20 名农民工中，2~6 年工作年限 9 人，6~10 年工作年限 8 人，10 年或 10年以上工作年限 3 人。在长三角地区采访 16 名农民工，其中，女性6 名，男性 10 名；他们现在或以前曾经从事的岗位有建筑工人、餐厅服务员、服装流水线工人；在 16 名员工中，2~6 年工作年限 7人，6~10 年工作年限 6 人，10 年或 10 年以上工作年限 2 人。在珠三角地区采访 13 名农民工，全部都是男性，他们现在或以前曾经从事的岗位有制造业流水线工人、建筑工人、餐厅服务员，其中，2~6 年工作年限 8 人，6~10 年工作年限 5 人。深度访谈的农民工现在仍在从事着务工岗位，具体总结如表 4 – 1 所示。

表 4 – 1　　　　　　　　深度访谈农民工来源与职业

务工地	人数	从事职业
东北地区	20	工厂临时工、家政服务人员、
长三角	16	建筑工人、制造业工人、餐厅服务员、 服装流水线工人、
珠三角	13	制造业流水线工人

4.1.2　访谈的流程与内容

深度访谈并不是简单的聊天，而是需要高级访谈技巧的、具有针对性的交谈。不仅需要在访谈前做好心智上、物质上的准备以及充足的训练，更重要的是在访谈过程中的记录以及访谈结束后对访谈资料的分析与解读（Wengraf，2001）。所以完善的访谈需要遵循一定的流程，访谈者在访谈前应准备好相关的访谈内容。

1. 访谈的操作流程。深度访谈中，由于访谈者面对的是不同的被访者，在交谈过程中难以理性地进行完全控制，若访谈内容较为复杂，访谈者需要做好充足的事前准备。尽管访谈模式无法进行详细规定，但在大致上应遵循一定的操作流程，这将使访谈的效率更高、面对突发状况能够从容应对。本书研究的深度访谈大致经历了以下的操作流程。

（1）根据研究中对全国范围内农民工的研究，结合农民工宏观的人口特点、地区特点等标准确定访谈对象。

（2）在参考以往文献资料的基础上，根据对农民工雇佣歧视、反生产行为等研究内容设计并修订了访谈提纲，将需要访谈的关键性问题均列入其中。

（3）确定受访者后，与之约见并实地访谈。在访谈过程中，访谈者需要对受访者进行一定的引导，并对访谈内容进行解释，确保受访者明确了解访谈内容。访谈者还需要在访谈过程中敏锐抓取关键性的信息以及新发现的信息，并针对这些有价值的信息进行进一步询问，同时做好必要的访谈记录。

（4）对访谈记录、录音等访谈资料进行整理、分类、分析，进一步得出访谈中有意义的结论。

2. 访谈涵盖的内容。在进行访谈前，需要根据研究内容进行访谈提纲的设计，具体访谈提纲请见附录。访谈提纲中主要包括的内容如下。

（1）受访者的基本信息，在访谈时也让受访者进行了问卷的填答，在问卷一中包含受访者基本信息，所以访谈提纲中没有重复设置；

（2）受访者对雇佣歧视、消极情绪、反生产行为概念的认知；

（3）受访者对雇佣歧视、消极情绪、反生产行为之间关系的认知；

（4）受访者对研究模型适用性和合理性的认知；

（5）受访者对调查问卷中所使用题项的理解程度。

访谈提纲设计好后，访谈人员需要主动联络受访者，双方约定合适的时间和地点。在访谈的最初，访谈人员先详细介绍此次研究的目的和意图，然后自然地进行沟通交流。预先设计好的提纲只能大致约束问题的范围，访谈人员还需营造轻松友好的氛围，充分调动受访者讨论的积极性，通过交谈中传递的信息，全面深入地了解研究问题。同时将有价值的内容记录下来，以供下一步研究所用。

4.1.3　访谈资料的整理和结论

深度访谈结束后，访谈人员需要整理和分析收集到的信息与资料，得出访谈结果，并修正和调整下一步的研究工作。

1. 整理访谈资料。深度访谈结束后，访谈人员需要及时总结访谈方法、访谈效果，及时整理访谈内容，并认真分析在访谈过程中出现的问题。具体包括以下的步骤：

（1）对访谈录音与原始记录，整理出较为全面的访谈内容。

（2）标记分类访谈资料，用特殊符号或特定颜色标示有价值的信息。

（3）编码归类访谈资料。具体做法是通过编码系统整合相近或相同的资料。

（4）剖析各类别间的相互关系。对资料分类后，结合相关文献，深入分析各类别间的逻辑关系。例如，通过与农民工的访谈，分析"雇佣歧视"与"反生产行为"之间的关系。

2. 深度访谈的结论。深度访谈使访谈人员对农民工现状有了较深入和具体的了解。通过谈话，得知了农民工对本书研究中的变量、变量之间的逻辑关系及调研问卷中使用量表等方面的一些看法和观点。根据这些信息，得出如下结论：

（1）农民工对研究变量有一定的了解。虽然不能准确界定雇佣歧视、消极情绪、反生产行为、组织间竞争、个体自尊、自我监控等概念，但对这些概念都能有一定的了解。比如，农民工认为雇佣歧视就是公司在招募阶段对被招募人员的不公平区别对待；对消极情绪的理解是心中的愤怒、敌意、嫉妒等不良心理；对反生产行为的理解就是消极怠工、偷盗劳动工具等；对组织间竞争的理解就是两个工作小队之间"抢生意"等；对自尊的理解就是自己觉得自己要不要脸面；对自我监控的理解就是自己觉得自己是否能把持得住。但雇佣歧视对反生产行为会产生怎样的影响，在这个影响的过程中，消极情绪起着什么作用，外部环境因素和个体特征因素的干扰作用怎样，农民工对这些问题缺乏深入的了解和思考。可是，当访谈人员向他们讲解雇佣歧视、个体自尊、自我监控、消极情绪、反生产行为等概念的内涵或维度时，他们表示理解和认同。

（2）研究理论模型的合理性得到初步确认。当访谈人员向农民工询问理论模型中各变量间可能存在的逻辑关系时，他们认为逻辑关系一定存在，且认为公司对他们越是歧视，他们越没有工作积极性，周围偷盗工具，打架斗殴现象越多；个体对自己评价越高、越要脸面，就越不容易产生反生产行为；个体越是能够把持好自己，并使自己不受外界或者自身情绪困扰，就越不容易产生偏差行为；同样，他们还认为承包团队竞争越激烈，就越容易紧张发怒，当然也越容易去偷去抢从而发泄自己的不良情绪。

（3）调查问卷中的量表题项得到了修正。访谈中发现，有些农民工对于题项的理解难以确定，做问卷时有反映题项表述内涵较多、范围较大，容易出现意思不清和理解出现偏差；此外，有些问题让他们觉得没什么用、出现重复的相似的问题时会表现得没有什么耐心。考虑到农民工自身文化水平有限，因此，修正了一些量表中的题项，改动较大的题项描述如表4-2所示。

表 4 – 2　　　　　　　　　　经深度访谈修改的题项

题项	修改前	修改后
GY3	与城里人比，我没有医疗、工伤、失业保险等	与城里人相比，我缺少社会保险
FS9	在工作中，固执，不接受好的意见	我在工作中比较固执，很难听取他人意见
FS10	做一些破坏，使工作单位的工作不能正常进行	搞点小动作，使工作不能正常进行
MY2	绝大多数时间我能对目前的工作保持热情	在目前工作中，通常我能保持热情
TZ2	我的工作从头到尾很完整，不是一个大体系中的一小部分	我的工作从头到尾很完整
TZ4	我的工作允许我自己处理与负责的事物相当多	我的工作给我许多处理事情的权力
TZ8	我的工作在公司整体运作上有举足轻重的地位	我的工作对单位整体很重要
TZ13	就整体而言，我的工作并不是非常重要的	我的工作对整个单位来说并不是非常重要的
XJ2	对同事或领导存在不满或对立	有时会对同事或领导不满
JK8	我的行为举止会因状况或因人而有所改变	我的行为举止会因环境变化而改变

（4）其他结论。在与农民工的深度访谈中，不仅验证了最初的模型，还发现了其他一些重要结论。

第一，农民工与上级关系可能影响农民工自身绩效和工资。当访谈者询问到不公平的表现时，被访谈者回答道工资发放不公平、领导区别对待。有人给领导送礼、与领导关系好，领导就会在其职责范围内给相对高的工资。而有的工人即使技术好，没有给负责领导好处，就会由于一些借口在定工资时得到较少（如年龄太大）。

第二，人际冲突可能导致农民工反生产行为的产生。在访谈过程中，被访谈者的一系列开放式回答让研究者有了些启发，访谈者说："河南、安徽、湖北等地工厂较少，有很多外出打工，我们本地人去外地打工的人很少，很多人来这边工作。现在，本地人与外地人相处较和谐，基本上没有什么不同。不过，外地人刚来这边时，有些年轻人不正经干、有些偷鸡摸狗的事，造成本地人与外地人之间的冲突不少，在工厂里也经常影响正常工作。即使是现在，外来人基本都是一帮、一伙的。他们由于地缘相近就总相处在一起，与其他人交往很少。"从与访谈者对话经验可以推断出，当外地人口来本地打工时，会由于自身行为习惯、口音、交往态度的不同，导致了其短期无法融入群体之中，久而久之，这种被孤立的人与群体之间彼此得不到理解，容易产生冲突与矛盾，这种自身孤独感和来自群体带给自己的不公正对待会诱发被孤立者出现反生产行为。

第三，不同农民工的反生产行为动机不同。在访谈过程中，当问及被访谈者周围是否存在反生产行为时，访谈者的回答是一定的，然而在深入了解后，研究者发现并不是所有的反生产行为都是以破坏为目的的。有些农民工希望以自己的行为使管理者能够意识到自己的问题，从而使其避免问题的更深一步恶化，如有被访者说"我们认为单位有些事情不公平时，也尝试过提建议，但是没有用。只能是采取其他的手段，比如集合起来不开工，要求单位给个说法和承诺"。我们称这一动机为工具性动机，相反，如果个体仅通过反生产行为进行单纯的发泄情绪、搞破坏，这一动机被称为情绪性动机。反生产行为的动机不同，企业的应对策略应有所区别。

4.2　问卷调查与设计

在管理学定量研究中，问卷调研法是使用最为普及的研究方法，它具有很强的可操作性和适应性。第一，问卷调研法收集数据的速度快、效果好，如果问卷中使用量表的效度和信度高，选取的样本容量大，则通过问卷调研，研究人员可以收集到质量较高的研究数据。第二，受访者接受问卷调研时受到的干扰较小，容易得到公司和被访对象的支持与配合，研究人员可以获取有价值的信息。另外，问卷调研成本低廉，是研究人员实地收集数据最为经济的方法（陈晓萍、徐淑英、樊景立，2008）。

4.2.1　测量工具

实证研究部分主要采用的是问卷调查的方法，整个研究包含描述性统计问卷以及回归模型变量两套问卷。首先，根据文献梳理以及前期深度访谈结果形成了描述性问卷，问卷除了包含样本的基本信息，同时统计并编码了农民工群体最普遍的雇佣歧视类型及具体表现形式、反生产行为产生原因、反生产行为表现等 10 道题，同时根据以上结果分别设置为多选题，并在每个多选题后用黑体提示填写人选出最为重要的一项。

量表是实证研究中不可缺少的度量工具。在以往的研究中，学者们经过刻苦钻研、艰苦努力、反复论证，创造了大量的具有研究价值的量表，为后来学者的实证研究提供了有意义的参考。本书中测量工具均采用的是多数研究普遍使用、信效度得到普遍验证的国外成熟量表。在使用量表之前按照标准的翻译—回译方法，邀请 1 名人力资源管理专家、3 名企业管理专业博士生以及多名硕士研究生各自将英文量表翻译成中文，然后再将翻译的中文请其他人回译成英文，最后选取误差最小、语义最为准确的题项形成最终量表。研究中所有的量表均采用 Likert5 点量表，在雇佣歧视量表、反生产行为量表以及人际冲突量表中，"1"表示"从不发生"，"2"表示"偶尔发生"，"3"表示"有时候发生"，"4"表示"经常发生"，"5"表示"总是发生"；在其他变量的量表中，"1"表示题项的描述"完全不符合"被试的情况，"5"代表"完全符合"，并且从 1 到 5 符合程度逐渐加强。具体如下。

1. 反生产行为量表。反生产行为量表采用的是得到国内外学者普遍认可的 Robinson & Bennett（2000）编制的量表，由 19 个题项构成，共包含 2 个维度。第 1～12 个题项测量的是组织偏差，实例题项有"为逃避工作而延长休息时间"、"有意寻找并利用工作单位制度上的漏洞"、"谎称自己有病，编造理由请假"等；第 13～19 个题项测量的是人际偏差，示例题项有"经常谈论和传播单位领导和同事的事情"、"与别人出现矛盾后，故意干扰和破坏别人工作"等。在测量前加入了量表填答的指导语"您在工作过程中，是否有以下行为出现，请根据实际状况，在相应的数字上打'√'"。

2. 雇佣歧视量表。引用了 Forman（1997）等人修订的日常歧视量表，共 9 个题项。该量表曾多次被国外学者用来衡量种族歧视程度，其使用情景与我国农民工和城市人口融合进程相似，因而加以借鉴。

在以往研究的基础上，同时纳入了以性别歧视与相貌歧视为主要表现的自然属性歧视、统计性歧视（主要是针对农民工群体的刻板印象）、户籍歧视（户口在务工过程中的影响）、社会保障歧视（在社会福利及保险等方面的差异）四种在现实生活中较为普遍的雇佣不平等类型。

3. 消极情绪量表。消极情绪是一种重要的心理学变量，具体指的是人的挫折感、不满、愤怒以及焦虑等一系列负面情绪。尽管消极情绪的测量工具有多种，但基于本书研究对象为我国特殊的农民工群体，与西方背景有所差异，所以采用我国学者张洁（2005）修订的 9 题项消极情绪量表。

4. 组织间竞争量表。组织间竞争可被看做两个或者多个企业或集团组织，在一定时间和空间范围内，为比竞争对手更有效地创造出更多、更好、更高价值而展开一系列活动的过程（汪秀婷，2004）。组织间竞争测量采用的是 Mael（1992）开发的量表，微调后由 5 题项构成。

5. 组织声誉量表。组织声誉是指与其他处于领先地位的竞争者相比，组织过去行为结果以及将来前景对其所有关键利益相关者的整体吸引力，这些利益相关者包括顾客、投资者、媒体、社会公众以及内部员工等（Fombrun，1996）。组织声誉测量采用的是Mael（1988）使用的量表，微调后由7题项构成。

6. 组织限制量表。组织限制量表选取的是Spector & Jex（1998）参照Peter、O'Connor等研究基础上确定的由11个题目组成的量表。代表题项"因为工作要求相互冲突，导致工作做不好"、"因为不充分的培训，导致工作做不好"。

7. 工作特征量表。本书研究所采用的工作特征量表是Hackman & Oldham（1975）开发的短版工作诊断调查表。此量表共包含5个维度，每个维度又有3个题项，整个量表共有15个题项。其中，题项1、6、11考察工作技能的多样性；题项2、7、12考察工作任务的完整性；题项3、8、13考察工作任务的重要性；题项4、9、14考察工作中的自主性；题项5、10、15考察工作的反馈性。以往许多学者运用工作诊断量表对工作特征进行测量，并证明此量表具有较好的信效度。

8. 不当督导量表。测量量表则采用Mitchell & Ambrose（2007）发展的5个题项的短型量表。该量表已得到许多国内学者的验证，信效度较高，使用较为广泛。

9. 自尊量表。我国心理学界目前使用最多的自尊量表（Self-Esteem Scale，SES）由Rosenberg（1965）编制，最初测量对象主要是针对青少年成长过程中的自我评价，之后由季益富、于欣（1999）翻译并修订为中文版。此量表只有一个维度，采用Likert 5点计分方式，共包含5个正向题项（1、2、4、6、7）和5个负向题项（3、5、8、9、10），被试者的得分越高则表明自尊越强。采用5点计分方法，

10. 自我监控量表。自我监控测量采用了Snyder & Gangestad在1985年修正后的单维度量表。此量表在许多国家已经得到了多

次检验，其具有良好的信效度（Snyder，1987），可以被广泛采用。该量表共 18 个题项，其中包含 10 个反向题项，本书研究中选取了因子载荷系数超过 0.5 的题项为主要测量题项，转化反向题项的分数后，将所有题项分值相加，总分越高者表明自我监控能力越强。

11. 工作满意度量表。工作满意度采用 Hochwarter 等（2003）测量整体满意度的量表，由 5 个题项构成。该问卷信效度良好，测量也比较简便。题目涉及"我认为我的工作是非常让人愉快的"、"在目前工作中，通常我能保持热情"等内容。

12. 人际冲突量表。人际冲突量表借鉴的是 Spector & Jex（1998）开发的 4 题项简版量表。由于此人际冲突量表测量方便，经过多次检验且信效度较高而得到学界的广泛采用，示例题项主要有"我在工作中与他人发生争执"、"工作中他人粗鲁对待我"、"工作中他人对我做恶意事件"等。

13. 控制变量。Martinko、Gundlach & Douglas（2003）指出，人口统计学变量如性别、年龄、受教育程度与反生产行为密切相关。另外，不同行业不同类型的组织在文化和管理方式方面也会有所不同，这可能会影响歧视感知、员工工作满意度和反生产行为之间的关系。因此，本书中将个体特征变量包括农民工的性别、年龄、受教育及所在行业作为控制变量并对其进行虚拟化处理，具体表现为：性别 1 表示男性，2 表示女性；教育程度 EDU1 表示初中及以下，EDU2 表示高中或中专；所在行业 HY1 为建筑业，HY2 为制造业，HY3 为服务业。

4.2.2 预调查及问卷修订

为了检验问卷的适应性和有效性，在进行正式调查之前先下发了部分问卷做了预调查。预调查的问卷包含了正式问卷的所有变量与内容描述。针对本书研究的最终正式调查对象为农民工，所以在进行预调查时也选择了长春市农民工为预调查对象（这些样本未包括在最终样本中），此次预调查完全按照正式问卷下发流程进行，被试农民工采用自评方式进行填答。预调查共下发了150份问卷，回收139份，剔除敷衍填答、空白等无效问卷，可用有效问卷119份，有效回收率为79.3%。我们利用预调查的样本对本书研究所涉及的构念进行了人口变量的统计分析。

1. 小样本描述。在回收的119份有效问卷基础上进行数据统计，对这些被试的性别、年龄、受教育程度、从事行业及工作年限等人口学变量进行分析，具体统计结果如表4-3所示。

表4-3　　　　　　　　小样本的人口统计特征变量特征

变量	特征描述	频数	百分比	累计百分比	总计
性别	男	90	75.6%	75.6%	119
	女	29	24.4%	100%	
年龄	20岁以下	14	11.8%	11.8%	119
	20~29岁	88	73.9%	85.7%	
	30~39岁	14	11.8%	97.5%	
	40岁以上	3	2.4%	100%	
受教育程度	初中及以下	101	84.9%	84.9%	119
	高中/中专	7	5.9%	90.8%	
	大专	10	8.4%	99.2%	
	本科及以上	1	8%	100%	
从事行业	建筑业	47	39.5%	39.5%	119
	制造业	17	14.3%	53.8%	
	服务业	45	37.8%	91.6%	
	其他	10	8.4%	100%	
工作年限	1年以下	11	9.2%	9.2%	119
	2~5年	69	58%	67.2%	
	6~10年	30	25.2%	92.4%	
	11~15年	6	5.1%	97.5%	
	16年以上	3	2.5%	100%	

　　预调查样本统计结果表明，在性别上，男性明显高于女性，人数为女性的 2 倍；在年龄上，20～29 岁的农民工合计为 85.7%，占调查对象的大多数；在受教育程度上，初中及以下学历的为 101 年，占比 84.9%；在从事行业上，建筑业与服务业调查对象人数分别为 47 和 45，占调查对象的大多数；在工作年限上，1～5 年的占比 67.2%，而工作 16 年以上的仅为 2.5%。总体上，样本的人口特征分布与农民工整体分布相似、未见异常，适于后续分析。

　　2. 量表修订。对预调查的数据进行信度和因子分析后发现，本书研究中使用的构念绝大多数题项均达到测量标准，予以保留。如反生产行为的整体 Cronbach's α 为 0.934，其中题项 FS6 的 Cronbach's α 值最低为 0.738，大于 0.7，可接受；雇佣歧视的整体 Cronbach's α 为 0.798，各题项 Cronbach's α 值均可接受；消极情绪的整体 Cronbach's α 为 0.812，各题项 Cronbach's α 值均可接受。其中组织声誉、自尊、组织间竞争量表 CITC 均有题项不符合标准，具体如表 4-4～表 4-6 所示。

表 4-4　　　　　　　　　　组织声誉 CITC 分析

测量条目	CITC	Alpha if item deleted	Cronbach's α
SY1	0.613	0.854	
SY2	0.704	0.867	
SY3	0.792	0.890	
SY4	0.667	0.818	0.891
SY5	0.351	0.915	
SY6	0.512	0.890	
SY7	0.667	0.871	

表 4 – 5　　　　　　　　　　　自尊 CITC 分析

测量条目	CITC	Alpha if item deleted	Cronbach's α
ZZ1	0.623	0.801	
ZZ2	0.757	0.832	
ZZ3	0.682	0.821	
ZZ4	0.712	0.829	
ZZ5	0.304	0.913	0.834
ZZ6	0.667	0.820	
ZZ7	0.791	0.833	
ZZ8	0.324	0.921	
ZZ9	0.298	0.935	
ZZ10	0.602	0.798	

表 4 – 6　　　　　　　　　　组织间竞争 CITC 分析

测量条目	CITC	Alpha if item deleted	Cronbach's α
JZ1	0.702	0.811	
JZ2	0.654	0.867	
JZ3	0.689	0.852	
JZ4	0.702	0.818	0.875
JZ5	0.721	0.823	
JZ6	0.671	0.856	
JZ7	0.304	0.891	

　　根据表 4 – 4，组织声誉题项 SY5 的 CITC 值为 0.351，低于 0.4，且将题项予以删除后，Cronbach's α 值提高到 0.915，所以将题项 SY5 予以删除；自尊量表的题项 ZZ5、ZZ8、ZZ9 的 CITC 值均低于 0.4，且将题项予以删除后 Cronbach's α 都得到了显著提高，因此，将此三题项予以删除；组织间竞争量表中题项 JZ7 的 CITC 值只有 0.304，小于 0.4，且将题项予以剔除后，整体 Cronbach's α 值提高到

0.891，所以将 JZ7 剔除。根据小样本调查结果，整体问卷中各量表信度良好、因子分析结果表明，问卷经过微调后适合于正式调查。

　　尽管本书研究采用的均为国内外学者谨慎开发的、并得到许多学者验证的成熟量表，但由于语言环境、调研对象的特征差异，量表在正式使用前需要作进一步的修订王重鸣（2000）。根据深度访谈的结果，在预调查之前，已经对使用量表进行了一些语言方面的修订，同时，在预调查辅助农民工作答的过程中又进一步做出了调整。以本书研究中采用的反生产行为量表（Bennett & Robinson，2000）为例，在修订之前，此初始量表包含 2 个维度，共 19 个题项，具体如表 4 - 7 所示。

表 4 - 7　　　　　　　　　　　反生产行为的初始量表

测量条目	参考来源
FS 1 工作不很努力	
FS 2 故意放慢工作速度	
FS 3 工作期间，花很多时间在瞎想	
FS 4 擅自延长休息时间	
FS 5 未经允许擅自上班迟到	
FS 6 挪用公司财产	
FS 7 无视上级的指示	
FS 8 为了获得加班费，故意拖延工作时间	
FS 9 在工作场所乱扔垃圾	
FS 10 在报销时弄虚作假	ennett & Robinson（2000）
FS 11 将单位机密或重要信息告诉他人	
FS 12 戏弄他人	
FS 13 暗地里议论或说他人坏话	
FS 14 取笑他人	
FS 15 公开羞辱他人	
FS 16 待人粗暴、野蛮	
FS 17 辱骂他人	
FS 18 酒后上班	
FS 19 开他人种族、宗教玩笑	

　　结合深度访谈与预调查的结果，在反生产行为初始量表中将反生产行为中的题项 FS19 "开他人种族、宗教玩笑" 调整为 "有意对别人说一些不礼貌的话"；同时结合中国情景下的语言习惯及调查对象的特殊性，将题项进行了适当的调整，如将题项 FS16 "待人粗暴、野蛮" 调整为 "对一起工作的同事的态度不友好"，最后形成包含 19 个条目的反生产行为量表，具体如表 4 - 8 所示。其他变量的量表也在原有基础上进行了类似的语言调整，具体见附件。

表 4 - 8　　　　　　　　反生产行为调整后量表

测量条目	参考来源
FS 1 为逃避工作而延长休息时间	
FS 2 有意寻找并利用工作单位制度上的漏洞	
FS 3 故意破坏工作单位的秩序和要求	
FS 4 做一些破坏工作单位和谐氛围的事情	
FS 5 谎称自己有病，编造理由请假	
FS 6 自己不想做事，将工作推给别人来做	
FS 7 不愿意承担工作上的责任，缺少责任心	
FS 8 为了个人的利益，不惜损害工作单位利益	
FS 9 在工作中固执，不接受好的意见	
FS 10 做一些破坏，使工作单位的工作不能正常进行	ennett & Robinson（2000）
FS 11 有意损害工作单位的设备或者工具	
FS 12 投入在工作上的精力比应有的少	
FS 13 对单位领导和同事的事情说三道四，并散播谣言	
FS 14 在别人面前取笑同事	
FS 15 拒绝和同事说话	
FS 16 有意对别人说一些不礼貌的话	
FS 17 对一起工作的同事的态度不友好	
FS 18 别人出现矛盾后，故意干扰和破坏别人工作	
FS 19 有意说或者做一些伤害别人的事情	

依据信度效度检验的结果，对组织间竞争、组织声誉以及自尊的量表进行了重新修正与调整，不仅进行了语言描述的调整，同时对没有通过检验的题项予以删除。组织声誉测量采用的是 Mael（1988）使用的量表，由 7 个题项构成，如表 4 - 9 所示。

表 4 - 9 组织声誉的初始量表

测量条目	参考来源
SY1 我所在的分公司社会声誉很好	Mael（1988）
SY2 在本公司工作过的员工，当被应聘到其他公司工作时，有比较高的社会声望	
SY3 我所在的分公司被人们认为是同行中最好的公司	
SY4 同行其他公司的员工看不起我所在的分公司	
SY5 我所在的分公司社会声誉很差	
SY6 员工若想在电信行业其他公司有所发展，应尽量减少与本公司的联系	
SY7 同行其他公司在招聘员工时，不愿意接收曾经在本公司工作过的员工	

根据组织声誉的初始量表，对题项描述进行适当调整，如将题项"我所在的分公司社会声誉很好"调整为"我所在的公司社会评价很好"等，使语意便于调查对象理解；同时对不符合效度检验的题项 SY5 予以删除，形成正式组织声誉量表，如表 4 - 10 所示。

表 4 - 10 组织声誉调整后量表

测量条目	参考来源
SY 1 我所在的公司社会评价很好	Mael（1992）
SY 2 其他公司对曾在本公司工作过的员工评价很高	
SY 3 人们认为我所在的公司是同行中最好的	
SY 4 其他公司的员工看不起我所在的公司	
SY 5 我若到其他公司工作，会尽量减少与本公司的联系	
SY 6 其他公司不愿意要曾经在本公司工作过的人	

自尊原量表（self-esteem scale，SES）采用单维度，共 10 个题项，采用 4 点计分方法，"非常同意"计 4 分，"同意"计 3 分，"不同意"计 2 分，"非常不同意"计 1 分，1、2、4、6、7 正向计分，3、5、8、9、10 反向计分，总分范围是 10~40 分，分值越高，自尊程度越高，如表 4-11 所示。

表 4-11   自尊的初始量表

测量条目	参考来源
ZZ 1 你感到自己是个有价值的人，至少与其他人在同一水平上	
ZZ 2 你感到你有很多好的品质	
ZZ 3 归根结底，你倾向于自己是一个失败者	
ZZ 4 你能像大多数人一样把事情做好	
ZZ 5 你感到自己值得自豪的地方不多	Rosenberg（1965）季益富、于欣（1993）
ZZ 6 你对自己持肯定态度	
ZZ 7 总的来说，你对自己是满意的	
ZZ 8 你希望能为自己赢得更多尊重	
ZZ 9 你确实时常感到自己毫无用处	
ZZ 10 你时常认为自己一无是处	

根据自尊的初始量表，在对题项描述进行适当调整，如将题项"你感到你有很多好的品质"调整为"我觉得我有许多优点"，将题项"你对自己持肯定态度"调整为"我很看好我自己"等，使语意便于调查对象理解；同时对不符合效度检验的题项 ZZ5、ZZ8、ZZ9 予以删除，并在形成问卷时使用与其他变量统一的 5 点计分，如表 4-12 所示。

表 4 – 12   自尊调整后量表

测量条目	参考来源
ZZ 1 我认为自己是个有用的人，至少与别人不相上下	
ZZ 2 我觉得我有许多优点	
ZZ 3 总的来说，我认为自己是一个失败者	
ZZ 4 我做事可以做得和大多数人一样好	Rosenberg（1965） 季益富、于欣（1993）
ZZ 5 我很看好我自己	
ZZ 6 整体而言，我对自己很满意	
ZZ 7 有时我感到自己很没用	

组织间竞争测量采用的是 Mael（1992）开发的量表，由 7 题项构成。在访谈中多数农民工对于组织间竞争中题项描述理解较为困难，所以对相关描述作了调整，如将"每个企业都试图强调自己拥有超越其他企业的优势"调整为"各个公司都认为自己有比其他公司强的地方"，将题项"我所在企业的员工，经常通过对同行其他企业的了解，来评价自己所在的企业"调整为"我和同事经常比较和评价同行业的其他公司"；同时，将没通过信效度检验的题项 JZ7 予以剔除，形成最终量表。具体如表 4 – 13 和表 4 – 14 所示。

表 4 – 13   组织间竞争的初始量表

测量条目	参考来源
JZ 1 行业内各企业之间存在竞争	
JZ 2 每个企业都试图强调自己拥有超越其他企业的优势	
JZ 3 我所在企业的员工经常比较和评价同行的其他企业	
JZ 4 我所在企业的员工，经常通过对同行其他企业的了解来评价自己所在的企业	Mael（1992）
JZ 5 所有企业都认为自己是同行业中最好的一家，并能说明理由	
JZ 6 所有企业都试图证明它们拥有最杰出的员工	
JZ 7 我所在企业不认为与同行其他企业之间存在竞争	

表 4 – 14　　　　　　　　　**组织间竞争调整后量表**

测量条目	参考来源
JZ 1 我所在行业的各家公司之间竞争激烈	
JZ 2 各个公司都认为自己有比其他公司强的地方	
JZ 3 我和同事经常比较和评价同行业的其他公司	Mael（1992）
JZ 4 我和同事经常拿其他公司与我所在的公司作比较	
JZ 5 所有公司都有理由认为自己是最好的	
JZ 6 每个公司都认为它们拥有最好的员工	

　　在预调查问卷数据的基础上，对原始问卷进项了题项净化。根据预调查中发现的语言描述问题进行了调整，将题项描述修改为适合农民工的工作环境、农民工能够理解的语句。同时，根据 CITC 值和 Cronbach'α 的数据结果，剔除了问卷中不适合本书研究的垃圾题项，最终形成了更为合理的正式调查问卷。

4.2.3　样本选取与数据收集

　　本书研究采用便利抽样与滚雪球抽样方法，不仅利用研究组成员的私人社会网络进行问卷发放，同时将问卷调查嵌入到大学本科一年级学生的假期实践课中。在收集数据之前，研究组成员对参与调研的学生分批集中培训，并在问卷首页附上填答问卷的具体要求，让学生辅助答题困难的被试。学生被要求每人负责两份问卷，对象为持有农村户口的普通员工。需要说明的是，本研究中的调查对象为处于一线的普通员工，不包括中层领导及更高职业层次的人群。

　　本书研究共进行了两次正式问卷的调查，联系了长春几所大学的多个学院，并运用了寒假和暑假时间，给大一学生布置两个假期实践作业进行调查。选择大一新生的原因主要是由于刚进入大学的新生对问卷调查这种形式的"作业"更加好奇，愿意去学习和完成，同时，大一学生普遍对作业完成的较为认真和仔细。由于大一新生对问卷调查步骤及内容不甚清楚，所以我们在学生第一次进行问卷下发之前对他们进行了集中培训。培训内容主要包括以下内容：

（1）本问卷的调查对象是农民工，请学生寻找 2 名农民工进行作答。并对农民工进行界定：成长在农村、拥有农村户籍，但主要在城镇务工并获得工资收入的流动人口。特别指出，这里的农民工是从事一线工作的普通务工者。

（2）完成 2 份问卷调查（一个农民工填一份）。并特别强调，每份问卷分为调查问卷（一）和调查问卷（二），调查问卷（一）共 6 页，调查问卷（二）共 2 页。这是为了防止漏答问卷（二），并且两份问卷答题形式并不相同，防止答题答错。

（3）在调查对象问卷填写完成后，请学生务必帮助检查是否有漏页、漏题、少选和多选现象，是否按照要求作答。若出现以上问题，请帮助调查对象进行改正。由于许多农民工受教育程度有限，有的可能并不识字、不会写字、对问题描述不甚清楚，所以学生同时也作为答题辅助者和监督者，确保调查对象答题认真、真实。

为了保证学生参加培训的出席率，以及防止学生丢失问卷或者忘记培训内容，将培训时间选在了他们刚考完期末考试的前几天，并且每份问卷前都附一页培训内容，即什么时间如何进行问卷的下发。同时，对学生强调问卷数据收集的重要性，以及作为实践作业对他们的锻炼和重要作用，以期确保学生能够认真、真实地进行问卷的下发及作答。

在 2013 年 12 月进行了第一次问卷下发，2014 年 3 月将问卷收回，第一次下发问卷 2 000 份，回收 1 866 份；2014 年 6 月进行第二次问卷调查，2014 年 9 月将问卷收回，第二次下发问卷 2 000 份，回收 1 875 份。其中，整个两次问卷调查过程中，通过私人社会网络共发放了 1 000 份问卷，回收 906 份。至此，共下发了问卷 5 000 份，回收 4 647 份。

4.3　数据统计方法

4.3.1　多元线性回归

回归分析需要掌握大量的观察数据，在此基础上通过数理统计方法建立数学模型，近似地描述变量间的因果关系以及变化规律。回归分析包括一元回归和多元回归，一元回归只涉及一个自变量；多元回归涉及两个或两个以上的变量。进行回归分析的过程为：（1）模型的建立；（2）参数的估计；（3）模型的检验；（4）进行预测或应用。

对回归模型中变量间的线性关系检验使用 t 检验，t 值大于临界值时，说明所做的回归有效。对回归模型的拟合优度检验通常使用 R^2 检验和 F 检验。R^2 用来描述因变量与自变量的密切程度，它的取值范围在 $0 \sim 1$ 间，越接近 1 说明模型拟合得越好。F 检验用来判定整个回归方程的显著性，其数值在大于临界值时，说明回归效果显著。

4.3.2　Logistic 回归

传统线性回归分析中，研究中所使用的自变量数据多将其作为连续变量处理，但有些自变量，如性别、户口等二分类变量，则无法直接使用线性回归进行分析。Logistic 回归则可以很好地解决此类问题。Logistic 回归中自变量为等距或比率变量，因变量则是二分的类别变量，利用的是极大似然估计并通过概似值进行整体检验。概似值的统计量在 SPSS 输出表格中以"－2 对数概似"栏表示，此数值越小，表示回归方程式的概似值越接近 1，回归模型的适配度越佳。此数值越大，表示回归方程式的概似值越小，回归模型的适配度越差。

4.3.3 结构方程模型

为了测度变量间的因果关系，以往研究多采用传统线性回归的方法，但传统方法只能对单个因变量的前因进行分析，而对多因变量的整合理论模型却无能为力。结构方程模型（Structural Equation Modeling, SEM）则可以很好地解决此类问题。目前结构方程模型已经在经济、管理、心理学等社会科学领域得到了广泛的应用，通常主要用来拟合拥有多个潜在的自变量、因变量的多元模型。

4.3.4 数据有效性检验

1. 信效度分析。信度是指测量无偏差的程度（Uma Sekaran、祝道松、林家五，2005）。在调研问卷中，如果同一指标下的问题，它们的答案相近或相同，那么其度量就具有可靠性。信度分析用来测量调研问卷所使用量表中各题项之间是否具有一致性和稳定性。如果检查到表中的题项间具有高度相关性，那么该量表具有内部一致性。研究中主要使用 Cronbach's α 系数测量内部一致性，α 值越大，说明题项间的相关性越大，内部一致性也越高。采用的标准是：α 值大于 0.7，表示信度高；α 值小于 0.35，表示信度低；可接受的最低信度为 0.5（Cuieford，1965；Nunnally，1978）。量表的稳定性是指在任一时间点测量结果都相同，主要通过再测信度测量。

效度是指测量的有效性程度，也就是测量工具确实能测量其所要测量概念的程度。检验效度的方法有内容效度、效标关联效度和构念效度。内容效度也被称为表面效度，是指所要测量概念与测量题项之间的相符性，即量表题项越能包含所测概念的内容范围，其内容效度越好。量表的内容效度一般可以通过座谈小组来证实。效标关联效度一般可以用预测效度或同期效度代表,是指采用不同的指标或测量方式测量同一变量,并将其中一种作为效标,然后用其他指标与之作比较,如果其他指标或方式同样有效,那么该测量具有效标效度。构念效度通过理论假设和从量表测量出的结果相比较来检验,如果契合程度高,其构念效度就高。一般通过辨别效度和聚合效度评估。辨别效度是指如果理论上认为两个变量不相关,那么对不相关变量的测量结果也应该是不相关的;聚合效度是指用不同测量工具对同一概念测量,其结果应该是高度相关的。本书中使用的量表是经过许多学者和实证研究进行验证的,所以主要是需要在被试中对量表的聚合效度和判别效度进行检验。

2. 同源偏差检验。在进行数据采集时,如果在相同的测量环境中对同样的被试者进行自变量与因变量的采集,就会在此过程中造成人为的共变性,即为共同方法偏差(Common Method Biases,CMB)。共同方法偏差是由于测量方法而非研究问题或理论构念造成的,特别是在问卷调查中常常广泛存在。目前,为了避免共同方法偏差,许多学者在事前会采用多源的数据来测度自变量与因变量之间的因果关系。对于事后检验,管理学领域常用的检验方法有 Harman 单因素测量方法,如果出现解释力超过 50% 的因子则说明同源偏差较严重;另一种检验方法是验证性因子分析法,对存在的所有变量进行多因子模型进行检验,检测哪种因子模型模拟效果更佳。

第5章

数据处理与结果分析

运用问卷调查法，本书研究收集到了大量不同地区、不同行业的农民工数据。本章将对这些数据进行探索，揭示农民工雇佣歧视与反生产行为之间的关系，并验证第 3 章提出的相关假设。具体内容主要包括六部分：第一部分是描述性统计分析；第二部分是信效度检验；第三部分是假设检验；第四部分是短长期模型构建；第五部分是东北地区、长三角、珠三角的对比分析；第六部分是研究结果与分析。

5.1 描述性统计分析

问卷包含描述性统计问卷以及回归模型变量两套问卷。研究共发放问卷 5 000 份，回收 4 647 份，剔除两套问卷中多处空白和明显敷衍答题的问卷后，有效问卷 3 371 份，问卷有效回收率为 67.42%。对回收样本的描述性统计分析结果如表 5 – 1 至表 5 – 8 所示。

表 5 – 1 受访者性别分布情况

	频次	所占百分比	有效百分比	累积百分比
男	2 195	65.1%	47.2%	65.1%
女	1 176	34.9%	25.3%	100%
合计	3 371	100%	72.5%	

从表 5 – 1 中可知，男性农民工占总体的 65.1%，女性占 34.9%，男性务工人员占总样本的大多数。对于农民工而言，由于文化水平有限，其大多数人员都只能进行基本的体力劳动，而男性比女性在体力劳动岗位上更加胜任，因此，农民工群体中男性居多。

从表 5 – 2 中可知，20 岁以下仅占 6%，20 ~ 29 岁占 46.6%，30 ~ 39 岁占 28.2%，40 岁以上占 19%，由此可以看出，20 ~ 39 岁的群体占总群体大多数，约 72.8%。这是因为，首先，农民工群体文化水平有限，就业面较窄，其从事的岗位大多都是体力劳动多、脑力劳动少的职位，在个体体力强壮的时期务工，而等到体力下降的时候，他们也无法从事以前的工作。其次，农民工在 20 ~ 39 岁时面临着巨大的家庭压力，这一年龄段普遍都是"上有老，下有小"，迫于生计的压力，不得不背井离乡外出打工。最后，20 ~ 39 岁这一年龄段的个体属于壮年时期，大多数都抱有"外出闯荡，打天下"的想法。因此，农民工群体以 20 ~ 39 岁的人群为主。

表 5 – 2 受访者年龄分布情况

	频次	所占百分比	有效百分比	累积百分比
20 岁以下	207	6%	4.4%	6%
20 ~ 29 岁	1 569	46.6%	33.8%	52.6%
30 ~ 39 岁	948	28.2%	20.4%	80.8%
40 岁以上	647	19.2%	13.9%	100%
合计	3 371	100%	72.5%	

　　从表 5-3 中可知，初中及以下受教育程度占 53.8%，高中与中专学历占 37.1%，大专占 4.8%，本科及以上学历仅占 4.3%，由此可以看出，初中及以下与高中及中专学历的农民工占群体的大多数，约占 90.9%，而大专及以上仅占 9.1%。这是因为，首先，乡镇地域偏僻，教学资源少，教育质量较差，导致大多数农民工并未受到良好的教育。其次，农民工所从事的岗位并不需要太多技能和知识。除此之外，接受良好教育的成本较高且短期不会获得收入，大多数农民工的家庭经济状况并不好，无法支撑他们顺利完成学业。因此，农民工做出了进城务工赚钱的决定。

表 5-3　　　　　　　　　　受访者受教育程度分布情况

	频次	所占百分比	有效百分比	累积百分比
初中及以下	1 815	53.8%	39%	53.8%
高中/中专	1 251	37.1%	26.9%	90.9%
大专	162	4.8%	3.5%	95.7%
本科及以上	143	4.3%	3.1%	100%
合计	3 371	100%	72.5%	

　　从表 5-4 中可知，建筑业占总体 33.2%，制造业占 24.8%，服务业占 28.7%，其他行业占总体的 13.3%，农民工主要集中在建筑业，制造业，服务业。首先，以上三种行业都属于劳动密集型行业，即单位产品耗费人力多、产品附加值相对较低的行业，比如纺织、钢铁、建筑等制造业，除此之外还包括一些科技含量较低的服务业，劳动密集型产业的特点即员工不需要掌握过多技术即可上手，大多数农民工没有技术，因此，都会优先选择易上手的工作。其次，制造业、建筑业和服务业的员工均有一定流动性，农民工的不稳定性非常符合这些行业。最后，由于性别不同的固有体质特点，使得男性主要分布在建筑行业和制造行业这些注重体力的行

业，而女性主要分布在服务业。

表 5 - 4　　　　　　　　　　受访者从事行业分布情况

	频次	所占百分比	有效百分比	累积百分比
建筑业	1 119	33.2%	24.1%	33.2%
造业	837	24.8%	18%	58%
服务业	966	28.7%	20.8%	86.7%
其他	449	13.3%	9.6%	100%
合计	3 371	100%	72.5%	

从表 5 - 5 中可知，1 年以下的工作年限占总体的 5.1%，2 ~ 5 年占 25.3%，6 ~ 10 年占 32.1%，11 ~ 15 年占 25.6%，16 年以上占 11.9%。工作年限在 2 ~ 5 年、6 ~ 10 年、11 ~ 15 年分布均匀，而 16 年以上较少。首先，在农民工从事的岗位中，大多数都是以体力劳动为主，当个体工作到达一定年限时，身体机能衰减导致无法从事以前的体力劳动。其次，根据上述调查发现，农民工群体以 20 ~ 39 岁为主，这也就可以推断出大多数农民工在外务工最多只能工作 15 年左右。因此，大多数农民工的工作年限为 15 年以下。

表 5 - 5　　　　　　　　　　受访者工作年限分布情况

	频次	所占百分比	有效百分比	累积百分比
1 年以下	174	5.1%	3.7%	5.1%
2 ~ 5 年	855	25.3%	18.4%	30.4%
6 ~ 10 年	1 082	32.1%	23.3%	62.5%
11 ~ 15 年	861	25.6%	18.5%	88.1%
16 年以上	399	11.9%	8.6%	100%
合计	3 371	100%	72.5%	

从表5-6中可知，农民工来源地中华东占8.4%，华南占2.6%，华中占13.4%，华北占15.2%，西北占4.3%，西南占5.6%，东北占50.5%，来自东北的农民工占1/2以上。从表5-7中可知，农民工工作地点在长三角中所占5.3%，珠三角6.6%，东北占56%，其他地点占32.1%。这是因为，首先，由于便利取样的原因导致样本的来源地和工作地都以东北为主；其次，农民工有农活重时在家务工、农活轻时出门打工的特点，而东北的农民分配的土地相对较多，因此，东北的民工希望工作地点离家近，方便务农。对于其他地方的农民工而言，由于地区经济差异，在东北务工得到的工资普遍较低，这也就形成了东北民工不愿意出去、其他地方的民工不愿意进来的格局。

表5-6　　　　受访者来源地区和工作地点分布情况

	频次	所占百分比	有效百分比	累积百分比
华东	282	8.4%	6.1%	8.4%
华南	87	2.6%	1.9%	11%
华中	453	13.4%	9.7%	24.4%
华北	513	15.2%	11%	39.6%
西北	144	4.3%	3.1%	43.9%
西南	188	5.6%	4%	49.5%
东北	1 703	50.5%	36.7%	100%
港澳台	0	0	0	100%
合计	3 371	100%	72.5%	

表5-7　　　　受访者工作地点分布情况

	频次	所占百分比	有效百分比	累积百分比
长三角	177	5.3%	3.8%	5.3%
珠三角	222	6.6%	4.8%	11.9%
东北	1 886	56%	40.6%	67.9%
其他	1 086	32.1%	23.3%	100%
合计	3 371	100%	72.5%	

从表 5 – 8 中可知，在受访者工作获得方式中，亲戚朋友介绍占 32.5%，单位招聘占 27.9%，劳动市场占 27.1%，其他占 12.5%，其中亲戚朋友占了总体的 1/3。这是因为，首先，农村地方偏僻，资源较少，早年的农民工没有其他获得工作的途径，只能通过熟人介绍的方式务工；其次，农民工群体普遍文化水平不高，创新性不强，较为保守，他们更愿意相信以熟人介绍的方式来为他们提供工作机会；最后，国家政策的扶持使得农民工的应聘途径得以扩展，进而发展成劳务市场、单位招聘、熟人介绍的三足鼎立格局。

表 5 – 8　　　　　　　　受访者工作获得方式情况分布

	频次	所占百分比	有效百分比	累积百分比
亲戚朋友介绍	1 094	32.5%	23.5%	32.5%
单位招聘	939	27.9%	20.2%	60.4%
劳务市场	915	27.1%	19.7%	87.5%
其他	423	12.5%	9.1%	100%
合计	3 371	100%	72.5%	

综上所述，可以观察出农民工群体有以下特点，即性别上男多女少，年龄上多为 20～39 岁的青壮年，文化水平整体偏低，从事的岗位主要集中在以建筑业、制造业和服务业为主的劳动密集型行业，工作流动性强，并且大多都是以熟人介绍、劳动市场、单位招聘的实体形式获得工作。除此之外，研究发现，多数东北农民工由于土地的原因不愿去离家较远的地方打工，而外地的农民工因为工资低也不愿来东北打工。因此，形成了自给自足式的东北民工在东北的独特分布。

5.2 反生产行为调查结果

对于农民工的反生产行为调查主要侧重于在劳动场所中的具体表现有哪些、其影响因素包括哪些方面，以期识别出引发反生产行为的关键因素。反生产行为描述性调查运用的是2013年12月~2014年4月间回收的第一批有效问卷1 514份。由于反生产行为的负面性和隐蔽性，社会赞许性问题不可避免，因此，在进行问卷调查时把统计反生产行为表现和类型的问题改为填写"您的同事在单位有过以下哪些行为?"。从图5-1中的统计结果可以看出，11种反生产行为选择率均在30%以上，说明反生产行为在日常工作中相当普遍。对应到具体题项，其中排在前五位的是"迟到、早退、消极怠工、无事请病假、擅自延长工作时间"(a9-4)、"工作时间做私事"(a9-5)、"工作时间利用网络进行游戏，聊天，聊微信，刷微博"(a9-6)、"未经过允许拿单位的物品"(a9-2)、"故意损坏单位财物"(a9-1)。反生产行为如此普遍的原因可能是多方面的，社会因素、组织因素以及个人因素都会产生一定的影响，但哪个或者哪些因素是其关键因素还需要进一步分析和探讨。

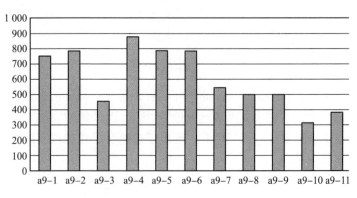

图5-1 反生产行为表现形式

　　农民工反生产行为主要来源题目包含 13 个选项，其统计结果如图 5-2 所示。a8-1、a8-4 的选择率最高，即"单位制度不合理"以及"感受到他人不公平对待"是农民工采取负面行为的主要原因。事实上，在深度访谈过程中发现，农民工对于"单位制度不合理"的理解更多的是在于公司制度难以达到公正的绩效考核并进行公平的薪酬发放。更为重要的是，选择其中最重要的一项原因的结果显示，"感受到他人不公平对待"一项选择率为 17.8%，而其他选项均不足 10%。所以农民工的反生产行为主要原因是其所遭受的雇佣歧视。雇佣歧视不仅会侵害农民工群体的利益，妨碍经济社会的公平公正，更甚者会使得农民工采取破坏性手段进行发泄和报复，导致人力和物资浪费以及引发劳资冲突。

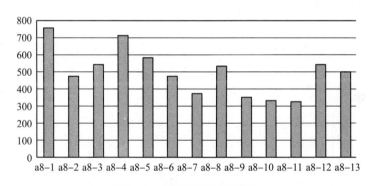

图 5-2　反生产行为原因统计

5.3　雇佣歧视调查结果

　　通过以往农民工劳动场所歧视现象的文献回顾以及深度访谈结果，设置了雇佣歧视类型题目及其 9 个题项，依次是性别、年龄、相貌、疾病、农村户口、婚姻状况、受教育程度、工作经验及其他。此选择题目设置为多项选择，并在最后用突出字体指导受访者选择出最为常见和严重的雇佣歧视类型。

雇佣歧视描述性调查运用的是 2013 年 12 月 ~ 2014 年 4 月间回收的第一批有效问卷 1 514 份。多项选择的统计结果如图 5 - 3 所示,其中较为突出的包括受教育程度、农村户口、工作经验、年龄及性别,而婚姻状况与相貌则相对影响较小。从雇佣歧视类型的结构可以看出目前农民工的受教育程度仍然较低,因此,在劳动力市场中的竞争力较小,容易因学历而被拒之门外或减少升迁的机会。同时,二元户籍制度的长期影响仍然是农民工权利受到侵害的重要来源。进一步地,最为普遍的雇佣歧视类型百分比统计结果如图 5 - 4 所示,结果与多项选择时的结果基本趋同。"受教育程度"代表的学历歧视仍然是最为严重的,这表示农民工普遍学历较低,限制了他们的工作范围和工作类型;"工作经验"在实践中被多数企业和用工单位所看重,特别是对于学历程度处于劣势的农民工要求更加严格;"农村户口"代表的户籍歧视与工作经验歧视仅次于学历歧视,在农民工务工过程中也是相当普遍和严峻的。

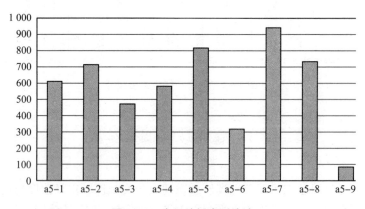

图 5 - 3　雇佣歧视类型统计

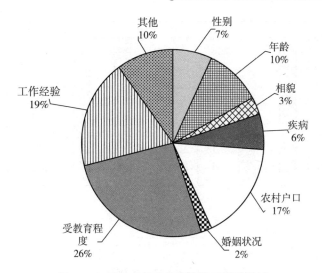

图 5 - 4　最普遍的雇佣歧视类型单选统计

　　通过频数和百分比的双重数据显示，雇佣歧视现象非常普遍并且歧视类型也相对集中。具体的雇佣歧视表现形式如图 5 - 5 所示，问卷中描述的 8 种不公平现象的选择人数基本都超半数，也就是说，超过 1/2 的人同时感受到这些不公平的对待。这 8 种表现按统计频数由多到少依次是"很难找到高薪稳定的工作"、"缴纳因办理暂住证等产生的费用"、"在单位，我升职的机会很少"、"我难以融入城市人的圈子"、"招聘时，因为是农村户口而受到拒绝和排挤"、"在单位，我的社会保险没有城市工多"、"因为农村户口而失去培训的机会"、"干同样的工作，我的工资待遇比城市工低"。从以上信息可以看出，目前农民工很难像城市工人那样拥有稳定工作、升职机会也很小，而且还需要支付额外的暂住证、健康证等费用。另外，农民工这种选择也是他们真实需求的表现，他们渴望能够融入城市，希望拥有城市工人一样的权利，而现实却让农民工与城市工人的差距不断扩大，导致他们不公平感非常强烈。

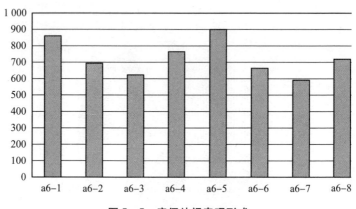

图5-5 雇佣歧视表现形式

5.4 信度与效度分析

判断量表质量的好坏主要是通过信度与效度两个指标来实现。本书研究采用的量表大都是国外权威学者曾经开发或使用的量表，并且有些量表曾被许多学者加以引用，因此，在理论上应该具有较好的信度与效度。但是，本书研究在设计量表过程中，根据农民工深度访谈的实际情况对其进行了微调，因此，仍然有必要对微调后的量表进行信度与效度检验。

5.4.1 信度分析

1. 反生产行为量表信度分析。反生产行为量表的信度分析结果如表5-9所示。从表5-9中可知反生产行为的 Cronbach's α 值为0.945，大于0.7，而且其各个维度，即组织偏差行为（0.911）、人际偏差行为（0.895）的 Cronbach's α 值也均大于0.7，且都已经达到了0.8以上，说明反生产行为量表及其维度分量表均具有很好的信度。信度分析的结果表明量表中的题项均具有相当高的内部一致性。由此得出，反生产行为量表信度符合本书研究对量表信度的要求，予以采用。

表 5 - 9　　　　　　　　　反生产行为量表的信度分析

构念	维度	题项	维度 Cronbach's α	构念 Cronbach's α
反生产行为	组织偏差行为	FS1 - FS12	0.911	0.945
	人际偏差行为	FS13 - FS19	0.895	

2. 雇佣歧视量表信度分析。雇佣歧视量表的信度分析结果如表 5 - 10 所示。从表 5 - 10 中可知，雇佣歧视的 Cronbach's α 值为 0.822，大于 0.7，说明雇佣歧视量表具有很好的信度。信度分析的结果表明量表具有很高的一致性和稳定性。由此得出，雇佣歧视量表信度符合本书研究对量表信度的要求，予以采用。

表 5 - 10　　　　　　　　雇佣歧视量表的信度分析

构念	题项	构念 Cronbach's α
雇佣歧视	GY1 - GY9	0.822

3. 消极情绪量表信度分析。消极情绪量表的信度分析结果如表 5 - 11 所示。从表 5 - 11 中可知，消极情绪的 Cronbach's α 值为 0.807，大于 0.7，说明消极情绪量表具有很好的信度，具有相当高的内部一致性。由此得出，消极情绪量表信度符合本书研究对量表信度的要求，予以采用。

表 5 - 11　　　　　　　　消极情绪量表的信度分析

构念	题项	构念 Cronbach's α
消极情绪	XJI - XJ9	0.807

4. 组织间竞争量表信度分析。组织间竞争量表的信度分析结果如表5－12所示。从表5－12中可知，组织间竞争的 Cronbach's α 值为0.783，大于0.7，说明组织间竞争量表具有很高的信度。信度分析的结果表明量表具有很高的内部一致性。由此得出，组织间竞争量表信度符合本书研究对量表信度的要求，予以采用。

表5－12　　　　　　　　组织间竞争量表的信度分析

构念	题项	构念 Cronbach's α
组织间竞争	JZ1 – JZ6	0.783

5. 组织声誉量表信度分析。组织声誉量表的信度分析结果如表5－13所示。从表5－13中可知，组织声誉的 Cronbach's α 值为0.634，接近0.7，所以组织声誉量表信度是可以接受的，符合本书研究对量表信度的要求，予以采用。

表5－13　　　　　　　　组织声誉量表的信度分析

构念	题项	构念 Cronbach's α
组织声誉	SY1 – SY6	0.634

6. 组织限制量表信度分析。组织限制量表的信度分析结果如表5－14所示。从表5－14中可知，组织限制的 Cronbach's α 值为0.840，大于0.7，说明组织限制量表具有很好的信度，符合本书研究对量表信度的要求，予以采用。

表5－14　　　　　　　　组织限制量表的信度分析

构念	题项	构念 Cronbach's α
组织限制	XZ1 – XZ11	0.840

7. 工作特征量表信度分析。工作特征量表的信度分析结果如表5-15所示。从表5-15中可知工作特征的Cronbach's α值为0.768，大于0.7，而且其各个维度，即技能多样性（0.522）、任务完整性（0.501）、任务重要性（0.518）、工作自主性（0.500）、工作反馈性（0.533）的Cronbach's α值虽然没有大于0.7，但也均达到了0.5以上，量表的信度还是可以接受的（Cuieford，1965；Nunnally，1978）。由此得出，工作特征量表信度符合本书研究对量表信度的要求，予以采用。

表5-15 　　　　　　　　**工作特征量表的信度分析**

构念	维度	题项	维度 Cronbach's α	构念 Cronbach's α
工作特征	技能多样性	TZ1、TZ6、TZ11	0.522	0.768
	任务完整性	TZ2、TZ7、TZ12	0.501	
	任务重要性	TZ3、TZ8、TZ13	0.518	
	工作自主性	TZ4、TZ9、TZ14	0.500	
	工作反馈性	TZ5、TZ10、TZ15	0.533	

8. 不当督导量表信度分析。不当督导量表的信度分析结果如表5-16所示。从表5-16中可知，不当督导的Cronbach's α值为0.857，大于0.7，说明不当督导量表具有很好的信度，符合本书研究对量表信度的要求，予以采用。

表5-16 　　　　　　　　**不当督导量表的信度分析**

构念	题项	构念 Cronbach's α
不当督导	BD1 - BD5	0.857

9. 自我监控量表信度分析。自我监控量表的信度分析结果如表5-17所示。从表5-17中可知，自我监控的Cronbach's α值为

0.552，虽然小于0.7，但是Cronbach's α值不低于0.5，量表的信度还是可以接受的（Cuieford，1965；Nunnally，1978），所以自我监控量表符合本书研究对量表信度的要求，予以采用。

表5-17 自我监控量表的信度分析

构念	题项	构念 Cronbach's α
自我监控	JK1-JK18	0.552

10. 自尊量表信度分析。自尊量表的信度分析结果如表5-18所示。从表5-18中可知，自尊的Cronbach's α值为0.732，大于0.7，说明自尊量表具有很好的信度，符合本书研究对量表信度的要求，予以采用。

表5-18 自尊量表的信度分析

构念	题项	构念 Cronbach's α
自尊	ZZ1-ZZ7	0.732

11. 人际冲突量表信度分析。人际冲突量表的信度分析结果如表5-19所示。从表5-19中可知人际冲突的Cronbach's α值为0.744，大于0.7，说明人际冲突量表具有很好的信度。信度分析的结果表明量表具有相当高的内部一致性。由此得出，人际冲突量表信度符合本书研究对量表信度的要求，予以采用。

表5-19 人际冲突量表的信度分析

构念	题项	构念 Cronbach's α
人际冲突	RJ1-RJ4	0.744

12. 工作满意度量表信度分析。工作满意度量表的信度分析结果如表 5 – 20 所示。从表 5 – 20 中可知，工作满意度的 Cronbach's α 值为 0.649，接近 0.7，所以工作满意度量表信度是可以接受的，符合本书研究对量表信度的要求，予以采用。

表 5 – 20　　　　　　　工作满意度量表的信度分析

构念	题项	构念 Cronbach's α
工作满意度	MY1 – MY5	0.649

13. 自开发雇佣歧视量表信度分析。自开发雇佣歧视量表的信度分析结果如表 5 – 21 所示。从表 5 – 21 中可知自开发雇佣歧视的 Cronbach's α 值为 0.823，大于 0.7，而且在四个维度中，户籍歧视（0.771）和统计性歧视（0.705）的 Cronbach's α 值也均大于 0.7，自然属性歧视（0.650）和社会保障歧视（0.655）均接近 0.7，说明自开发雇佣歧视量表及其维度分量表信度较好。信度分析的结果表明量表中的题项均具有比较高的内部一致性。由此得出，自开发雇佣歧视量表信度符合本书研究对量表信度的要求，予以采用。

表 5 – 21　　　　　　　自开发雇佣歧视量表的信度分析

构念	维度	题项	维度 Cronbach's α	构念 Cronbach's α
雇佣歧视	自然属性歧视	ZR1 – ZR3	0.650	0.823
	统计性歧视	TJ1 – TJ3	0.705	
	户籍歧视	HJ1 – HJ3	0.771	
	社会保障歧视	BZ1 – BZ3	0.655	

5.4.2 效度分析

1. 反生产行为量表效度分析。对测量反生产行为量表的题项进行验证性因子分析，由此得出量表中各个测量维度的标准化因子载荷数值，进而计算出组合信度 CR 以及 AVE 值，反生产行为量表的验证性因子分析结果如表 5 - 22 所示。从表 5 - 22 中可知，反生产行为（0.939）及维度（组织偏差行为 CR 值为 0.92；人际偏差 CR 值为 0.92）的复合信度 CR 值均在 0.9 以上，远远高于 0.70，且组织偏差行为与人际偏差行为的 AVE 值分别为 0.51 和 0.62，均高于 0.50。说明反生产行为量表具有很好的收敛效度。

表 5 - 22　　　　反生产行为量表的验证性因子分析结果

构念	测量维度	题项	CR	AVE
反生产行为	组织偏差行为	FS1 - FS12	0.92	0.51
	人际偏差行为	FS13 - FS19	0.92	0.62

对反生产行为判别效度的检验，如表 5 - 35 所示。表 5 - 35 中数据显示了反生产行为的 AVE 值平方根（0.742）以及各个构念之间的相关系数值。通过比较可以得出，各个构念 AVE 值平方根均大于其所在的行与列的相关系数值。由此可知，本书研究中采用的反生产行为量表具有很好的判别效度。

2. 雇佣歧视量表效度分析。对测量雇佣歧视量表的题项进行验证性因子分析，由此得出量表中各个题项的标准化因子载荷数值，进而计算出组合信度 CR 以及 AVE 值，雇佣歧视量表的验证性因子分析结果如表 5 - 23 所示。从表 5 - 23 中可知，雇佣歧视的复合信度 CR 值为 0.905，远高于 0.70，且 AVE 值为 0.516，高于 0.50。说明雇佣歧视量表具有很好的收敛效度。

表 5 -23　　　　　　　雇佣歧视量表的验证性因子分析结果

构念	题项	CR	AVE
雇佣歧视	GY1 – GY9	0.905	0.516

对雇佣歧视判别效度的检验结果，如表 5 – 35 所示。表 5 – 35 中数据显示了雇佣歧视的 AVE 值平方根 (0.718) 以及各个构念之间的相关系数值。通过比较可以得出，各个构念 AVE 值平方根均大于其所在的行与列的相关系数值。因此，本书研究中采用的雇佣歧视量表具有很好的判别效度。

3. 消极情绪量表效度分析。对测量消极情绪量表的题项进行验证性因子分析，由此得出量表中各个题项的标准化因子载荷数值，进而计算出组合信度 CR 以及 AVE 值，消极情绪量表的验证性因子分析结果如表 5 – 24 所示。从表中可知，消极情绪的复合信度 CR 值为 0.890，高于 0.70，且 AVE 值为 0.670，高于 0.50。说明消极情绪量表具有很好的收敛效度。

表 5 – 24　　　　　　消极情绪量表的验证性因子分析结果

构念	题项	CR	AVE
消极情绪	XJ1 – XJ9	0.890	0.670

对消极情绪判别效度的检验结果，如表 5 – 35 所示。表 5 – 35 中数据显示了消极情绪的 AVE 值平方根 (0.819) 以及各个构念之间的相关系数值。通过比较可以得出，各个构念 AVE 值平方根均大于其所在的行与列的相关系数值。因此，本书研究中采用的消极情绪量表具有很好的判别效度。

4. 组织间竞争量表效度分析。对测量组织间竞争量表的题项进行验证性因子分析，由此得出量表中各个题项的标准化因子载荷数值，进而计算出组合信度 CR 以及 AVE 值，组织间竞争量表的验证性因子分析结果如表 5 – 25 所示。从表 5 – 25 中可知，组织间竞争的复合信度 CR 值为 0.890，高于 0.70，且 AVE 值为 0.670，高于 0.50。说明组织间竞争量表具有很好的收敛效度。

表 5 - 25 　　　　　组织间竞争量表的验证性因子分析结果

构念	题项	CR	AVE
组织间竞争	JZ1 - JZ6	0.847	0.580

对组织间竞争判别效度的检验结果，如表 5 - 35 所示。表 5 - 35 中数据显示了组织间竞争的 AVE 值平方根（0.762）以及各个构念之间的相关系数值。通过比较可以得出，各个构念 AVE 值平方根均大于其所在的行与列的相关系数值。因此，本书研究中采用的组织间竞争量表具有很好的判别效度。

5. 组织声誉量表效度分析。对测量组织声誉量表的题项进行验证性因子分析，由此得出量表中各个题项的标准化因子载荷数值，进而计算出组合信度 CR 以及 AVE 值，组织声誉量表的验证性因子分析结果如表 5 - 26 所示。从表 5 - 26 中可知，组织声誉的复合信度 CR 值为 0.910，高于 0.70，且 AVE 值为 0.620，高于 0.50。说明组织声誉量表具有很好的收敛效度。

表 5 - 26 　　　　　组织声誉量表的验证性因子分析结果

构念	题项	CR	AVE
组织声誉	SY1 - SY6	0.910	0.620

对组织声誉判别效度的检验结果，如表 5 - 35 所示。表 5 - 35 中数据显示了组织声誉的 AVE 值平方根（0.787）以及各个构念之间的相关系数值。通过比较可以得出，各个构念 AVE 值平方根均大于其所在的行与列的相关系数值。因此，本书研究中采用的组织声誉量表具有很好的判别效度。

6. 组织限制量表效度分析。对测量组织限制量表的题项进行验证性因子分析，由此得出量表中各个题项的标准化因子载荷数值，进而计算出组合信度 CR 以及 AVE 值，组织限制量表的验证性因子分析结果如表 5 – 27 所示。从表 5 – 27 中可知，组织限制的复合信度 CR 值为 0.880，高于 0.70，且 AVE 值为 0.610，高于0.50。说明组织限制量表具有很好的收敛效度。

表 5 – 27　　　　组织限制量表的验证性因子分析结果

构念	题项	CR	AVE
组织限制	XZ1 – XZ11	0.880	0.610

对组织限制判别效度的检验结果，如表 5 – 35 所示。表 5 – 35 中数据显示了组织限制的 AVE 值平方根（0.781）以及各个构念之间的相关系数值。通过比较可以得出，各个构念 AVE 值平方根均大于其所在的行与列的相关系数值。因此，本书研究中采用的组织限制量表具有很好的判别效度。

7. 工作特征量表效度分析。对测量工作特征量表的题项进行验证性因子分析，由此得出量表中各个测量维度的标准化因子载荷数值，进而计算出组合信度 CR 以及 AVE 值，工作特征量表的验证性因子分析结果如表 5 – 28 所示。从表 5 – 28 中可知，工作特征（0.880）及各维度的复合信度 CR 值均高于 0.70，且工作特征（0.530）及各维度的 AVE 值，均高于 0.50。说明工作特征量表具有很好的收敛效度。

表 5 – 28　　　　工作特征量表的验证性因子分析结果

构念	维度	题项	CR	AVE
工作特征	技能多样性	TZ1、TZ6、TZ11	0.800	0.570
	任务完整性	TZ2、TZ7、TZ12	0.750	0.510
	任务重要性	TZ3、TZ8、TZ13	0.770	0.530
	工作自主性	TZ4、TZ9、TZ14	0.740	0.560
	工作反馈性	TZ5、TZ10、TZ15	0.730	0.580

对工作特征判别效度的检验，如表 5 – 35 所示。表 5 – 35 中数据显示了工作特征的 AVE 值平方根（0.728）以及各个构念之间的相关系数值。通过比较可以得出，各个构念 AVE 值平方根均大于其所在的行与列的相关系数值。由此可知，本书研究中采用的工作特征量表具有很好的判别效度。

8. 不当督导量表效度分析。对测量不当督导量表的题项进行验证性因子分析，由此得出量表中各个题项的标准化因子载荷数值，进而计算出组合信度 CR 以及 AVE 值，不当督导量表的验证性因子分析结果如表 5 – 29 所示。从表 5 – 29 中可知，不当督导的复合信度 CR 值为 0.898，高于 0.70，且 AVE 值为 0.638，高于 0.50。说明不当督导量表具有很好的收敛效度。

表 5 – 29 　　　　　　不当督导量表的验证性因子分析结果

构念	题项	CR	AVE
不当督导	BD1 – BD5	0.898	0.638

对不当督导判别效度的检验结果，如表 5 – 35 所示。表 5 – 35 中数据显示了不当督导的 AVE 值平方根（0.799）以及各个构念之间的相关系数值。通过比较可以得出，各个构念 AVE 值平方根均大于其所在的行与列的相关系数值。因此，本书研究中采用的不当督导量表具有很好的判别效度。

9. 自我监控量表效度分析。对测量自我监控量表的题项进行验证性因子分析，由此得出量表中各个题项的标准化因子载荷数值，进而计算出组合信度 CR 以及 AVE 值，自我监控量表的验证性因子分析结果如表 5 – 30 所示。从表 5 – 30 中可知，自我监控的复合信度 CR 值为 0.930，高于 0.70，且 AVE 值为 0.570，高于 0.50。说明自我监控量表具有很好的收敛效度。

表 5 – 30　　　　自我监控量表的验证性因子分析结果

构念	题项	CR	AVE
自我监控	JK1 – JK18	0.930	0.570

对自我监控判别效度的检验结果，如表 5 – 35 所示。表 5 – 35 中数据显示了自我监控的 AVE 值平方根（0.755）以及各个构念之间的相关系数值。通过比较可以得出，各个构念 AVE 值平方根均大于其所在的行与列的相关系数值。因此，本书研究中采用的自我监控量表具有很好的判别效度。

10. 自尊量表效度分析。对测量自尊量表的题项进行验证性因子分析，由此得出量表中各个题项的标准化因子载荷数值，进而计算出组合信度 CR 以及 AVE 值，自尊量表的验证性因子分析结果如表 5 – 31 所示。从表 5 – 31 中可知，自尊的复合信度 CR 值达到了 0.930，高于 0.70，且 AVE 值为 0.650，高于 0.50。说明自尊量表具有很好的收敛效度。

表 5 – 31　　　　自尊量表的验证性因子分析结果

构念	题项	CR	AVE
自尊	ZZ1 – ZZ7	0.930	0.650

对自尊判别效度的检验结果，如表 5 – 35 所示。表 5 – 35 中数据显示了自尊的 AVE 值平方根（0.938）以及各个构念之间的相关系数值。通过比较可以得出，各个构念 AVE 值平方根均大于其所在的行与列的相关系数值。因此，本书研究中采用的自尊量表具有很好的判别效度。

11. 人际冲突量表效度分析。对测量人际冲突量表的题项进行验证性因子分析，由此得出量表中各个题项的标准化因子载荷数值，进而计算出组合信度 CR 以及 AVE 值，人际冲突量表的验证性因子分析结果如表 5 – 32 所示。从表 5 – 32 中可知，人际冲突的复合信度 CR 为 0.840，高于 0.70，且 AVE 值为 0.530，高于 0.50。说明人际冲突量表具有很好的收敛效度。

表 5 - 32 人际冲突量表的验证性因子分析结果

构念	题项	CR	AVE
人际冲突	RJ1 – RJ4	0.840	0.530

对人际冲突判别效度的检验结果，如表 5 – 35 所示。表 5 – 35 中数据显示了人际冲突的 AVE 值平方根（0.728）以及各个构念之间的相关系数值。通过比较可以得出，各个构念 AVE 值平方根均大于其所在的行与列的相关系数值。因此，本书研究中采用的人际冲突量表具有很好的判别效度。

12. 工作满意度量表效度分析。对测量工作满意度量表的题项进行验证性因子分析，由此得出量表中各个题项的标准化因子载荷数值，进而计算出组合信度 CR 以及 AVE 值，工作满意度量表的验证性因子分析结果如表 5 – 33 所示。从表 5 – 33 中可知，工作满意度的复合信度 CR 为 0.904，高于 0.70，且 AVE 值为 0.660，高于 0.50。说明工作满意度量表具有很好的收敛效度。

表 5 - 33 工作满意度量表的验证性因子分析结果

构念	题项	CR	AVE
工作满意度	MY1 – MY5	0.904	0.660

对工作满意度判别效度的检验结果，如表 5 – 35 所示。表 5 – 35 中数据显示了工作满意度的 AVE 值平方根（0.812）以及各个构念之间的相关系数值。通过比较可以得出，各个构念 AVE 值平方根均大于其所在的行与列的相关系数值。因此，本书研究中采用的工作满意度量表具有很好的判别效度。

13. 自开发雇佣歧视量表效度分析。对测量自开发雇佣歧视量表的题项进行验证性因子分析，由此得出量表中各个测量维度的标准化因子载荷数值，进而计算出组合信度 CR 以及 AVE 值，自开发雇佣歧视量表的验证性因子分析结果如表 5 - 34 所示。从表5 - 34 中可知，自开发雇佣歧视的复合信度（0.920）及维度的复合信度 CR 值均高于 0.70，且四个维度的 AVE 值分均高于 0.50。说明自开发雇佣歧视量表具有很好的收敛效度。

表 5 - 34　　　　自开发雇佣歧视量表的验证性因子分析结果

构念	测量维度	题项	CR	AVE
雇佣歧视	自然属性歧视	ZR1 - ZR3	0.810	0.590
	统计性歧视	TJ1 - TJ3	0.836	0.629
	户籍歧视	HJ1 - HJ3	0.868	0.687
	社会保障歧视	BZ1 - BZ3	0.810	0.590

对自开发雇佣歧视判别效度的检验，如表 5 - 35 所示。表 5 - 35 中数据显示了自开发雇佣歧视的 AVE 值平方根（0.742）以及各个构念之间的相关系数值。通过比较可以得出，各个构念 AVE 值平方根均大于其所在的行与列的相关系数值。由此可知，本书研究中采用的自开发雇佣歧视量表具有很好的判别效度。

表 5 - 35　　　　量表的判别效度检验

	Mbd	Mfs	Mgy	Mjk	Mjz	Mmy	Mrj	Msy	Mtz	Mxj	Mxz	Mzz	Mgyz
Mbd	0.799												
Mfs	0.429**	0.721											
Mgy	0.346**	0.384**	0.718										
Mjk	0	0.124**	-0.056	0.754									
Mjz	0.055	-0.155**	0.142**	-0.085**	0.762								
Mmy	0.032	0.02	0.038	-0.085**	0.483**	0.812							
Mrj	0.338**	0.490**	0.566**	0.034	0.051	0.067*	0.728						
Msy	0.269**	0.192**	0.187**	-0.028	0.276**	0.351**	0.176**	0.787					
Mtz	0.031	0.104**	-0.054	0.053	0.245**	0.386**	0.013	0.214**	0.728				
Mxj	0.458**	0.309**	0.421**	-0.057	0.236**	0.138**	0.381**	0.331**	-0.059*	0.819			
Mxz	0.442**	0.379**	0.394**	-0.033	0.227**	0.173**	0.387**	0.303**	0.042	0.611**	0.781		
Mzz	-0.222**	-0.393**	-0.110**	-0.159**	0.412**	0.304**	-0.145**	0.137**	0.238**	-0.064*	-0.060*	0.938	
Mgyz	0.409**	0.972**	0.382**	0.139**	-0.153**	0.027	0.500**	0.198**	0.099**	0.304**	0.365**	-0.371**	0.742

5.5　假 设 检 验

5.5.1　雇佣歧视对反生产行为直接影响的检验

将雇佣歧视作为自变量，反生产行为作为因变量，进行回归分析，分析结果如表 5 – 36 所示。Adj. R^2 的值是 0.247，说明雇佣歧视总共可以解释农民工反生产行为整体 24.7% 的差异，并且 F 值在 0.01 的水平下显著，同时，经过回归变量对回归方程的显著性进行检验，得到雇佣歧视的 Sig. 值为 0.000，小于 0.05，因此得出雇佣歧视对员工反生产行为有直接显著影响。又因为回归系数 β 的值为 0.403，大于 0，得出雇佣歧视对员工反生产行为有直接显著的正向影响，即假设 H1 成立。

表 5 – 36　　　　　　雇佣歧视与反生产行为的回归分析

Model	非标准化系数		标准化系数	T 值	Sig.	Adj. R^2	F 值
	B	标准误差	Beta 值				
常数项	0.963	0.135		7.124	0.000		
雇佣歧视	0.416	0.027	0.403	15.382	0.000	0.247	47.108

注：因变量为反生产行为。

5.5.2　消极情绪在雇佣歧视与反生产行为关系间的中介作用检验

1. 雇佣歧视与消极情绪。将雇佣歧视作为自变量，消极情绪作为因变量，利用回归变量对方程的显著性进行检验。如表 5 – 37 结果显示，Sig. 值为 0.000，小于 0.05，可知雇佣歧视对农民工的消极情绪有显著影响，且由于雇佣歧视的回归系数 β 值为 0.415，大于 0，因此，可得雇佣歧视对消极情绪有直接显著的正向影响，即假设 H2 成立。

表 5－37 雇佣歧视与消极情绪的回归分析

Model	非标准化系数		标准化系数	T 值	Sig.	Adj. R²	F 值
	B	标准误差	Beta 值				
常数项	1.957	0.130		15.090	0.000		
雇佣歧视	0.394	0.026	0.415	15.178	0.000	0.180	31.857

注：因变量为消极情绪。

2. 消极情绪与反生产行为。将消极情绪作为自变量，反生产行为作为因变量，进行回归检验。具体结果如表 5－38 所示。结果显示，Adj. R² 为 0.184，说明消极情绪总共解释农民工反生产行为整体 18.4% 的变异，同时 F 值在 0.01 的水平下显著。经过回归变量对方程的显著性进行检验，得到 Sig. 值是 0.000，小于 0.05，由此得出消极情绪对反生产行为有显著影响。又因为回归系数 β 值为 0.313，大于 0，因此，消极情绪对反生产行为有直接显著的正向影响，即假设 H3 成立。

表 5－38 消极情绪与反生产行为的回归分析

Model	非标准化系数		标准化系数	T 值	Sig.	Adj. R²	F 值
	B	标准误差	Beta 值				
常数项	1.138	0.146		7.795	0.000		
消极情绪	0.340	0.030	0.313	11.500	0.000	0.184	32.712

注：因变量为反生产行为。

3. 消极情绪的中介作用。依据 Baron & Kenny（1986）的研究，中介效应的检验应满足四个条件：（1）自变量的变化可以显著地影响中介变量和因变量的变化；（2）中介变量的变化能够显著地影响因变量的变化；（3）当中介变量与自变量、因变量同时做回归后，如果自变量对因变量的影响程度不显著时，说明中介变量对自变量和因变量的作用是完全中介作用；如果自变量对因变量的影响减弱，但结果仍然显著，则说明中介变量在自变量和因变量之间起到部分中介作用。

根据表 5 – 39 可得，第 1、第 2 项检验说明判断中介作用的上述条件一得到满足；根据第 3 项检验说明判断中介作用的条件二得到满足；第 4 项检验表明，当以反生产行为作为因变量、以雇佣歧视和消极情绪同时作为自变量进行了二元回归，雇佣歧视对反生产行为的回归系数为 0.330，显著小于第 1 项检验结果中雇佣歧视对反生产行为的回归系数 0.403，且显著性水平 Sig. 值为 0.000 小于 0.05，因此，可以判定消极情绪在农民工的户籍歧视与反生产行为之间具有部分中介作用，即本书研究的假设 H4 成立。

表 5 – 39　　　　　　消极情绪中介作用的回归分析

序号	自变量	因变量	回归系数	Sig.
1	雇佣歧视	反生产行为	0.403	0.000
2	雇佣歧视	消极情绪	0.415	0.000
3	消极情绪	反生产行为	0.313	0.000
4	雇佣歧视 消极情绪	反生产行为	0.330 0.177	0.000 0.004

5.5.3　雇佣歧视与消极情绪关系间的调节作用检验

1. 组织间竞争的调节作用检验。本书中将雇佣歧作为自变量、消极情绪作为因变量，组织间竞争作为调节变量，进行模型 JZ1、模型 JZ2 两次回归分析，分析结果如表 5 – 40 所示。通过对两模型的数据检验，第一次回归模型中的 R^2 值为 0.219，第二次回归模

型中的 R^2 值为 0.223,比较两次回归模型中的 R^2 值可得出 ΔR^2 值为 0.004。交互项的回归系数 β 值为 -0.059,说明组织间竞争在农民工的雇佣歧视与消极情绪之间没有起到调节作用,所以假设 H5 不成立。

表 5 – 40　　　　　　　　组织间竞争的调节作用检验

	模型 JZ1		模型 JZ2	
	消极情绪		消极情绪	
	B	t	B	t
雇佣歧视	0.390 ***	14.411	0.400 ***	14.635
组织间竞争	0.184 ***	6.845	0.172 ***	6.159
雇佣歧视 × 组织间竞争			-0.059	-2.372
R^2	0.219		0.223	
调整 R^2	0.213		0.216	
ΔR^2			0.004	

注: *** 表示在 0.001 水平显著相关。

2. 组织声誉的调节作用检验。本节将验证组织声誉对农民工的雇佣歧视与消极情绪之间关系的调节作用,将雇佣歧视作为自变量,消极情绪作为因变量,组织声誉作为调节变量,进行回归分析,分析结果如表 5 – 41 所示。经过两次回归分析,由表 5 – 41 可知,第一次回归模型中的 R^2 值为 0.251,第二次回归模型中的 R^2 值为 0.255,比较两次回归模型中的 R^2 值,得出 ΔR^2 值为 0.004,在第 2 个模型中,交互项 "雇佣歧视 × 组织声誉" 的 t 值为 -2.385,又因为回归系数 β 值为 -0.057,且在 0.05 水平上显著,说明组织声誉对农民工的雇佣歧视与消极情绪之间关系存在负向调节作用,即假设 H6 成立。

表 5 – 41　　　　　　　　　　　组织声誉的调节作用检验

	模型 SY1		模型 SY2	
	消极情绪		消极情绪	
	B	t	B	t
雇佣歧视	0. 367 ***	13. 723	0. 374 ***	13. 927
组织声誉	0. 260 ***	9. 816	0. 244 ***	8. 941
雇佣歧视 × 组织声誉			− 0. 057 *	− 2. 385
R²	0. 251		0. 255	
调整 R²	0. 245		0. 248	
ΔR²			0. 004	

注：* 表示在 0.05 水平显著相关，*** 表示在 0.001 水平显著相关。

3. 不当督导的调节作用检验。将雇佣歧视作为自变量，消极情绪作为因变量，为了检验不当督导的调节作用，采用分层回归的方法进行检验。分析结果如表 5 – 42 所示。通过对两模型的数据检验，两次回归模型中的 ΔR^2 值为 0. 004，且在模型 BD2 中，交互项雇佣歧视 × 不当督导的 β 值为 0. 016，且在 0. 01 水平上显著，这说明不当督导在农民工雇佣歧视与消极情绪之间存在正向调节作用，即假设 H7 成立。

表 5 – 42　　　　　　　　　　　不当督导的调节作用检验

	模型 BD1		模型 BD2	
	消极情绪		消极情绪	
	B	t	B	t
雇佣歧视	0. 291 ***	10. 717	0. 292 ***	10. 725
不当督导	0. 357 ***	13. 112	0. 358 ***	13. 121
雇佣歧视 × 不当督导			0. 016 **	0. 678
R²	0. 295		0. 299	
调整 R²	0. 289		0. 293	
ΔR²			0. 004	

注：** 表示在 0.01 水平显著相关，*** 表示在 0.001 水平显著相关。

4. 工作特征的调节作用检验。为验证工作特征对农民工的雇佣歧视与消极情绪之间关系的调节作用，将雇佣歧视作为自变量，消极情绪作为因变量，工作特征作为调节变量，进行回归分析，分析结果如表 5-43 所示。经过两次回归分析，由表 5-43 可知，第一次回归模型中的 R^2 值为 0.186，第二次回归模型中的 R^2 值为 0.187，比较两次回归模型中的 R^2 值，得出 ΔR^2 值为 0.001，在第2 个模型中，交互项"雇佣歧视×工作特征"的回归系数 β 值为 -0.028，不显著，说明工作特征对农民工的雇佣歧视与消极情绪之间关系无调节作用，即假设 H8 不成立。

表 5-43　　　　　　　工作特征的调节作用检验

| | 模型 SY1 | | 模型 SY2 | |
| | 消极情绪 | | 消极情绪 | |
	B	t	B	t
雇佣歧视	0.414 ***	26.292	0.414 ***	26.271
工作特征	-0.038 *	-2.368	-0.041 *	-2.558
雇佣歧视×工作特征			-0.028	-1.798
R^2	0.186		0.187	
调整 R^2	0.184		0.185	
ΔR^2			0.001	

注：* 表示在 0.05 水平显著相关，*** 表示在 0.001 水平显著相关。

5.5.4　消极情绪与反生产行为关系间的调节作用检验

1. 组织限制的调节作用检验。本书以消极情绪为自变量，反生产行为为因变量，组织限制为调节变量，进行模型 XZ1、模型 XZ2 两次回归分析，分析结果如表 5-44 所示。通过对两模型的数据检验，组织限制对消极情绪存在显著作用，且比主效应增加了2% 的解释方差。交互项的回归系数 β 值为 0.038，大于 0，说明组织限制在农民工的消极情绪与反生产行为之间起到了显著的正向调节作用。对高组织限制的农民工而言，消极情绪对反生产行为的作用更强；反之较弱，即假设 H9 成立。

表 5 - 44　　　　　　　　组织限制的调节作用检验

	模型 XZ1		模型 XZ2	
	反生产行为		反生产行为	
	B	t	B	t
消极情绪	0.148 ***	4.450	0.142 ***	4.235
组织限制	0.272 ***	8.162	0.271 ***	8.144
消极情绪 × 组织限制			0.038 *	1.709
R^2	0.236		0.238	
调整 R^2	0.230		0.231	
ΔR^2			0.002	

注：* 表示在 0.05 水平显著相关，*** 表示在 0.001 水平显著相关。

2. 不当督导的调节作用检验。本书以消极情绪为自变量，反生产行为为因变量，不当督导为调节变量，进行模型 BD1、模型 BD2 两次回归分析，分析结果如表 5 - 45 所示。通过对两模型的数据检验，第一次回归模型中的 R^2 值为 0.273，第二次回归模型中的 R^2 值为 0.275，比较两次回归模型中的 R^2 值可得出 ΔR^2 值为 0.002。交互项的回归系数 β 值为 0.042，大于 0，说明不当督导在农民工的消极情绪与反生产行为之间起到了显著的正向调节作用，当不当督导程度越高时，消极情绪对反生产行为的影响越大。所以假设 H10 成立。

表 5 - 45　　　　　　　　不当督导的调节作用检验

	模型 BD1		模型 BD2	
	反生产行为		反生产行为	
	B	t	B	t
消极情绪	0.164 ***	5.665	0.157 ***	5.398
不当督导	0.327 ***	11.248	0.331 ***	11.358

续表

	模型 BD1		模型 BD2	
	反生产行为		反生产行为	
	B	t	B	t
消极情绪×不当督导			0.042*	1.851
R^2	0.273		0.275	
调整 R^2	0.267		0.268	
ΔR^2			0.002	

注：*表示在 0.05 水平显著相关，***表示在 0.001 水平显著相关。

5.5.5　雇佣歧视与反生产行为关系间的调节作用检验

1. 自尊的调节作用检验。本书将雇佣歧作为自变量，反生产行为作为因变量，自尊为调节变量，进行模型 ZZ1、模型 ZZ2 两次回归分析，分析结果如表 5-46 所示。通过对两模型的数据检验，第一次回归模型中的 R^2 值为 0.314，第二次回归模型中的 R^2 值为 0.347，比较两次回归模型中的 R^2 值可得出 ΔR^2 值为 0.033。交互项的回归系数 β 值为 -0.077，且显著，说明自尊在农民工的雇佣歧视与反生产行为之间起到了显著的负向调节作用，即对于高自尊的农民工而言，雇佣歧视对反生产行为的作用较弱；反之越强，假设 H11 成立。

表 5-46　　　　　　　　　自尊的调节作用检验

	模型 ZZ1		模型 ZZ2	
	反生产行为		反生产行为	
	B	t	B	t
雇佣歧视	0.368***	14.808	0.373***	15.078
自尊	-0.306***	-12.197	-0.325***	-12.704

续表

	模型 ZZ1		模型 ZZ2	
	反生产行为		反生产行为	
	B	t	B	t
雇佣歧视 × 自尊			− 0. 077 **	− 3. 402
R^2	0. 314		0. 347	
调整 R^2	0. 335		0. 342	
ΔR^2			0. 033	

注：** 表示在 0. 01 水平显著相关，*** 表示在 0. 001 水平显著相关。

2. 自我监控的调节作用检验。本书以雇佣歧视为自变量，反生产行为为因变量，自我监控为调节变量，进行模型 JK1、模型 JK2 两次回归分析，分析结果如表 5 - 47 所示。通过对两模型的数据检验，第一次回归模型中的 R^2 值为 0. 264，第二次回归模型中的 R^2 值为 0. 269，比较两次回归模型中的 R^2 值可得出 ΔR^2 值为 0. 005。交互项的回归系数 β 值为 − 0. 064，且显著，说明自我监控在农民工的雇佣歧视与反生产行为之间起到了显著的负向调节作用，自我监控水平越高，雇佣歧视对的反生产行为影响越弱，即假设 H12 成立。

表 5 - 47　　　　　　　　**自我监控的调节作用检验**

	模型 JK1		模型 JK2	
	反生产行为		反生产行为	
	B	t	B	t
雇佣歧视	0. 408 ***	15. 668	0. 412 ***	15. 826
自我监控	0. 109 ***	4. 173	0. 108 ***	4. 152
雇佣歧视 × 自我监控			− 0. 064 **	− 2. 62
R^2	0. 264		0. 269	
调整 R^2	0. 258		0. 262	
ΔR^2			0. 005	

注：*** 表示在 0. 001 水平显著相关，** 表示在 0. 01 水平显著相关。

5.5.6 工作满意度在雇佣歧视与反生产行为关系间的中介作用检验

1. 雇佣歧视与工作满意度。将雇佣歧视作为自变量，工作满意度作为因变量，进行回归分析，分析结果如表 5-48 所示。Adj. R^2 的值是 0.001，说明雇佣歧视总共可以解释农民工工作满意度整体 1% 的差异，同时 F 值在 0.01 的水平下不显著，经过回归变量对回归方程的显著性进行检验，得到雇佣歧视的 Sig. 值为 0.201，大于 0.05，因此得出雇佣歧视对农民工工作满意度没有直接显著影响。即假设 H13 不成立。

表 5-48 雇佣歧视与工作满意的回归分析

Model	非标准化系数		标准化系数	T 值	Sig.	Adj. R^2	F 值
	B	标准误差	Beta 值				
常数项	2.749	0.144		19.085	0.000		
雇佣歧视	0.037	0.029	0.039	1.280	0.201	0.001	1.163

注：因变量为工作满意度。

2. 工作满意度与反生产行为。将工作满意度作为自变量，反生产行为作为因变量，利用回归变量对方程的显著性进行检验，如表 5-49 所示。其结论为：Adj. R^2 的值是 0.088，说明雇佣歧视总共可以解释农民工工作满意度整体 8.8% 的差异，工作满意度的 Sig. 值为 0.381，大于 0.05，可知工作满意度对农民工的反生产行为无显著影响，即假设 H14 不成立。

表 5 – 49   工作满意度与反生产行为的回归分析

Model	非标准化系数		标准化系数	T 值	Sig.	Adj. R²	F 值
	B	标准误差	Beta 值				
常数项	2.126	0.148		14.316	0.000		
工作满意度	0.027	0.031	0.025	0.877	0.381	0.088	14.571

注：因变量为反生产行为。

3. 工作满意度的中介作用。以雇佣歧视为自变量，反生产行为为因变量做回归。如表 5 – 50 所示结果表明，显著性水平 Sig. 值小于 0.05，以雇佣歧视为自变量，中介变量工作满意度为因变量做回归。结果表明，显著性水平 Sig. 值大于 0.05，因此，判定中介作用的条件二不成立；以工作满意度为自变量，反生产行为为因变量做回归。结果表明，显著性水平 Sig. 值大于 0.05，因此，判定中介作用的条件三不成立；以雇佣歧视和工作满意度为自变量，反生产行为为因变量做二元回归。结果表明，工作满意度对反生产行为的回归系数为 0.010，且 Sig. 值大于 0.05，条件四不成立。综上，本书研究假设 H15 不成立。

表 5 – 50   工作满意度的中介作用分析

序号	自变量	因变量	回归系数	Sig.
1	雇佣歧视	反生产行为	0.403	0.000
2	雇佣歧视	工作满意度	0.039	0.201
3	工作满意度	反生产行为	0.025	0.381
4	雇佣歧视 工作满意度	反生产行为	0.403 0.010	0.000 0.707

5.5.7 人际冲突在雇佣歧视与反生产行为关系间的中介作用检验

1. 雇佣歧视与人际冲突。将雇佣歧视作为自变量，人际冲突作为因变量，进行回归分析，分析结果如表 5 – 51 所示。Adj. R^2 的值是 0.314，说明雇佣歧视总共可以解释农民工人际冲突整体 31.4% 的差异，并且 F 值在 0.01 的水平下显著，同时，经过回归变量对回归方程的显著性进行检验，得到雇佣歧视的 Sig. 值为 0.000，小于 0.05，因此，得出雇佣歧视对农民工人际冲突有直接显著影响。又因为回归系数 β 的值为 0.575，大于 0，得出雇佣歧视对农民工人际冲突有直接显著的正向影响，假设 H16 成立。

表 5 – 51　　　　　雇佣歧视与人际冲突的回归分析

Model	非标准化系数		标准化系数	T 值	Sig.	Adj. R^2	F 值
	B	标准误差	Beta 值				
常数项	0.800	0.120		6.670	0.000		
雇佣歧视	0.560	0.024	0.575	23.344	0.000	0.341	72.187

注：因变量为人际冲突。

2. 人际冲突与反生产行为。将人际冲突作为自变量，反生产行为作为因变量，利用回归变量对方程的显著性进行检验，如表 5 – 52 所示，其结论为：人际冲突的 Sig. 值为 0.000，小于 0.05，可知人际冲突对农民工的反生产行为有显著影响，Adj. R^2 的值是 0.299，说明人际冲突总共可以解释农民工反生产行为整体 29.9% 的差异，且由于人际冲突的回归系数 β 值为 0.415，大于 0，因此，可得人际冲突对反生产行为有直接显著正向影响，假设 H17 成立。

表 5 – 52　　　　　人际冲突与反生产行为回归分析

Model	非标准化系数		标准化系数	T 值	Sig.	Adj. R^2	F 值
	B	标准误差	Beta 值				
常数项	0.995	0.124		8.044	0.000		
人际冲突	0.489	0.027	0.462	18.313	0.000	0.299	60.734

注：因变量为反生产行为。

3. 人际冲突的中介作用。根据表 5 – 53 可得，第 1、第 2 项检验说明判断中介作用的条件一得到满足；根据第 3 项检验说明判断中介作用的条件二得到满足；第 4 项检验表明，当以反生产行为作为因变量、以雇佣歧视和人际冲突同时作为自变量进行了二元回归，雇佣歧视对反生产行为的回归系数为 0.205，显著小于第 1 项检验结果中雇佣歧视对反生产行为的回归系数 0.403，且显著性水平 Sig. 值为 0.000 小于 0.05，因此可以判定人际冲突在农民工的雇佣歧视与反生产行为之间具有部分中介作用，即假设 H18 成立。

表 5 –53　　　　　　　　人际冲突的中介作用分析

序号	自变量	因变量	回归系数	Sig.
1	雇佣歧视	反生产行为	0.403	0.000
2	雇佣歧视	人际冲突	0.575	0.000
3	人际冲突	反生产行为	0.462	0.000
4	雇佣歧视 人际冲突	反生产行为	0.205 0.345	0.000 0.000

5.6　雇佣歧视对反生产行为影响
趋势的时间函数模型

农民工遭遇雇佣歧视的现象在实践中普遍存在，但许多农民工选择沉默和逆来顺受，有的人则选择发泄不满与反抗。在访谈过程中我们发现，多数新生代农民工以及刚工作的年轻农民工与老一代农民工的行为反应存在较大的差异。由于生活时代与背景不同，刚刚开始打工的农民工对自己工作与生活的要求比上一代农民工更高，特别是对于公平与尊严的需求更多。所以为了探索不同的阶段雇佣歧视对反生产行为影响的差异及趋势，本书在文献回顾与深度访谈结果的基础上，运用农民工工作年限来测度不同的时期与阶段，并据此对未来新生代农民工的行为反应及作用机制做出预测和参照。

本书中以农民工的工作年限作为时间轴，工作年限较短的农民工群体数据结果作为短期模型，工作年限较长的农民工数据作为长期模型依据。由于收集的工作年限数据按年份进行统计，在3 000多份问卷中各个工作年限阶段的农民工基本都已涵盖。而且，在问卷下发时尽量接近随机抽样，基本能够避免脱离现实比例的问题。所以在进行数据处理时，将工作年限当做连续性变量进行处理。具体处理过程用公式可以表示为：

$$Y = \beta_0 + \beta_1 X_1 + \beta_2 t + \beta_3 X_1 t + e$$

当 $t = 0$ 时，可以表示为：

$$Y = \beta_0 + \beta_1 X_1 + e$$

当 $t = 1$ 时，可以表示为：

$$Y = \beta_0 + \beta_1 X_1 + \beta_2 + \beta_3 X_1 + e$$

……以此类推。

其中，Y 表示反生产行为，X 表示雇佣歧视，t 表示工作年限，β 为回归系数，e 为残差。当 t 取不同的值时，回归系数 β_1 至 β_3 的结果会存在差异。若线性回归中 β_3 的值通过显著性检验则可以说明参加工作时间不同的农民工在面对相同的雇佣歧视时选择反生产行为的趋势和可能性具有显著差异。根据雇佣歧视与工作年限的回收数据，将两列数据对反生产行为进行线性拟合，数据结果如表5 - 54 所示。结果表明，随着工作年限的增长，雇佣歧视对反生产行为的影响力逐渐减弱。

表5 - 54 工作年限的影响

	模型1 反生产行为		模型2 反生产行为	
	B	t	B	t
雇佣歧视	0.396 ***	14.277	0.396 ***	14.330

	模型 1		模型 2	
	反生产行为		反生产行为	
	B	t	B	t
工作年限	− 0.085 **	− 3.052	− 0.077 **	− 2.777
雇佣歧视 × 工作年限			− 0.073 **	− 2.657
R^2	0.155		0.160	
调整 R^2	0.153		0.158	
ΔR^2			0.005	

5.7 长三角、珠三角及东北地区的模型对比分析

从整体上看，农民工在面对雇佣歧视时不仅会直接引发他们的破坏行为，而且消极情绪在其中起到部分中介作用。但由于各地区的整体经济环境以及公司治理与人力资源管理方面存在较大差异，农民工所遭受雇佣歧视程度、消极情绪在其中的作用程度等都可能存在不同。所以本书中对农民工主要聚集地长三角、珠三角地区进行分别探讨，并与在东北地区务工的农民工进行对比，以期揭示在不同地区、不同经济与管理背景下雇佣歧视对反生产行为的影响机制存在何种差异，并对这些差异进行分析与解释。

1. 雇佣歧视与反生产行为。将雇佣歧视作为自变量，反生产行为作为因变量，进行回归分析，分析结果如表 5 – 55 所示。经过回归变量对回归方程的显著性进行检验，长三角地区回归系数 β 的值为 0.455，Adj. R^2 的值是 0.188，说明雇佣歧视总共可以解释农民工反生产行为整体 18.8% 的差异；珠三角地区回归系数 β 值为 0.252，Adj. R^2 的值是 0.111，说明雇佣歧视总共可以解释农民

工反生产行为整体 11.1% 的差异；东北地区回归系数 β 的值为 0.488，Adj. R^2 的值是 0.316，说明雇佣歧视总共可以解释农民工反生产行为整体 31.6% 的差异；其他地区回归系数 β 的值为 0.334，且四个地区雇佣歧视的 Sig. 值均显著。这说明雇佣歧视对反生产行为有正向影响。

表 5 - 55　　　　　　　雇佣歧视与反生产行为的回归分析

地区	Model	非标准化系数		标准化系数	T 值	Sig.	Adj. R^2	F 值
		B	标准误差	Beta 值				
长三角	常数项	0.602	0.428		1.406	0.162		
	雇佣歧视	0.482	0.078	0.455	6.189	0.000	0.188	6.809
珠三角	常数项	1.773	0.359		4.934	0.000		
	雇佣歧视	0.330	0.087	0.252	3.792	0.000	0.111	4.926
东北地区	常数项	0.710	0.096		7.428	0.000		
	雇佣歧视	0.509	0.020	0.488	25.121	0.000	0.316	125.330
其他地区	常数项	1.020	0.141		7.220	0.000		
	雇佣歧视	0.332	0.026	0.334	12.749	0.000	0.273	59.007

注：因变量为反生产行为。

2. 雇佣歧视与消极情绪。将雇佣歧视作为自变量，消极情绪作为因变量，利用回归变量对方程的显著性进行检验，如表 5 - 56 所示。其结论为：长三角地区雇佣歧视的回归系数 β 值为 0.458，且显著；珠三角和东北地区的回归系数 β 值分别为 0.413 和 0.411，Sig. 值为 0.000，显著；其他地区回归系数 β 值为 0.356，且显著。说明雇佣歧视对消极情绪有正向影响。

表 5 – 56　　　　　　　　雇佣歧视与消极情绪的回归分析

地区	Model	非标准化系数		标准化系数	T 值	Sig.	Adj. R²	F 值
		B	标准误差	Beta 值				
长三角	常数项	1.735	0.320		5.424	0.000		
	雇佣歧视	0.410	0.058	0.458	7.054	0.000	0.368	15.627
珠三角	常数项	2.130	0.285		7.485	0.000		
	雇佣歧视	0.470	0.069	0.413	6.832	0.000	0.266	12.413
东北地区	常数项	1.994	0.097		20.591	0.000		
	雇佣歧视	0.399	0.021	0.411	19.438	0.000	0.189	63.697
其他地区	常数项	1.977	0.138		14.289	0.000		
	雇佣歧视	0.318	0.025	0.356	12.486	0.000	0.137	25.602

注：因变量为消极情绪。

3. 消极情绪与反生产行为。将消极情绪视为自变量，反生产行为视为因变量进行回归检验。具体结果如表 5 – 57 所示。结果显示，长三角地区 Adj. R^2 为 0.113，说明消极情绪总共解释农民工反生产行为整体 11.3% 的变异，回归系数 β 值为 0.313，大于 0 且显著；珠三角地区 Adj. R^2 为 0.312，说明消极情绪总共解释农民工反生产行为整体 31.2% 的变异，回归系数 β 值为 0.514，大于 0 且显著；东北地区 Adj. R^2 为 0.187，说明消极情绪总共解释农民工反生产行为整体 18.7% 的变异，回归系数 β 值为 0.322，大于 0 且显著；其他地区回归系数 β 值为 0.285，大于 0 且显著。综上所述，农民工的消极情绪能正向影响反生产行为。

4. 消极情绪的中介作用。依据 Baron & Kenny（1986）的研究，中介效应的检验应满足四个条件：（1）自变量的变化可以显著地解释中介变量和因变量的变化；（2）中介变量的变化能够显著地解释因变量的变化；（3）当中介变量加入回归分析中后，如果自变量对因变量的影响程度变为零或不显著时，说明中介变量对自变量和因变量的作用是完全中介作用；如果自变量对因变量的影响只是减弱，但结果仍然很显著，这时说明中介变量对自变量和因变量的关系起到的是部分中介作用。

表5–57 消极情绪与反生产行为的回归分析

地区	Model	非标准化系数		标准化系数	T值	Sig.	Adj. R²	F值
		B	标准误差	Beta 值				
长三角	常数项	0.909	0.458		1.984	0.049		
	消极情绪	0.433	0.095	0.366	4.577	0.000	0.113	4.218
珠三角	常数项	0.555	0.334		1.663	0.098		
	消极情绪	0.620	0.069	0.514	9.020	0.000	0.312	15.337
东北地区	常数项	1.095	0.109		10.056	0.000		
	消极情绪	0.346	0.023	0.322	15.269	0.000	0.187	62.902
其他地区	常数项	1.116	0.147		7.584	0.000		
	消极情绪	0.316	0.030	0.285	10.672	0.000	0.243	50.721

注：因变量为反生产行为。

根据表5–58可得，在长三角地区，第1、第2项检验说明判断中介作用的上述条件一得到满足，根据第3项检验说明判断中介作用的条件二得到满足；第4项检验表明，当以反生产行为作为因变量、以雇佣歧视和消极情绪同时作为自变量进行了二元回归，雇佣歧视对反生产行为的回归系数为0.394，显著小于第1项检验结果中雇佣歧视对反生产行为的回归系数0.455，且显著性水平 Sig.值为0.000小于0.001，因此可以判定消极情绪在农民工的户籍歧视与反生产行为之间具有部分中介作用；而对于在珠三角地区，将消极情绪加入模型中后，雇佣歧视对反生产行为的影响变为不显著，这说明消极情绪在农民工的雇佣歧视与反生产行为之间具有完全中介作用；在东北地区，中介条件一、二都得到了满足，当以反生产行为作为因变量、以雇佣歧视和消极情绪同时作为自变量进行了二元回归，雇佣歧视对反生产行为的回归系数为0.446，小于第

1项检验结果中雇佣歧视对反生产行为的回归系数0.488，且显著性水平 Sig. 值为 0.000 小于 0.001，因此，可以判定消极情绪在农民工的户籍歧视与反生产行为之间具有部分中介作用；其他地区的检验结果也表明消极情绪在农民工的户籍歧视与反生产行为之间具有部分中介作用。

表 5 – 58　　　　　　　　消极情绪中介作用的回归分析

地区	序号	自变量	因变量	回归系数	Sig.
长三角	1	雇佣歧视	反生产行为	0.455	0.000
	2	雇佣歧视	消极情绪	0.458	0.000
	3	消极情绪	反生产行为	0.366	0.000
	4	雇佣歧视 消极情绪	反生产行为	0.394 0.214	0.000 0.037
珠三角	1	雇佣歧视	反生产行为	0.252	0.000
	2	雇佣歧视	消极情绪	0.413	0.000
	3	消极情绪	反生产行为	0.514	0.000
	4	雇佣歧视 消极情绪	反生产行为	0.046 0.603	0.586 0.000
东北地区	1	雇佣歧视	反生产行为	0.488	0.000
	2	雇佣歧视	消极情绪	0.411	0.000
	3	消极情绪	反生产行为	0.322	0.000
	4	雇佣歧视 消极情绪	反生产行为	0.446 0.159	0.000 0.000
其他地区	1	雇佣歧视	反生产行为	0.334	0.000
	2	雇佣歧视	消极情绪	0.356	0.000
	3	消极情绪	反生产行为	0.285	0.000
	4	雇佣歧视 消极情绪	反生产行为	0.264 0.211	0.000 0.004

从数据的对比结果可以看出，农民工雇佣歧视对反生产行为的影响越往北标准化系数越大，说明地理位置越往北的地区雇佣歧视

对反生产行为的影响力越大，但从中介作用来看，地理位置越往北，消极情绪的中介作用越弱，特别地，来自珠三角地区的数据表明消极情绪在雇佣歧视与反生产行为之间起到了完全中介作用。

5.8　研究结果与分析

本书针对农民工雇佣歧视对反生产行为的影响机制进行了探索，同时验证了宏观、组织、岗位和个人层次的调节变量在其影响机制中的作用，根据本书中的研究假设，现将假设结果汇总如表5-59所示。

表5-59　　　　　　　　　　　假设检验结果汇总

假设	假设描述	检验结果
H1	雇佣歧视对反生产行为具有正向影响	成立
H2	雇佣歧视对消极情绪具有正向影响	成立
H3	消极情绪对反生产行为具有正向影响	成立
H4	消极情绪在雇佣歧视与反生产行为之间起到中介作用	成立
H5	组织间竞争在雇佣歧视与消极情绪之间起到负向调节作用，即组织间竞争越激烈，雇佣歧视对消极情绪的影响越弱，反之越强	不成立
H6	组织声誉在雇佣歧视与消极情绪之间起到负向调节作用，即组织声誉越高，雇佣歧视对消极情绪的影响越弱，反之越强	成立
H7	不当督导在雇佣歧视与消极情绪之间起到正向调节作用，即不当督导的程度越高，雇佣歧视对消极情绪的影响越强，反之越弱	成立
H8	工作特征在雇佣歧视和消极情绪间起到负向调节作用，即工作特征越高，雇佣歧视对消极情绪的影响作用越弱，反之越强	不成立
H9	组织限制在消极情绪和反生产行为之间起到正向调节作用，即组织限制越高，消极情绪对反生产行为的影响作用越强，反之越弱	成立
H10	不当督导在消极情绪与农民反生产行为之间起到正向调节作用，即不当督导的程度越高，消极情绪对反生产行为的影响越强，反之越弱	成立

续表

假设	假设描述	检验结果
H11	自尊在雇佣歧视与反生产行为之间起到负向调节作用，即自尊水平越高，雇佣歧视对的反生产行为影响越弱，反之越强	成立
H12	自我监控在雇佣歧视与反生产行为之间起到负向调节作用，即自我监控水平越高，雇佣歧视对的反生产行为影响越弱，反之越强	成立
H13	雇佣歧视对工作满意度具有负向影响	不成立
H14	工作满意度对反生产行为具有负向影响	不成立
H15	工作满意度在雇佣歧视和反生产行为之间具有中介作用	不成立
H16	雇佣歧视对人际冲突具有正向影响	成立
H17	人际冲突对反生产行为具有正向影响	成立
H18	人际冲突在雇佣歧视与反生产行为之间具有中介作用	成立

本书针对农民工的雇佣歧视与反生产行为的理论模型共提出 18 个假设，其中有 13 个成立，5 个不成立；同时，本书中还构建了短长期模型并比较了东北地区、长三角、珠三角三地的异同。尽管以往学者对本书研究中变量的关系进行了一些探讨，但由于研究对象、研究背景、侧重点等不同，研究结果也存在一些差异。下面针对本书研究结果进行深入分析。

1. 雇佣歧视对反生产行为的直接作用。实证检验结果证明，雇佣歧视对反生产行为具有显著的正向影响（$\beta = 0.403$，Sig. = 0.000）。此结果与以往许多学者的研究一致，多数学者认为员工在企业遭受的待遇歧视与其损毁公物、旷工、攻击他人等反生产行为呈正相关（Greenberg，1993；卢嘉等，2001；杨立敏，2012），对于农民工的实证研究也表明雇佣歧视与农民工劳动场所偏差行为正相关（王弘钰、王辉，2015）。本书研究结果表明，农民工在劳动场所遭遇到不公正待遇时会导致出现危害企业利益的系列反生产行为。社会交换理论认为，人与人之间的互动是一种交换关系，这种交换包括情感、报酬、资源、公正性等（Homans，1974）。企业组织与被雇佣者的关系就是一种常见的社会交换关系（Rhoades &

Eisen-berger，2002），当农民工在企业中无法感知到公平性时，特别是他们在资源、报酬、机会等方面都缺乏公平待遇，在这种交换失衡的状况下，他们必然会在与企业进行社会交换过程中通过自己的行为表现"回馈"企业这些不公正的现象，而这些因不满而做出的行为通常会伤害企业的利益，具体表现为怠工、偷盗、打砸、罢工等不同形式的反生产行为。

2. 消极情绪在雇佣歧视与反生产行为间的中介作用，从表5-59 中列示的研究结果可以看出，雇佣歧视不仅对反生产行为具有显著的直接影响，而且会通过消极情绪间接对反生产行为产生重要作用。实证检验结果证明，雇佣歧视对消极情绪有直接显著正向影响（$\beta = 0.415$，Sig. $= 0.000$）；消极情绪对反生产行为有直接显著的正向影响（$\beta = 0.313$，Sig. $= 0.000$）；而当以反生产行为作为因变量、以雇佣歧视和消极情绪同时作为自变量进行了二元回归，雇佣歧视对反生产行为的回归系数为 0.330，显著小于雇佣歧视直接对反生产行为的回归系数 0.403，且显著性水平 Sig. 值为 0.000，即消极情绪在农民工的户籍歧视与反生产行为之间具有部分中介作用。

以上研究结果与前任研究结果一致，员工在企业中遭受不公正的对待等雇佣歧视现象时会体验到多种令人不悦的消极情绪（龙立荣、刘亚，2004；Murphy & Tyler，2008；王宇清等，2012）。龙立荣和周浩（2007）的研究进一步表明，个体越是具有愤怒、焦虑等消极情绪，就越容易在工作场所中实施反生产行为。王宇清等（2012）研究指出，消极情绪是组织不公正感对员工偏离行为作用的中介变量。本书研究结果表明，农民工在感知到雇佣歧视时会体验到不满、愤怒、焦虑等消极情绪，这种情绪不断积累最终导致他们做出负面的行为。根据刺激—认知—反应理论（汪甦、汪安圣，1992），当个体面临刺激时会通过认知判断刺激的意义，进而产生后续的行为（凌玲、卿涛，2013），而情绪是对认知内容的特殊状态（毛江华等，2014）。正常工作中的农民工所遭遇的雇佣歧视现象就是一种强烈的刺激，而且这种刺激是让人不舒服、不愉快的，因而他们会对此形成一种消极的情绪认知，这种负面的情绪认知会直接导致他们产生负面的行为，在组织中的负面行为即为反生产行为。

3. 雇佣歧视与消极情绪之间的调节变量。组织间竞争在农民工的雇佣歧视与消极情绪之间没有起到调节作用（$\beta = -0.059$，Sig. > 0.05）。这一结果与深度访谈的结果不一致，在访谈中农民工提到希望企业在竞争中能够持续发展，主要原因是找一份稳定的工作并不容易希望自己能够安稳度日，如果企业竞争异常激烈，会使得他们感到更加不安。本书研究认为该假设并不成立的原因可能是：首先，组织或企业间竞争被看做是两个或者多个企业或集团组织在市场上为实现自身的经济利益，为比竞争对手更有效地创造出更多、更好、更高的价值而不断进行角逐的过程（陈秀山，2010；汪秀婷，2004）。这是企业宏观层面的问题，农民工在访谈中也提到他们主要专注于是否能干活、是否能按时拿到薪酬，对于企业运营、环境等其他方面平时很少关注，对于之前的访谈内容更多是从理性上的认知，事实上他们对所在组织的竞争状况感知并不强烈。其次，农民工重要的特点是工作技术性不高、流动性很大，尽管他们希望能够获得稳定的工作，但实际上通常难以实现，他们平时还是会因为这样那样的原因频繁流动，所以对于自己效力的企业并没有更多的认同度和忠诚感可言，同样对于企业竞争是否激烈感受也较小，难以对其认知产生影响。

组织声誉对农民工的雇佣歧视与消极情绪之间关系存在调节作用（$\beta = -0.057$，Sig. < 0.05）。组织声誉在雇佣歧视与员工消极情绪之间作为调节变量的实证研究还不多见，但以往学者研究表明公司的组织声誉越高，员工的满意度、组织自尊和组织认同就越高，同时情绪越高涨、工作就越投入（Winkleman，1999；魏钧、陈中原、张勉，2007）。本书研究结果表明，组织声誉会缓解雇佣歧视对农民工带来的消极情绪，在声誉较好的企业中工作的农民工

本身会有一种自豪感和满足感，致使员工更愿意靠近组织、赞同和拥护组织；同时声誉较好的企业一般员工福利也较好，在他们的权益和发展方面都更有保障，并且在深度访谈是被访者流露出"在好的企业中工作就已经很不错了，不要要求太多"的想法。相反，在声誉较差的企业他们也会担心在声誉这么不好的组织中自己的权益会不会得不到保障，因此，也会觉得更加不安和失望。

不当督导在农民工雇佣歧视与消极情绪之间存在正向调节作用（β = 0.016，Sig. < 0.01）。这一结果说明，领导的有效管理能减少雇佣歧视对农民工消极情绪的影响。不当督导常常被员工视为一种不当对待甚至人际虐待，这种人际虐待会对员工的心理、态度和行为造成十分消极的影响（吴隆增、刘军、刘刚，2009）。当组织中存在雇佣歧视问题时，农民工本身就会产生消极情绪的体验，此时若领导的不当督导程度很高，便会使农民工在对组织失望的基础上，又对领导有强烈的失望感，而领导既代表个人又代表组织（孙旭等，2014），所以农民工感觉受到了来自组织的更大伤害，基于资源保存理论，他们不得不动用更多的资源来应对两种叠加的伤害行为，过度的资源消耗使得他们更容易产生消极情绪。相反，尽管组织中存在雇佣歧视，但领导能在自己权限内相对公正的对待员工，对于遭遇雇佣歧视的农民工来说，领导相对公正的对待以及一丝安慰与支持会缓解雇佣歧视对他们情绪上的影响。

工作特征对农民工的雇佣歧视与消极情绪之间关系无调节作用（β = -0.028，Sig. > 0.05）。数据结果表明，工作特征的调节作用并没有得到支持，即工作特征的改变并不影响雇佣歧视对农民工消极情绪的产生。这一假设不成立的原因可能是由于工作特征包括技能多样性、任务整体性、任务重要性、工作自主性以及工作反馈性，但农民工从事的工作性质与一般员工有所差异。农民工一般从事的都是一线的低端工作，在他们自己的工作岗位上所用的技能单一，往往是流水线上的一个小节点并且需要经过多重检验，工作自主性和反馈性都较差，在进行调节作用检验时区别性较小。另外，在访谈中发现，农民工对于自己能从事的岗位和工作尽管不甚满意，但是，由于无法从事另外的工作而接受这种工作状态，并且安于这种状态，所以其工作特征如何对他们的感受与行为影响并不明显。

4. 消极情绪与反生产行为之间的调节变量。组织限制在农民工的消极情绪与反生产行为之间起到了显著性的正向调节作用（$\beta = 0.038$，Sig. < 0.05）。尽管以往研究对于组织限制的调节作用研究较少，但有些研究成果能够作为本书研究结果的辅证。例如，组织限制能够引发员工的反生产行为（Spector & Fox，1999、2005）。根据压力源—情绪模型，组织限制作为一种压力源会影响到组织内员工的工作绩效（Spector & Jex，1998），反生产行为便是工作中的负绩效。同时，在访谈中发现，农民工本来就受到组织的不公平待遇，如果在缺乏工具、设备故障等组织限制状况下无法正常工作，工作没有成果却会被组织扣钱、罚款等状况发生时，他们因此会产生极大的压力感，对组织的不满也更为严重。如果农民工长期因为组织限制而没有完成绩效指标，他们必然会出现敌意、破坏、工作疏离和偷窃等反生产行为。

不当督导在农民工的消极情绪与反生产行为之间起到了显著性的正向调节作用（$\beta = 0.042$，Sig. < 0.05）。以往学者的研究表明，不当督导是反生产行为的前因变量（钟慧，2013；于静静、赵曙明、蒋守芬，2014），但消极情绪对反生产行为影响力的大小是否受到不当督导程度高低的影响，目前还没有学者进行研究。本书研究结果表明，随着不当督导程度的提高，消极情绪对反生产行为的作用越发强烈。根据挫折—攻击理论（Dollard，1939），挫折将不可避免地导致某种形式的攻击行为，当农民工已经满含消极情绪，同时又出现因不当督导而出现的挫折感，此时的攻击行为变成因消极情绪和挫折感而导致的双重攻击行为，这些攻击行为可以包括对组织的破坏、对同事的攻击以及退出等反生产行为。因此，当不当

督导程度较高时，农民工的消极情绪会因挫折感的叠加而导致产生更多的反生产行为。相反，如果领导减少对农民工的辱骂、奚落等人际虐待行为，并能相对公正的对待员工，对于焦虑、倦怠等消极情绪的员工是一种抚慰，也能够带领员工更快走出不愉悦的阴影，员工也会采取积极的行为回应。

5. 雇佣歧视与反生产行为间的调节变量。自尊在农民工的雇佣歧视与反生产行为之间起到了显著性的负向调节作用（β = −0.077，Sig. <0.01）。此研究结果与以往许多研究成果一致，许多学者通过实证研究认为自尊在压力等情景因素和员工的负向行为之间具有负向调节作用，如张桂平、廖建桥（2012）在对科研工作者的实证研究指出，学术自尊对科研压力与学术不端行为之间的关系具有负向调节作用，也有研究指出自尊在社会排斥和攻击性行为之间起到负向调节作用（刘璐，2012）。交互作用理论认为，个体和情景构成了一个系统，个体的认知因素和情景的交互作用影响着个体的行为（Bandura，1962）。自尊是一种自我评价，属于个体的认知因素，雇佣歧视是组织对个体的不公平对待，是个体在劳动场所生存好坏的重要情景因素。对于农民工来说，尽管雇佣歧视这种情景因素普遍存在，但自尊越强的农民工对自我的认知就越积极，不容易产生消极的情绪，同时也因更加倾向于维护自身形象而不屑于、不愿意做出负面的行动。

自我监控在农民工的雇佣歧视与反生产行为之间起到了显著性的负向调节作用（β = −0.064，Sig. <0.01）。这与以往许多研究具有相似之处，如张永军等（2012）认为自我监控是反生产行为重要的预测变量。王弘钰、王辉（2015）发现，自我监控负向调节了雇佣歧视与人际冲突之间的关系，同时在雇佣歧视与偏差行为之间显现出被中介的调节作用，即雇佣歧视与自我监控的交互作用会通过人际冲突对劳动场所偏差行为产生显著影响。本研究结果表明，自我监控程度越高的个体会容易控制自己的行为举止，在遭遇不公待遇时较少的出现负面行为。当农民工的自我调整和自我控制

能力较强时，即便是因为雇佣歧视等产生对企业强烈的不满，或者有通过反生产行为表达不满的强烈愿望，他们也不会轻易实施反生产行为。

6. 工作满意度在雇佣歧视与反生产行为间的中介作用。雇佣歧视对农民工工作满意度没有直接显著影响（$\beta = 0.039$，Sig. $= 0.201$）；工作满意度对农民工的反生产行为无显著影响（$\beta = 0.025$，Sig. $= 0.381$）；所以，工作满意度在雇佣歧视与反生产行为之间的中介作用不成立。工作满意度的中介作用在本书研究中没有被证实，这三个假设均不成立的原因可能是：一方面，以往研究中多将不公平问题具体分维度进行探讨，尽管分配不公、程序不公、人际不公等对工作满意度的影响被一些学者证实，而进行整体性测量的雇佣歧视对工作满意度是否具有影响以往研究没有给出结论，本书研究的结果则为此提供了参考依据。同时，以往研究多是基于组织公平角度而不是歧视角度出发而得出的结论，这对研究结果可能有所影响。另一方面，对于农民工这一特殊群体来说，学者对其工作满意度影响因素的探讨多停留在定性研究上，定量研究并没有给出明确的答案。尽管在访谈中农民工也提到会因为感知到的歧视而生气和不满，但他们多是因为当时的某个事件，这通常与当时的时点和背景有关，并不是长期的工作不满的状态。实证研究在对工作满意度测量时，考察的是农民工对于当前工作正常感知的满意度状态，与农民工对因歧视而"不满"的感知有所区别，这可能是出现以上不同研究结果的重要原因。

7. 人际冲突在雇佣歧视与反生产行为间的中介作用。雇佣歧视对农民工人际冲突有直接显著的正向影响（$\beta = 0.575$，Sig. $= 0.000$）；人际冲突对反生产行为有直接显著正向影响（$\beta = 0.462$，Sig. $= 0.000$）；以反生产行为作为因变量、以雇佣歧视和人际冲突同时作为自变量进行了二元回归，雇佣歧视对反生产行为的回归系数为 0.205，显著小于第 1 项检验结果中雇佣歧视对反生产行为的回归系数 0.403，且显著性水平 Sig. 值为 0.000，所以人际冲突在农民工的雇佣歧视与反生产行为之间具有部分中介作用。

此研究结果与众多学者的观点一致。例如，叶余建（2003）认为，组织中的不公正与领导的不公平对待会增加员工的压力感并导致人际冲突的产生。张坚雄等（2010）认为，由于资源配置不合理、考核评价不当等歧视行为会引发人际冲突。同时，人际冲突与工作偏离行为紧密相关（Liuetal，2007），如过度的冲突会降低员工的工作满意感，引发缺勤、对抗、离职等反生产行为，降低企业生产率与工作绩效（岑颖，2004；胡箭，2013）。人际冲突也常在员工行为引发因素与工作绩效之间被作为中介变量来分析处理（Gladstein，1984；Pelled，1996）。本书研究结果表明，农民工在感知到雇佣歧视时会与实施歧视的对象产生不同程度的人际冲突，这种冲突会直接引发农民工在劳动场所的反生产行为。社会认同理论认为，由于主观上认同差异而导致的区别性对待是造成群体间、人际间冲突的主要因素之一。而农民工这一社会群体在城市中的社会认同受到威胁、遭受到许多区别性对待时，则会倾向采取人际冲突的策略，并且主要对象为直接实施歧视行为的同事、领导以及雇用单位。当人际冲突不断加深和激化，会导致双方在认同上越来越大的差异，这也将会直接影响到个体的行为反应并会直接增加农民工的抱怨、怠工、偷窃、攻击等反生产行为。

8. 短长期模型结果。雇佣歧视与工作年限的回收数据处理结果显示，随着工作年限的增长，雇佣歧视对反生产行为的影响力逐渐减弱（$\beta = 0.462$，Sig. < 0.01）。以上结果表明，农民工在不同时期面对雇佣歧视时的行为反应有所差异。这与以往研究中对新生代与第一代农民工存在差异相似。刘爱玉（2011）考察了新生代农民工、第一代农民工以及城镇工三个群体的权益认知差异及对行动选择的影响，证明影响新生代农民工利益抗争行为的因素扩展到与城镇职工的收入差异及其合理性认知等公平因素，且新生代农民工利益抗争行为要显著高于老一代农民工。新老农民工的外出务工

动机不同，第一代农民工多是纯粹为了赚钱的经济型务工（王春光，2001），他们在城市中的行动选择源于生存的需要。尽管老一代农民工务工经历多是困苦和艰辛的，从工作环境、收入水平到福利保障都无法让他们满意，但却都无可奈何的习惯选择逆来顺受。随着户籍制度改革以及对人员流动限制的减少，新生代农民工更倾向以改变生活状况和追求城市生活方式为特点的生活型外出（王春光，2001），他们希望在血缘及地缘关系外结交新朋友、逐步融入城市生活，向城市人一样获得尊重和公平的待遇（徐增杰、孙丽苹，2013）。同时，新生代农民工普遍比老一代农民工受教育程度更高，对自己工作的期望和要求也更多，维权意识比老一代农民工明显强烈（陈荣荣，2013）。当新生代农民工同样遭遇到雇佣不平等状况，他们在当前状况无法通过合法、合理渠道改变时，则会倾向采取冲突、辞职或者其他过激行为表达自己的不满或发泄愤怒情绪。

9. 东北地区、长三角、珠三角结果对比。实证结果显示，从珠三角、长三角、东北地区与其他地区的对比可以看出一种趋势，即越往南方、经济越发达、劳工越密集、资本化越严重的地区，雇佣歧视对反生产行为的影响作用则逐渐削弱，但消极情绪在两者间的中介作用却越明显。特别是来自珠三角地区的数据显示出完全中介的特征，说明在珠三角地区的农民工更加容易因歧视而产生消极的情绪，而且因这种情绪而导致反生产行为的产生。该研究结果表明，不同地区的农民工由于其结构构成以及务工地的环境和氛围不同，在面对雇佣歧视时的反应机制不尽相同。地理位置越往南，经济相对越发达，企业的管理方式越完善，通过严苛的管理不仅会阻止部分农民工可能出现的反生产行为，同时对于公平性问题更加注意，所以南方农民工的雇佣歧视对反生产行为影响较弱。相对地，南方的农民工身处经济更发达地区，他们对于公平、民主、尊重等的要求更高，一旦出现感受到雇佣歧视，便会产生强烈的消极情绪进而导致反生产行为出现，南方频繁出现的罢工、打砸等问题就是农民工的负面情绪达到顶峰而采取的极端手段。越往北方，雇佣歧视对反生产行为的直接影响越强烈，但消极情绪的中介作用越弱，这说明，北方农民工面对雇佣歧视时可能直接导致反生产行为，或者会通过人际冲突等其他的路径进而影响反生产行为，这一问题还需要进一步进行探讨。

第 *6* 章

研究结论与治理措施

6.1　研 究 结 论

本书利用 2013 年 12 月 ～ 2014 年 6 月在全国范围内获得的 4 647 份农民工的调研数据，运用多种统计手段及跨学科研究方法深入分析农民工雇佣歧视结构、农民工反生产行为表现及类型等现状，在借鉴了刺激—认知—反应理论、社会交换理论、挫折—攻击理论、情感事件等理论基础之上构建并验证了农民工雇佣歧视及反生产行为关系的多层次理论模型和短长期函数模型；同时，从组织因素、工作因素及个人因素等跨层次变量对影响两者之间关系的边界进行探索；之后又对不同地域、不同时期的农民工进行对比分析。具体结论如下。

6.1.1　学历、工作经验和户籍等方面的歧视是农民工目前遭受的主要雇佣歧视

以往学者对雇佣歧视类型的研究有几十种，例如，社会歧视、制度歧视、文化歧视、市场歧视、身份歧视、性别歧视、年龄歧视、工资歧视等，但对农民工在劳动场所所遭受的歧视结构缺乏系

统研究。表面上看，农民工的雇佣歧视结构主要应由制度歧视、身份歧视、户籍歧视等构成，但本书研究通过对农民工的深度访谈和大量的问卷调查发现，雇佣歧视在农民工身上的具体体现，首先是学历歧视，即受教育程度普遍偏低是造成农民工在劳动场所被歧视的主要原因；其次是工作经验的匮乏，即农民工与城市工相比，在视野开阔、在工作机会等方面仍存在很大的差距，导致农民工见识少、经验少，从而造成歧视；最后是身份象征的户籍歧视，虽然国务院 2014 年 7 月 30 日正式发布了《关于进一步推进户籍制度改革的意见》中，明确指出将取消"农业户口"和"非农业户口"的划分，在 2020 年实现 1 亿农业人口落户城镇的目标，但这个目标的实现需要过程、需要等待，以往人们视农民工低人一等的惯性思维的改变需要时间，这些都会是农民工因身份的不同而遭受歧视。

6.1.2 农民工在劳动场所的反生产行为现象普遍存在且种类繁多

以往学者虽然对反生产行为的结构和类型有很多研究，但对农民工群体反生产行为的研究并未得到重视。本书研究的问卷调查结果显示，有 11 种反生产行为选择率均超过 30%，经常出现的排名前 5 位是迟到、早退、消极怠工、无事请假、擅自延长工作时间；除此之外还表现为工作时间做私事；工作时间利用网络进行游戏、聊天、聊微信、刷微博；未经过允许拿单位的物品；故意破坏单位财务等。农民工在劳动场所反生产行为的普遍存在和方式的多样化提醒研究者加强对农民工群体的重视和反生产行为的研究，找到产生如此普遍的反生产行为的深层次原因；提醒管理者要重视和加强农民工的日常管理，因为这些行为的存在不仅会引发劳资冲突，而且严重的还会影响企业的发展甚至社会的稳定。

6.1.3　识别出农民工遭受雇佣歧视后，作用于其反生产行为的特殊路径

本书中根据刺激—认知—反应理论和挫折—攻击等理论，结合以往学者的研究成果和深度访谈的结果，构建并修正了雇佣歧视—消极情绪—反生产行为模型，同时深层次探讨模型中各变量之间的边界条件，使模型更具有说服力。在深度访谈中，本书研究中还发现雇佣歧视与反生产行为之间还可能有"人际冲突"和"工作满意度"这两个传导机制。在运用了社会认同理论、挫折—攻击等理论进行了深入分析的基础上，本研究结合数据调研的结果对中介机制进行了验证，进而识别出了农民工遭受雇佣歧视后独特的作用于反生产行为的路径，分别如下。

1. 识别出雇佣歧视通过消极情绪作用反生产行为路径。深度访谈和问卷调查结果表明，在劳动场所中的不公平待遇，各种歧视是导致农民工频繁出现反生产行为的主要原因。以往关于雇佣歧视与消极情绪以及反生产行为之间的关系局限于定性分析，缺乏实证的支持。本书研究基于刺激—认知—反应理论，将消极情绪作为刺激后的一种认知，基于压力源—情绪—反生产行为模型，将雇佣歧视作为一种重要的压力源，同时结合深度访谈和数据分析识别出了消极情绪在农民工雇佣歧视和反生产行为之间具有重要的传导作用，即农民工遭受的雇佣歧视会对其反生产行为产生直接的、不稳定的影响，同时雇佣歧视的积累效应，还能引发消极情绪，进而产生反生产行为。这一结论提示我们，农民工的反生产行为，是由于被歧视后消极情绪的累积而产生的情绪爆发和发泄的结果，消极情绪在两者之间的传导性也更需要引起管理者的注意。

2. 识别出雇佣歧视通过人际冲突作用反生产行为路径。深度访谈和实地调查的结果表明，劳动场所中农民工的人际冲突问题比较普遍，而这些人际冲突产生的根本原因是农民工遭遇到的雇佣歧

视，我们根据社会认同理论分析得出，雇佣歧视使农民工群体成为被"圈内人"排斥和看不起的"圈外人"，人际冲突因此而产生。同时，由挫折—攻击理论可知，"人际冲突"作为一种严重的挫折，进而使被挫折者——农民工产生了如消极怠工、迟到、早退、离职、偷盗等反生产行为，数据分析的结果也支持了我们的推断。人际冲突在雇佣歧视与反生产行为之间具有部分中介作用的发现，不仅丰富了雇佣歧视作用反生产行为的路径，而且为雇佣歧视直接作用反生产行为表现出的较大变动幅度的原因，进一步提供了理论解释。同时也揭示出雇佣歧视是农民工在劳动场所产生人际冲突的深层次原因，如若不重视，人际冲突还会引起农民工的消极怠工、破坏公物等反生产行为，严重的还会引起农民工罢工、集体自杀等严重的失范行为。

3. 识别出无效路径——雇佣歧视不能通过工作满意度作用反生产行为。虽然以往学者通过机理和实证研究结果证明雇佣歧视可作用于工作满意度，工作满意度能影响反生产行为，而且深度访谈中部分农民工也说到当遭受雇佣歧视后会使他们的工作满意度降低，进而可能会产生破坏行为。但大量问卷调查之后的数据处理结果显示，农民工的雇佣歧视对其工作满意度不具备强的预测力；农民工的工作满意度对其反生产行为影响也甚微。即农民工遭受的雇佣歧视对其工作满意度没有积累效应，雇佣歧视不足以引发工作满意度的变化；同理工作满意度对反生产行为也是一样。因此，本书研究得出了一个重要结论，即在农民工群体中，雇佣歧视不能通过工作满意度作用反生产行为，工作满意度在雇佣歧视和反生产行为之间不具有中介作用。该无效路径识别的理论意义在于：虽然雇佣歧视对反生产行为的作用过程中，可以引进一些变量以便解释雇佣歧视的积累效应，但在农民工群体中，工作满意度不能作为解释变量，即通过工作满意度抑制农民工因雇佣歧视而产生反生产行为，这个路径行不通，没有效果。该结论能为有效控制弱势群体反生产行为的出现，提出新的理论依据。

6.1.4　识别出雇佣歧视、消极情绪和反生产行为关系间特殊的条件因素

为了进一步探讨雇佣歧视、消极情绪和反生产行为关系间的作用机制，本书中根据以往的研究和深度访谈的结果，从组织因素、工作岗位因素和个体因素全方位探讨了作用于雇佣歧视—消极情绪—反生产行为之间的边界条件，不仅使模型更加完善，也为抑制或控制农民工消极情绪和反生产行为的出现和产生提供了可行的思路。

1. 识别出自尊和自我监控在雇佣歧视与反生产行为关系间具有显著的调节作用。自尊负向调节了雇佣歧视对反生产行为的影响力，即农民工自尊水平越高，所遭受的雇佣歧视对其反生产行为的影响越弱，反之，自尊水平越低，农民工所遭受的雇佣歧视对其反生产行为的影响越强。该结论说明，农民工自尊水平有差别，且具有不同自尊水平的农民工，能改变雇佣歧视对反生产行为的影响程度。那些高自尊农民工个体降低了因雇佣歧视而产生反生产行为的可能性，而低自尊个体的表现恰好相反，他们在遭受雇佣歧视后会产生更多的反生产行为。这个结论意味着在劳动场所若能创造出提高农民工自尊水平的环境，如给予农民工更多的尊重、认可，改善农民工的管理理念和方法，就能更有效地抑制反生产行为带来的危害。

自我监控负向调节了雇佣歧视对反生产行为的影响力，即农民工自我监控水平越高，所遭受的雇佣歧视对其反生产行为的影响越弱，反之，自我监控水平越低，农民工所遭受的雇佣歧视对其反生产行为的影响越强。这个结论说明，农民工对进城务工环境的认知和适应能力有区别，且他们自我监控水平的高低，能改变因雇佣歧视而引发反生产行为的程度。具有较强适应能力，即在受歧视的环境里，能调整自己，以便适应不良环境的农民工，出现反生产行为

的可能性和程度要比不能适应不良环境的农民工低。

2. 识别出雇佣歧视和消极情绪关系间的调节变量。对于雇佣歧视和消极情绪之间的影响因素，本书中从组织因素（组织间竞争、组织声誉）和工作相关因素（不当督导、工作特征）两个角度进行了分析，并用调研数据进行了验证。最终对组织因素（组织间竞争、组织声誉）和工作相关因素（不当督导、工作特征）在雇佣歧视和消极情绪之间的调节作用得出以下结论。

（1）识别出组织声誉、不当督导在雇佣歧视和消极情绪关系间的调节作用。组织声誉负向调节了雇佣歧视对消极情绪的影响力，即组织声誉越高，农民工所遭受的雇佣歧视对其消极情绪的影响程度越低；反之，组织声誉越低，雇佣歧视对消极情绪的影响程度就越高。该结论说明，组织声誉对农民工影响很大，劳动场所及背后的企业、企业文化和企业声誉的好坏，能影响雇佣歧视下，农民工消极情绪的产生及发展程度。组织声誉好，对农民工而言是一种保障。声誉好，即便组织存在歧视现象，农民工也相信是暂时的、是能解决的，从而减少自卑、焦虑等消极情绪的产生。引入组织声誉变量，对基于组织层面的反生产行为研究有积极的贡献。

不当督导正向调节了雇佣歧视对消极情绪的影响力，即不当督导程度越高，农民工所遭受的雇佣歧视对其消极情绪影响越大；反之，不当督导程度越低，农民工所遭受的雇佣歧视对其消极情绪影响越小。这个结论意味着，身处雇佣歧视困境的农民工如果此时再遇到领导的不当督导，对他们无疑是"雪上加霜"，他们会产生更多的消极情绪。可见，农民工关注领导对他们管理的方式和方法，当在劳动场所遭受歧视后，领导的态度的好坏、行为的恰当程度，会直接影响农民工情绪的变化。因此，降低领导的不当督导程度，有助于抑制反生产行为的产生。

（2）识别出无效调节变量——组织间竞争、工作特征在雇佣歧视和消极情绪关系间不具有调节作用。虽然结合以往学者的研究和深度访谈的结果我们提出了组织间竞争正向调节雇佣歧视对消极情绪的作用力、工作特征负向调节雇佣歧视对消极情绪作用力的假设。但是，大量问卷调查之后的数据处理结果显示，组织间竞争和工作特征在雇佣歧视和消极情绪之间均不具有调节作用。组织间竞争不具有调节作用的结论表明：农民工作为企业的最底层员工，尤其对有些行业，如建筑行业，企业间竞争激烈与否，其实他们的感受不会很深刻，因此，虽然在访谈时，有农民工说到企业间的竞争会影响他们因雇佣歧视对自身情绪影响的观点，但实际大量的调查表明，企业间竞争对农民工而言，不能调节雇佣歧视与消极情绪之间的关系。

工作特征不具有调节作用的结论表明，工作特征的变化，不能改变雇佣歧视对消极情绪的影响力。若想有效抑制农民工反生产行为的出现，但又不能调整农民工简单、低端、重复性的工作内容，则不会减少因雇佣歧视带来的对农民工消极情绪的影响。

3. 识别出组织限制、不当督导在消极情绪和反生产行为关系间的调节作用。组织限制正向调节了消极情绪对反生产行为的作用力，即组织限制越高，农民工的消极情绪对其反生产行为的影响越大；反之，组织限制越低，农民工的消极情绪对其反生产行为的影响越小。该结论意味着，劳动场所若不能提供农民工必要的劳动支持，反而在劳动工具、劳动环境等方面给予很多限制，则会使本来就有着消极情绪的农民工，产生更多的反生产行为。

不当督导正向调节了消极情绪对反生产行为的作用力，即领导的不当督导程度越高，农民工的消极情绪对其反生产行为的作用力越大；反之，领导的不当督导程度越低，农民工的消极情绪对其反生产行为的作用力越小。该结论意味着，管理者对农民工管理方式的恰当程度，对于有着消极情绪的农民工而言，是影响他们产生反生产行为多少的重要的边界条件。不当督导调节作用的识别，为管理者缓解和有效控制因消极情绪产生的反生产行为提供新的思路。

6.1.5 发现不同地区雇佣歧视作用反生产行为的程度和路径存在差异

为了提高模型的适应性，本书研究中对长三角、珠三角和东北地区进行了验证和对比研究，结果发现雇佣歧视对反生产行为的作用机理受区域影响较明显。

1. 区域的不同，雇佣歧视对反生产行为的影响程度不同。虽然数据处理结果显示，任何区域的农民工在遭受雇佣歧视后，对其反生产行为都会产生显著的影响，但在进一步验证雇佣歧视作用反生产行为具有普适性的基础之上，发现不同区域，雇佣歧视对反生产行为作用的程度存在显著的差别。越往北，雇佣歧视对反生产行为影响越大；越往南，雇佣歧视对反生产行为影响越小。该结论说明，北部区域的雇佣歧视现象可能高于南部区域；南部区域农民工对雇佣歧视的容忍性高于北部区域；北部区域的农民工面对雇佣歧视，更愿意通过反生产行为的方式直接宣泄。

2. 区域的不同，消极情绪在雇佣歧视和反生产行为之间的中介作用不同。越往南，雇佣歧视通过消极情绪作用反生产行为越强烈。虽然越往南，雇佣歧视对反生产行为的影响力越小，但越往南，经济越发达和农民工越密集地区，消极情绪在雇佣歧视与反生产行为之间的中介作用越大。数据处理结果显示，珠三角地区，农民工的消极情绪在雇佣歧视与反生产行为之间具有完全中介作用。以上结论说明，南部区域的农民工当遭受雇佣歧视后，更愿意采用间接的方式宣泄心中的不满；越往南，雇佣歧视对消极情绪的积累效应越大，越容易通过消极情绪作用反生产行为。但越往北，研究结果显示，雇佣歧视要么直接作用反生产行为，要么愿意通过人际冲突间接作用反生产行为。

该研究结论为有效控制雇佣歧视及其对反生产行为的影响提供了区域性的理论依据。

6.1.6　农民工雇佣歧视对反生产行为的影响因务工时期不同而存在差异

从农民工务工阶段的短长期看，两者存在明显差异。从短期务工看，农民工对雇佣歧视的感知更为敏锐，同时雇佣歧视对反生产行为的影响较强；而长期务工的农民工对于雇佣歧视的忍受力更强，其雇佣歧视对反生产行为的影响较弱。在整个务工周期中，农民工雇佣歧视对反生产行为的影响是逐渐递减的。以上结论说明，在目前农民工群体中，年纪较轻、务工时间较短的人更难以忍受自己所遭遇的不公正待遇，同时面对雇佣歧视时更倾向于采取较为激烈和负面的行为进行发泄和反抗。这一结论为有效控制雇佣歧视对反生产行为的影响提供了群体依据，在进行对策实施时更有目标和针对性。

6.2　治　理　措　施

6.2.1　从三类普遍的歧视入手，不断根除雇佣歧视

我国政府虽然一直在采取措施，为建立和维护农民工和谐公平的劳动环境而努力，但是农民工遭受雇佣歧视的问题仍然没有得到有效解决。本书研究调查表明，农民工的雇佣歧视问题不仅普遍存在，而且"受教育歧视"、"工作经验歧视"和"户籍歧视"是他们在劳动力市场所遭受的主要歧视。这些歧视不仅伤害了农民工的自尊，降低了他们进城务工的幸福感，而且还会影响企业和谐劳动关系的构建，甚至影响到国家新型城镇化建设的步伐。如何有效控制和减少雇佣歧视，笔者认为应从如何提高农民工受教育程度和工

作技能，如何继续推进户籍改革制度入手，采取具有针对性的措施。

1. 推进农民工职业教育培训，促进农民工职业技能的提高。农民工在劳动场所的弱势地位与他们自身受教育偏低、职业技能不足有着很大的关系，调查结果显示，农民工因教育偏低而带来的歧视，居所有歧视之首，另外，就是因工作经验不足而导致的歧视。摆脱农民工目前困境的主要方法就是提高他们普遍受教育的程度，加强职业教育培训，但这需要政府、企业和农民工三方面共同努力。

（1）政府应充分发挥主体作用，加大监督力度、资金投入和宣传力度。

首先，政府应该在农民工职业教育和技能培训中发挥主体作用，做好农民工培训的统筹协调工作和监督工作。政府应牵头制定农民工职业教育培训的规划和具体实施细则，统筹安排其他各职能部门的落实和安排工作。为了监督各级政府培训计划的落实情况和培训资金的应用情况，可以按照目标管理的思路，将农民工培训工作列入各级政府的年度工作考核中。同时，相关部门也要做好对用人企业的监督工作，督促用人企业加强对农民的上岗培训，也要加强对各类教育培训机构的监督和规范，以防止相关培训单位借培训之名，对农民工乱收费、损害农民工的合法权益。

其次，政府可采取多种方式不断加大农民工职业教育培训的资金投入。政府要把农民工的职业技能培训的投入列入财政预算，通过加大专项资金投入的方式，建立公共性质职业教育培训机构、社区教育培训中心、公益农民工职业培训学校等形式提高培训力度。同时作为培训资金的重要补充，政府既要鼓励社会资本进入培训领域，也要对农民工进行连续培训的企业进行重点奖励，为其提供资金和政策支持，以提高其培训的积极性。政府也可以与企业建立公益人才培训计划体系，这样做不仅可以将企业的作用发挥出来，同时也可以通过和企业的联合以了解农民工所缺技能，以便有针对性地进行培训内容和培训课程的设计，政府可以通过专项培训资金投入、社会资本投入、鼓励用人企业投入和联合投入等方式加大培训力度和农民工职业教育培训的资金投入。

最后，政府应该加强社会舆论及对农民工的宣传教育，使农民工正确地认识和重视职业教育，并且加大宣传，让农民工及时知晓培训信息。本书研究在访谈中发现，一些农民工意识到自己因为缺少技术而遭受歧视，但是他们却又不大愿意参加培训，也有一些农民工不知道政府采取的职业技能培训的信息，无法参与。因此，政府可采取和新闻媒体、企业联合宣传、动员的措施，让农民工认识到教育和培训的重要性，同时，政府各部门也要加大农民工对培训信息的知晓力度，通过多种渠道让农民工能及时了解到培训的相关信息，方便农民工参与到培训中来，减少农民工顾虑，鼓励他们积极参与。

（2）企业应结合自身发展情况采取多种方式对农民工进行内部培训。企业首先要对农民工培训有正确的认识，要认识到农民工培训除了能提高农民工工作技能和知识水平，为企业带来更多利润外，还能留住与吸引更多人才，有利于企业的长远发展。因此，企业要根据自身的实力、发展的需要和用工的需求积极利用其内外部资源对农民工开展职业技能培训。在具体实施方式上，企业可以积极与政府及培训机构联合培训，也可以结合自身的情况采取多种方式在企业内部培训农民工。同时，让农民工在企业的培训结果与其岗位及评价机制相结合，通过岗位评价及报酬让农民工切实感受到培训的收益，不仅有利于农民工对培训的参与热情，也有利于提高他们的工作效率和企业的长远发展。

（3）农民工个人要破除自身传统的观念，不断接受教育、提高自身综合实力。从农民工个人角度，即便他们因为自身的技能和受教育不足而遭受了歧视，但是本书研究访谈中，我们也发现，仍然有一部分农民工没有意识到参加职业技能培训及受教育的重要性，在他们当中"读书无用论"、"受教育无用论"仍然比较盛行，因此，政府、企业、培训机构所实施的职业技能培训能否取得良好的效果，农民工的重视和参与非常重要，如果农民工不能意识到参与培训和教育的重要性，不能参与进来，那么所有的培训政策和培训体系均不能达到很好的目标和效果。因此，农民工自身要破除传统守旧的思想观念，要意识到只有不断地与时俱进、不断地接受教育，提高自身的专业技能和修养才能适应企业的用工需求，只有提高自身的竞争力和话语权，才能从根本上消除技能及教育上受歧视的现状。

2. 继续推进户籍制度改革，促进不同户籍劳动者之间的公平。本书研究中调研表明，农民工的遭遇到的户籍歧视比较普遍，一方面表现在因为没有城市户口，进入某些行业、某些企业受到限制，另一方面表现在，由于户籍的原因在企业里遭受到"同工不同酬"的工资待遇歧视，同时，访谈中农民工也表示，由于没有城市户口，他们在某些城市和企业上班，需要办理暂住证、移民就业许可、移民生育计划许可证等很多证件，这不仅增加了他们的生活成本，也让他们感觉心里受到伤害。因此，户籍歧视是农民工就业机会歧视、就业待遇歧视的根源，消除农民工劳动场所的雇佣歧视，彻底根除户籍歧视是关键。针对"户籍歧视"，政府可根据经济、社会发展的客观需要、城市的综合承受能力，稳步提升户籍制度改革速度、逐步破除城乡二元结构；也要根据情况逐步调整户口迁徙政策、放宽城镇的户籍限制、进一步完善居民身份证制度，加速农村剩余劳动力的顺利转移，最终实现户口自由迁徙。同时政府要剥离附着于户籍上的各种显性和隐性福利，逐渐放松跨区域流动限制和公民权的属地化管理，为农民工"主动城市化"提供坚实的制度支持，不仅为农民工提供便捷的跨区域转移医疗、养老等社会保障服务，还要为其子女开辟入学接受义务教育及中高考绿色通道，使人们淡化农业户口和非农业户口的区别，形成重能力而非户籍的理念。

6.2.2　企业从成因控制、积极疏导、完善管理等多方面入手，减少反生产行为及其危害

本书研究调查显示，农民工在劳动场所反生产行为现象普遍且种类繁多。农民工反生产行为的广泛存在，说明企业对农民工缺少人文管理；缺乏有效的考核、监督机制，进而出现了负绩效。负绩效——反生产行为的产生，不仅影响农民工的工作绩效、劳动场所绩效，而且还能影响企业和谐劳动关系的构建乃至整个社会的稳定与发展，因此，有效抑制农民工反生产行为，对新型城镇化建设意义深远。笔者认为，从以下几个方面入手，采取相应的措施，更具有实用性。

1. 企业通过减少雇佣歧视从而减少反生产行为。农民工在劳动场所的反生产行为是他们遭遇到企业歧视对待的一种"负向回报"，是他们感觉到不公平后释放心中不满的手段，这些行为产生的深层次原因是雇佣歧视。同时，本书研究验证，农民工的反生产行为与其所遭受的雇佣歧视称显著正相关，即农民工在劳动场所遭受的雇佣歧视越多，其产生的反生产行为就越多，因此，减少劳动场所雇佣歧视，才能有效减少农民工的反生产行为。本书在前面已经从政府、企业和农民工个人层面、从职业培训和户籍歧视的角度论述了农民工雇佣歧视的主要解决对策，在此不再赘述。

2. 企业通过文化建设、教育、引导等方式与农民工积极的沟通，避免其反生产行为的发生。面对农民工反生产行为普遍发生的现状，首先，企业应该积极引导农民工通过合理渠道和企业沟通解决问题，而不是采取报复等手段。有条件的企业可以考虑建立工会，这样既可以让农民工感受到工会的后援力量，也可以通过和工会的积极沟通了解农民工的想法和解决他们的实际问题。除此之外，企业也可以通过构建多种渠道和农民工有效沟通，如在节假日组织农民工座谈会，也可以组织领导和农民工代表的座谈会等，这

样不仅可以让农民工感觉到企业对他们的关心，也可以在沟通中了解农民工的心声，解决农民工工作中的困惑和实际问题，避免农民工因各种不满而产生的报复行为。其次，企业应培养"家"文化，通过营造出家的氛围，提升农民工的归属感和忠诚度，以此培养出农民工爱岗敬业、为家奉献品质，因此，农民工迟到、早退等行为自然就减少了。同时有条件的企业还可以帮助农民工解决子女的教育问题、子女及亲属的探亲等问题，让农民工切实感觉到家庭的温暖和帮助，以此感染农民工，让他们为"家"努力工作予以回报。最后，企业应加强对农民工的教育和引导，不断将企业的文化通过教育和宣传让农民工知道，同时企业及各级领导要通过对农民工关心和引导等方式，鼓励农民工培养积极乐观的品质和心态，教育他们要通过正常渠道解决问题以减少报复行为的发生。

3. 企业通过不断完善岗位规范制度、监督考核制度和薪酬激励制度以控制和减少农民工反生产行为的发生。首先，企业应加强岗位规范制度和监督考核制度的建立和完善，通过控制和监督减少农民工反生产行为的发生。本书研究调研中迟到、早退、消极怠工、无事请病假、擅自延长工作时间等反生产行为的普遍发生，说明企业管理的岗位规范制度和监督考核制度存在漏洞，企业首先应该结合岗位的特点和要求建立科学合理的岗位规范，并通过不断地培训和教育让农民工了解岗位的职责和要求，进而结合科学合理的监督体系对农民工在岗工作情况进行监督和控制，对表现不好的员工给予警告、罚款等责罚，以减少和控制农民工违反岗位规范的行为的发生。其次，除了监督和控制，企业还应该建立科学合理的奖惩机制，将员工的表现和薪酬待遇、晋升奖励等多种激励形式挂钩，努力工作的员工得到切实的好处，以此激励农民工努力工作以减少反生产行为。企业可以和农民工建立利益共同体，将农民工的奖金、福利等同企业的绩效挂钩，让好好工作的农民工得到经济实惠和物质奖励，也可以将农民工的表现和其晋升相挂钩，以此树立典型，激励其他农民工努力工作。例如，海底捞给普通员工"分红"，让普通服务员切实感觉到了企业发展的好给他们带来的好处，而且海底捞的经理大多数都是普通服务员通过努力晋升的，这对底层的员工是最大的激励，让他们看到了努力工作的希望。

6.2.3　通过关注农民工的情感体验和促进农民工在城市中的融合，缓解农民工的消极情绪、减少人际冲突的产生

研究结果表明，农民工遭受的雇佣歧视不仅能直接作用反生产行为，而且还能通过消极情绪或人际冲突间接作用反生产行为，即消极情绪和人际冲突在雇佣歧视与反生产行为之间具有部分中介作用。中介作用的机理说明当雇佣歧视发展到一定程度时，会出现积累效应，可对消极情绪和人际冲突产生影响作用，进而促使反生产行为产生。因此，对农民工而言，社会和企业各方应关注他们的情绪体验，通过关爱和疏导缓解他们的焦虑、倦怠等消极情绪，同时，也应该平等正常的看待他们，不把他们当成圈外人和异类看待以减少群体间的人际冲突，可以有效控制和减少农民反生产行为的发生。

1. 政府和企业都要关注农民工情感体验，采取措施缓解农民工消极情绪。对于农民工而言，离开家乡来到城市，他们渴望从"农村人"变为"城市人"，却在工作待遇、工作机会等和城市人有着很大的差距，同时没有机会拥有和城市人一样的保障和福利，产生很强的自卑感、孤独感、挫折感、焦虑感，有的会产生很强烈的抵触和仇视社会的情绪，如果得不到及时的关注和缓解，不仅会在劳动场所产生怠工、罢工等反生产行为，甚至会出现集体自杀、群体性事件和犯罪行为。因此，无论政府还是企业都要关注农民工消极情绪问题，采取措施缓解其消极情绪。

（1）政府要不断丰富农民工业余生活，让他们打开心扉多与外界交流。从政府角度，除了要通过职业教育培训、户籍制度改革

等措施不断消除农民工在城市所遭受的歧视性对待，以减少农民工因为不公平对待而产生的挫折感、自卑感等消极情绪，还要真正的关注农民工从乡村到城市转移过程中的情感体验和情绪的变化。政府可以通过媒体和舆论的形式关注农民工的生存状态，呼吁更多的人了解和理解农民工，同时政府也可以采取措施不断丰富农民工的精神文化生活，例如，在农民工所在的社区，政府可以出资建立书屋、活动站等休闲娱乐场所，鼓励农民工多与外界交流参与社区活动，丰富业余生活，缓解其焦虑、自卑等消极情绪，还可以根据农民工的特点，提供有益的文化活动，包括送电影到工地等，让农民工多参与到有益的文化活动中来，真正地感觉到政府和城市对他们的关心，缓解他们的消极情绪。

（2）企业可采取招聘控制、文化感染和心理疏导等方式有效控制和缓解农民工不良情绪。企业可以采取以下措施缓解农民工的消极情绪，从而有效抑制其反生产行为的发生。首先，企业可以在面试时组织农民工进行性格和心理测试，通过科学的方法筛选出从性格和心理方面容易产生消极情绪的个体，如富士康就对所有进厂的农民工进行性格和心理测试，以控制有性格和心理问题倾向的农民工进入企业。当然，"堵"的方法具有一定的风险，很有可能将优秀的员工"堵"在企业之外，因此，企业除了要用心理测试的人员筛选形式，还有辅以其他科学合理的人员筛选手段，同时进行。其次，企业应创建轻松愉悦的工作环境、乐观向上的企业文化，从正向去感染和影响农民工，培养农民工积极乐观的工作生活精神。企业可以从情感层面真正关爱农民工，培养员工的组织承诺，并在企业内部提供公正环境，培养农民工和企业相互间的信任，以有效消除农民因工作挫折而产生的消极情绪，促使其反生产行为转化为组织公民行为。同时，企业也可以鼓励农民工多与同事、外界交流，敞开心扉，通过沟通、交流、倾诉以缓解其内心苦闷。最后，企业可以通过设置心理咨询室、发泄室等方式帮助缓解农民工工作生活上压力所感知到的消极情绪，排解他们内心的不适感，尽快找到其心理障碍并确保得到有效、及时的疏通。

2. 促进城市员工与农民工群体间共享融合，减少人际冲突。劳动场所农民工人际冲突现象普遍存在，而且雇佣歧视可通过人际冲突进而导致农民工反生产行为的发生，因此，企业、社会和政府都应采取措施减少人际冲突的产生。具体来说，首先，从企业层面，企业除了可以构建和谐的文化、通过利益共享的机制促进企业中各群体间的和谐相处，还可以完善组织内员工关系管理，定期组织员工进行团结互助的活动，摒弃身份和地域的约束，使得员工之间能够融洽交往，建立公平、公开、畅通的沟通渠道，即使出现矛盾和冲突，也能够理智地进行沟通解决。其次，从社会层面，社会舆论和媒体要对农民工为城市建设的贡献多给予大力的宣传，从而引导城市市民及员工平等、正常的和农民工交往，而不是将其划为"圈外人"和"异类"对其另眼相看，同时引导农民工能够准确为自己定位，提升自身素养，从而减少两个群体间冲突的产生。最后，从政府层面，应继续推进农民工就近转移，减少地缘差异引起的思想观念、行为方式和文化的不同而导致的人际冲突。

6.2.4　改善领导的管理方式，减少不当督导现象的发生

在劳动场所，农民工接触到的领导均是基层领导，由于他们本身的素质低下，或者对科学的管理方式掌握不足，所以对农民工的粗暴管理，如辱骂、当众冷嘲热讽等时有发生。研究结论表明，不当督导对雇佣歧视与消极情绪的关系、消极情绪和反生产行为之间的关系均具有显著的正向调节作用，即不当督导程度越高，雇佣歧视对农民工的消极情绪的影响，以及消极情绪对其反生产行为的影响越强，反之影响就越弱。因此，领导管理方式的好坏，管理水平的高低是有效抑制因雇佣歧视而产生的消极情绪，进而引发的反生产行为的一个重要的条件因素。本书从以下三方面提出了减少不当督导的对策。

1. 企业通过招聘、提拔等环节的控制，筛选合适的管理者。企业在内部提拔管理者的时候，要通过科学合理的方式对具有不当督导方式的管理者进行甄别和区分，可以考虑通过对农民工调查和访谈的形式，掌握管理者是否有对他们粗暴对待、辱骂等方式，对屡次有粗暴管理情况的管理者慎重提拔。同时，企业在招聘领导者的时候也要注意管理者的素质、道德品质和人格特质，通过相关科学的测试问卷或者其他测试手段，将素质低下、道德品质低下和有人格缺陷的管理者排除在外。

2. 企业通过培训，提高管理者的沟通能力和整体的管理水平。企业应该通过多种形式，不断提高基层管理者的素质和领导技能。企业可以定期为基层管理者进行有针对性的培训，为他们灌输科学管理的理念、帮助他们掌握科学的领导方式以及有效地沟通方法，以矫正他们不当的管理方式，也可以定期地举办不同部门基层管理者的管理座谈会，通过相互学习和交流的，不断提高领导水平和完善管理方式。同时，管理者的不当督导行为，可能是因为自身的消极情绪以及压力释放的结果，企业要定期为管理者进行心理疏导和减压帮助，多关注基层管理者的情绪问题，建立主管的情绪发泄通道，例如开设休息间、组织体育活动等，以减少基层管理者因为压力过大而对农民工进行的报复式辱虐行为。

3. 企业通过监督和奖惩措施，改善领导的管理方式。对于管理者的言语谩骂、粗暴对待等不当督导的行为，企业不应该包庇，应该通过科学合理的监督机制和相应的惩罚措施，规避和减少管理者的不当督导行为。企业也可以定期地对农民工进行领导方式以及领导满意度的调查，以此作为领导薪金、晋升的参考指标，并对管理方式独到、员工拥护的管理者给予一定的奖励。同时，企业也应该与农民工多沟通，鼓励农民工提高自身维权意识，当遭遇到管理者的不当督导后，可以考虑通过与管理者沟通和向上级反馈的方式，维护自身的利益，即通过各方努力，减少不当督导，有效控制农民工的消极情绪及其引起的反生产行为。

6.2.5　提高组织声誉，有效抑制雇佣歧视对农民工消极情绪的影响，进而减少反生产行为的产生

良好的组织声誉对农民工而言是一种保障，能提高农民工的组织自尊感，使他们更愿意接近、拥护组织，也为隶属于这样的组织而感到骄傲。研究结论表明，组织声誉的好坏，影响雇佣歧视对消极情绪的作用力。当组织声誉好时，雇佣歧视对农民工消极情绪影响减弱；当组织声誉差时，雇佣歧视对农民工的消极情绪影响变强。该结论给管理者带来的建议是：一方面，要关注企业的声誉，了解企业声誉的现状，认知企业声誉的好坏，能改变因各种歧视而带来的对情绪的负面影响；另一方面，努力构建好的企业声誉，因为企业声誉好是减少雇佣歧视对消极情绪影响的一个必要条件。该条件的正确认识与使用，能有效控制雇佣歧视通过消极情绪对反生产行为产生的影响。如何提高企业声誉，笔者认为应从从以下三方面入手。

1. 企业树立一种综合的声誉管理理念，为全方位的声誉培训确立目标和方向。企业声誉反映了企业的内外部形象问题，同时涉及企业与供应商、顾客、员工及所在社区互动中方方面面的问题，所以提高组织声誉的过程是漫长的，是长久努力的结果，是企业综合性形象问题的考量。因此，为有效进行声誉管理，企业应该树立一种综合性的声誉管理理念，以便为企业不断地提高组织声誉指明方向和目标。企业高层管理者应该不断重视企业声誉的培养，结合企业自身的特点，并在对外部环境的综合分析的基础上，树立先进的声誉培养理念，将企业声誉的培养理念融入到企业文化的建设和企业的长远战略目标中来，以指导企业具体的声誉管理行为。

2. 企业要从知名度、透明度等角度采取措施，全方位提高企业声誉。企业在提高声誉的过程中，可以结合 Fombrun 等（2000）的组织声誉模型，围绕知名度、透明度、独特性、一致性和诚信度

采取策略，不断提高组织声誉。在提高组织声誉的知名度和独特性方面，企业可以利用品牌建设、形象宣传等营销手段，利用独特的市场定位，不断提升市场关注度和公众关注度来提高自身的知名度和独特性，同时有条件的企业也可以通过慈善、捐款等履行社会责任的方式，提高美誉度进而提升知名度，这样农民工也能感觉企业是有爱心和负责任的企业，即便他们有些歧视的感知和不满，也会因企业的美誉度而有所缓解。在组织声誉的透明度方面，企业可以通过及时、准确地披露产品、服务的信息，以及财务绩效、愿景与领导层和社会责任等方面的信息来提高组织的透明度，同时这些信息不仅是对外，对内也应该加大宣传，以加强员工的知晓力度，让员工因为组织声誉的提高，而不断增强组织荣誉感和归属感。在组织声誉的一致性和诚信度方面，企业可以强调组织内部共享身份，通过与利益相关者进行交流和对话、在树立组织形象的基础上，通过对内和对外的一致性表达以获得员工和其他利益相关者对组织形象的认可的实现，不断塑造一致的、诚信的组织声誉。

3. 企业赢得声誉后，要加强日常维护和危机处理能力，时时预防声誉危机。企业声誉的形成是要经过企业日积月累努力的长期过程，是企业长期积累和培育的结果，而不是通过商业炒作或者媒体宣传就能获得的。而且，组织声誉很脆弱，企业长期积累的良好声誉很可能因为一个偶然事件，受到严重的损害，甚至功亏一篑。因此，企业赢得声誉后也要通过持之以恒的努力小心呵护（韩兴武，2004），必须加强企业声誉的日常维护以巩固企业声誉，同时不断提高企业危机处理的能力，时时注意各种突发事件对声誉的危害。首先，在日常维护方面，企业要建立声誉日常维护机制，除了要制定措施继续提高声誉和巩固已有成果外，企业还建立声誉监测机制，对其经营过程中涉及声誉维护的各个方面、各个环节的情况进行监测，以便能及时发现有损声誉建设和维护的问题，做到及时上报信息和及时采取措施堵住漏洞，在声誉损害产生前提前解决问题。其次，企业要建立危机公关意识和提高公关危机处理能力，以有效避免危机事件对声誉造成的损害。企业在运行和发展的过程中，时刻伴随着危机，稍有不慎或者危机处理不当，就会使企业苦心经营和培育起来的声誉化为乌有；相反，如果危机能得到有效处理，企业则能维护和进一步巩固自身的声誉，赢得公众的赞誉。因此，企业要不断加强自身的危机意识，提高自身的危机处理水平以成功维护企业声誉。具体来说，企业在处理危机的时候要首先本着把公众的利益放在首位的理念，并用负责任的态度和做法来维护公众利益，才能让公众感受到企业是负责任的，并且有能力解决和处理危机的。同时企业在面对危机时，要快速反应，尽快调查事情真相，并与媒体保持良好沟通，掌握对外发布信息的主动权，通过及时的反应和沟通，变被动为主动，挽回局面，避免危机蔓延。总之，良好的声誉不仅是长期形成的，同时也很脆弱，企业不仅要通过日常维护不断进行巩固和提高，也要不断提高危机意识和危机水平，避免危机事件对企业形象和声誉的影响。

6.2.6 减少组织限制，有效抑制农民工消极情绪对其反生产行为的影响

调查表明，农民工在劳动场所经常遇到的情况是设备或原材料的缺乏、缺少必要的关于做什么或怎么做的信息、工作环境较差、挑战性较低、职业前景不清晰，即农民工的劳动环境限制还是很多的。数据处理结果显示，组织限制在消极情绪和反生产行为之间具有正向调节作用。当组织限制较多时，农民工的消极情绪对其反生产行为的影响变大，而当组织限制有所减少时，农民工的消极情绪对其反生产行为的影响就会变小。这个结论给管理者带来的警示作用是组织限制不仅能影响农民工的情绪和行为，而且组织限制少，农民工的消极情绪对其反生产行为影响也减少。因此，本书研究认为，减少组织限制能有效抑制农民工消极情绪对其反生产行为的影响。具体对策如下：

1. 向农民工传达清晰地工作目标，重视农民工的职业生涯规划，以减少信息不足、职业前景不清等组织限制。企业为减少工作中目标的模糊给农民工带来的限制和无所适从感，应该对农民工实施目标管理，即以分配给农民工的目标为导向，以成果为标准，实施责任制，通过目标的分配和落实，并通过考核评估等促进目标的实现。同时，与目标管理的理念一致，企业在制定目标的时候也要考虑农民工的想法和建议，自下而上制定目标，以免目标制定不清或者目标难以实现给农民工带来的压力，产生不必要的劳资冲突，在目标实施的过程中，要实施以人为本的理念，将农民工自我目标管理和企业监督管理有效结合。

为了减少农民工因职业前景模糊而带来的限制，企业要重视农民工的职业前景规划，并采取针对性措施以加强对农民工的职业规划培训与职业指导工作。企业在对农民工的职业规划培训和职业指导工作中，要本着平等尊重的理念，鼓励农民工多参与进来，增强农民工职业发展的信心和职业发展的能动性。企业可以组织专家参与到小组活动中，鼓励农民工不断对自己有一个清晰的认识，也通过别人的评价认清自己，这样才能制定合适自己发展的职业生涯规划，同时，企业要通过政策法规、行业发展、工作变迁等各种要素的培训使农民工不断认清外部环境的变化，以便于农民工结合内外更好地制定自己的职业生涯规划，清晰自己的发展目标和途径，减少职业发展前景模糊而带来的限制。

2. 为农民工提供良好的工作条件、工作环境和工作工具，并通过必要的培训让他们掌握相关的工作技能，以减少工作中直接相关的组织限制。我国农民工主要集中在脏、累、险、差、难、苦的岗位上，职业危险性较大（刘唐宇、罗丹，2014），职业发病率也较高，这不仅会引发农民工产生更多的消极情绪，进而产生反生产行为，同时也会抑制了农民工的工作产出，降低了劳动生产率，不利于企业的长远发展，严重的还会引发劳资冲突等社会问题。因此，农民工需要关怀，不仅仅体现在工资和福利保障上，更应该为农民工创造一个安全的、健康的工作环境，而不只是让农民工创造效益。同时政府等相关部门也要对企业不断监督，对产生严重危害的企业进行专项整改，降低直至消除工作环境中危害因素，最大限度地减少工作环境危害对农民工的威胁。在现有法律允许范围内，建立以农民工为主体的权益保障组织，不断对农民工指导、培训提高其维权意识和提高其自我防护意识，并对有需要维权帮助的农民工提供相应的援助。

深度访谈中，我们发现，农民工在劳动场所的工具和工作技能的不足，也作为重要的组织限制，使农民工越来越郁闷，进而产生更多的反生产行为。因此，企业想让农民工有好的工作产出，企业要结合自身的生产实际和农民工的实际情况，提供合适的工具，并对一些新型的工具或者新进的生产线的应用，对农民工进行必要的指导和培训，并且给农民工一定的时间，让农民工去适应。这样，有了合适的工具、知道了相应的使用方法、具备了一定的工作技能，农民工才知道如何去做，才能做得更好，也才能更好地投入到工作中去，因消极情绪而产生的反生产行为自然就减少了。

3. 企业应该鼓励农民工和同事间多交流，促进同事关系和谐，以减少沟通不足、组织氛围不良等限制。由于企业的性质等原因，现实中在很多企业，如富士康，流水线的高强度作业，使农民工和同事之间几乎是零交流，有很多同一车间甚至同一宿舍的农民工相互之间都叫不出彼此的名字。针对这一问题，富士康的工会在对员工心理辅导时曾设立了有奖问答，即谁能说全自己室友的名字，便可得到奖励 1 000 元，可绝大多数人都说不来。这样不仅会使农民工不断地封闭自己，压抑在心中的不良情绪无法与人倾诉，进而转化为反生产行为。因此，企业应该通过多种形式鼓励农民工与同事之间多交流，可以通过举行座谈会、联欢会的形式，让农民工在与同事的交流中敞开心扉，走出自我封闭的困境，企业也能在通过他们的交流中给予农民工工作场所的软性支持，会有效缓解农民工因消极情绪而带来的反生产行为。例如，富士康为了改进员工关系，想了很多的办法，在给员工分配宿舍的时候，不是随采取机分配的形式，而是尽可能地让同乡、同生产线的农民工能够住在一起，或者农民工之间自愿组合的形式，以促进农民工之间很好的交流。

6.2.7 提高农民工的自尊水平和自我监控能力，有效抑制雇佣歧视对反生产行为的影响

研究结果显示，农民工的自尊水平和自我监控能力可负向调节雇佣歧视和反生产行为之间的关系，即农民工自尊水平和自我监控能力越高，其因雇佣歧视而引发的反生产行为越少。因此，农民工自尊水平和自我监控能力的高与低，是农民工遭遇歧视后影响其反生产行为的重要条件因素。如何提高农民工的自尊水平和自我监控能力，以减少雇佣歧视对反生产行为的影响？虽然政府、社会、企业都有责任，但笔者认为，企业的责任更大、更重要，因为企业是农民工和社会联系的微观平台，农民工是通过企业环境来感受社会环境。因此，企业应该从以下两个方面做出努力。

1. 企业要通过构建公平、信任和尊重的氛围，满足农民工主导需求，以不断提高农民工的自尊水平。当前我国农民工大多数是伴随着改革开放成长起来的 80 后新生代农民工，他们更加关注身份上的认同和工作尊严感，渴望有尊严的工作和生活。因此，企业要构建公平、尊重的氛围，并将其融入到企业文化当中去，真正能让农民工在氛围中体会到企业在心里层面对他们的关爱和尊重，同时，企业的高层管理者更要以身作则，不仅通过不断地宣传和文化塑造，也要通过不断的制度和实践去践行这一文化理念。如海底捞的企业文化中，强调和坚持"人人有权利、人人无特权"的理念，董事长张勇更是强调，要尊重员工，要把这些受教育不多、年纪轻、家里穷的农民工当人看。在践行这一文化理念上，海底捞的很多制度和做法也体现了对农民工的尊重，如公司倡导的员工之间身

份平等的理念，以及不看经历、不看学历、不看户籍，只看业绩表现的晋升标准，是对农民工的尊重；再如张勇强调，对农民工的最大尊重是信任，海底捞通过对基层员工和管理层的授权，体现了对农民工的最大程度的信任和尊重，例如，授予分店长的权利是30万元以下开支，各分店长就可以做主，而对于普通服务人员，他们也有权限，可以赠送客人水果盘或者零食，如果有客人提出不满，他们可以决定是否打折，甚至免单。海底捞通过对公平、信任、尊重氛围的培养和实践上的践行，让农民工真正的感觉受到了尊重，农民也以好的工作业绩、高的情感承诺以及更多的组织行为来回报。

除了氛围的构建，企业还要通过不断满足农民工深层次的主导需求，提高农民工尊严感。本书研究结果表明，农民工认为影响他们尊严感的重要因素是：工作相关的因素，这与半月谈社情民意调查中心2011年发布的"新生代农民工尊严感"调查成果一致，该调查中农民工就表明，影响尊严感的首要因素是工作情况，占影响尊严感因素的40%。可见工作待遇、工作环境、工作发展等是农民工最为看重的，是深层次的主导需求，企业要不断满足农民工的这些深层次需求，提高农民工尊严感，以抑制农民工的反生产行为，促进农民工正绩效。农民工的工作强度大，工作时间长，但是相比他们的付出，工作待遇却很低，而且待遇歧视情况也很严重，与城市人"同工不同酬的"情况时有发生，因此在工作待遇方面企业要依照农民工的付出，提高农民工的待遇水平，并且"按贡献，不按身份"为农民工提供待遇，避免待遇歧视。在工作环境方面，企业要加大环境设施的投入力度，为农民工提供健康的工作环境，并利用科学技术等手段，将农民工在工作中的危险因素减少至最低水平。在工作发展方面，企业提供无歧视的晋升渠道，为农民工做好相关的职业发展培训和职业发展前景规划。

2. 企业要通过教育、引导的方式不断提高农民工的自我监控能力。农民工自我监控水平显著负向调节雇佣歧视和其反生产行为之间的关系，因此，提高农民工的自我监控水平，可以有效抑制农民工因雇佣歧视而产生的反生产行为的发生。有学者（王聪，2014）研究指出，自我监控不仅是一种人格，也是一种印象管理策略，可以通过对员工进行相关的引导和培训塑造。因此，企业应该重视对农民工自我监控能力的培养，企业除了可以通过正式的培训提高农民工的修养、帮助他们提高控制和适应环境的能力，也可以通过各种场合的非正式培训和多种宣传的形式，让农民工知道哪些是不该做的以及公司所倡导的正确的做法是什么，以帮助他们树立正确的意识，提高自我监控的意识和能力。同时，企业也应该通过积极、和谐的文化氛围的引导，呼吁农民工提高自身的控制和适应环境的能力，并能通过正常沟通的渠道解决问题，减少破坏行为的发生。

　　本书研究发现，当农民工遭受雇佣歧视后，不仅对其反生产行为产生直接影响，而且还能通过对农民工消极情绪和人际冲突的影响，间接促使反生产行为的产生。同时，组织声誉、组织限制、不当督导等环境因素的变化，将直接影响雇佣歧视通过消极情绪对反生产行为的作用力。当组织声誉高、组织限制低、不当督导程度低时，有利于抑制雇佣歧视对消极情绪的影响和消极情绪对反生产行为的影响；自尊水平的高低和自我监控能力的强弱是雇佣歧视作用反生产行为的条件因素，且自尊水平高，自我监控能力强，有利于抑制雇佣歧视对反生产行为的影响。研究也发现，组织间竞争的强弱和工作特征的变化对雇佣歧视与消极情绪的关系影响甚微；雇佣歧视不能通过工作满意度作用反生产行为。因此，企业管理者要高度关注农民工的雇佣歧视现象，有意识在劳动场所减少各种歧视现象的发生，营造相互尊重、认同、信任和努力工作的氛围，进而减少雇佣歧视及其对反生产行为的影响。但由于在劳动场所，农民工面临着的各种歧视，很难在短时间内彻底解决，所以需要管理者更要关注农民工消极情绪的积累、人际冲突的发生，并利用组织声誉、组织限制、不当督导的变化，有效控制雇佣歧视通过消极情绪对反生产行为的影响。研究还发现，新生代农民工对雇佣歧视更为敏感，更容易出现反生产行为，且新生代农民工已经成了中国产业工人的中流砥柱，因此企业的管理者要重视新生代农民工群体，尤其是年纪较轻，务工时间较短的农民工群体，关注他们情绪的变化、缓解他们因人际冲突带来的困扰，最大限度地降低雇佣歧视带来的各种影响和危害。

附录

附录1　访谈提纲

编号_____

访谈提纲

一、关于雇佣歧视的相关访谈问题

1. 您在就业过程中对歧视有：

　　A. 深刻经历（　　　）　　　B. 一般经历（　　　）

　　C. 没有经历（　　　）

2. 您觉得歧视现象越来越：

　　A. 淡化（　　　）　　　　　B. 严重（　　　）

　　C. 不好说（　　　）

3. 您现在的工作是以下哪种方式得到的：

　　A. 亲戚朋友介绍（　　　）　B. 单位招聘（　　　）

　　C. 劳务市场（　　　）　　　D. 其他（　　　）

4. 您认为造成不公平的根本原因是：

　　A. 城市户口与农村户口的区别（　　　）

　　B. 保护农民工权益的法律不健全（　　　）

　　C. 单位为了减少成本（　　　）

　　D. 社会对农民工群体的偏见（　　　）

5. 在就业过程中，您是否会因以下原因受到不公平对待？
　　【多选】

　　（1）性别（　　　）　　　　（2）年龄（　　　）

　　（3）相貌（　　　）　　　　（4）疾病（　　　）

（5）农村户口（　　　）　　（6）婚姻状况（　　　）

（7）受教育程度（　　　）　（8）工作经验（　　　）

（9）其他＿＿＿＿＿＿＿

★**请您按照以上原因的重要程度进行排序（最重要在前，最不重要在最后）：**

_____

6. 与城市工相比，您在工作中受到了哪些不公平的待遇？【多选】

（1）缴纳因办理暂住证等产生的费用（　　　）

（2）招聘时，因为是农村户口而受到拒绝和排挤（　　　）

（3）因为农村户口而失去培训的机会（　　　）

（4）在单位，我升职的机会很少（　　　）

（5）很难找到高薪稳定的工作（　　　）

（6）在单位，我的社会保险没有城市工多（　　　）

（7）干同样的工作，我的工资待遇比城市工低（　　　）

（8）我难以融入城市人的圈子（　　　）

★**您认为以上条目中您最不能忍受的是＿＿＿＿＿＿（选 1 个）。**

对以上问题的访谈内容补充：

（1）您所在的行业是您所擅长和喜欢的吗？您认为您是否有机会进入金融、外资、政府、国企等稳定、体面、高薪的行业？为什么？能力不足、学历不高、农村户口、性别、年龄？

_____

_____

_____

（2）在工作单位有没有社会保险？保险额度和保险类型（养老保险，医疗保险，失业保险，工伤保险）等方面与城市工相同吗？

_____

_____

_____

7. 当您在工作中遭遇不公平待遇时，您会有以下哪些反应？【多选】

　　(1) 认为单位管理制度有问题（　　　）

　　(2) 认为这不是个好单位（　　　）

　　(3) 对现在的工作产生不满（　　　）

　　(4) 不会去做工作之外的有利于单位的事（　　　）

　　(5) 降低自己的工作效率（　　　）

　　(6) 一旦有其他工作机会，马上辞职（　　　）

　　(7) 会产生焦虑、烦躁、生气、愤怒等感觉（　　　）

　　(8) 觉得社会不公平（　　　）

　　(9) 再努力也没法改变现状（　　　）

　　(10) 觉得生活不幸福，不快乐（　　　）

★在您的选择中，最常出现的反应是_____（选1个）

8. 根据您的真实情况，您认为自己目前需要得到满足的需求包括【限选六个】：

　　(1) 能够养活自己及家人，一日三餐得到保证（　　　）

　　(2) 工作受伤时可以得到及时医治和适当的补偿（　　　）

　　(3) 失去工作再找工作期间可以获得相关补助金（　　　）

　　(4) 得到健康医疗保障（　　　）

　　(5) 养老得到保障（　　　）

　　(6) 生育保障（　　　）

　　(7) 子女在城市得到义务教育（　　　）

　　(8) 希望与本地人交往沟通（　　　）

　　(9) 扎根城市，成为城市人（　　　）

　　(10) 被人看得起，被人尊重（　　　）

　　(11) 获得职业工作上的提升，升职发展（　　　）

　　(12) 自己创业，自己做生意，做老板（　　　）

二、关于工作场所中反生产行为访谈问题

1. 您所在单位的员工对公司的态度怎么样？大家一般喜不喜欢这个公司？有没有人特别讨厌公司，他们都做过什么来表达他们的不满？为什么选择这种表达不满的方式？迟到、早退的人多吗？都什么样的人会这么做？有没有人说公司的坏话？一般都是什么人说，说些什么呢？

提示（访谈时婉转的询问以下题项）：

（1）故意损坏单位财物（　　　）

（2）未经过允许拿单位的物品（　　　）

（3）传播不利于单位的虚假信息（　　　）

（4）迟到、早退、消极怠工、无事请病假、擅自延长工作时间（　　　）

（5）工作时间做私事（　　　）

（6）工作时间利用网络进行游戏，聊天，聊微信，刷微博（　　　）

（7）故意降低工作标准（　　　）

（8）不报告工作中的隐患（　　　）

（9）对工作中接触的人进行言语攻击，欺侮他人（　　　）

（10）在工作中威胁他人（　　　）

（11）工作中制造或传播危害性的谣言（　　　）

★您认为最为常见的是_____，是否有其他不良行为_____

2. 您认为他们出现以上行为主要是受到情绪影响还是想达到某种目的（如加薪、减少工作时间、报复等）？

---

3 - 1 当我在工作场所中故意做出一些同事、上级或者是组织利益的事情时，主要原因是什么？

3 - 2 我在工作场所如果曾经通过威胁他人、对他人恶意评论、忽略他人或阻碍他人有效工作等一系列在身体上或心理上伤害同事或他人的行为，主要原因是什么？

3-3 我在工作场所如果曾经有意不按时、高效完成工作等行为的主要原因是什么？

3-4 我在工作场所如果曾经有意做过损害过公司财产的行为，主要原因是什么？

3-5 我在工作场所曾经做过顺手拿过一些日常生活中能用到的东西或者是偷窃行为，主要原因是什么？

3-6 我在工作场所如果曾经做过实际工作时间少于组织规定时间的行为，如迟到、早退、缺席等，主要原因是什么？

提示：

在哪些情况下，我可能做出不利于同事、上级或者单位的事情【多选】：

(1) 单位制度不合理（　　　）

(2) 对现有的工作不满意（　　　）

(3) 对单位没有归属感（　　　）

(4) 感觉受到他人不公平的对待（　　　）

(5) 受环境所迫（　　　）

(6) 受他人所迫（　　　）

(7) 对自己约束不够（　　　）

(8) 在工作中产生消极的情绪（　　　）

(9) 被惩罚的可能性比较低（　　　）

(10) 单位的工作环境和设施不好（　　　）

(11) 不适合做现在的工作（　　　）

(12) 不喜欢领导的管理方式，如总是训我（　　　）

(13) 工作中受到他人的阻碍（　　　）

★您认为以上缘由中最重要的是＿＿＿＿＿＿（选1个）

【补充】：

附录 2 预调查问卷

编号_____

预调查问卷

尊敬的女士/先生：

您好！

感谢您在百忙之中参与我们的调查。以下是关于您工作时的一些情况及感受，该问卷将采用不记名方式，无对错、好坏之分。您的回答仅用于学术研究，绝不对外公开，因此不会对您的生活有任何影响。您的回答对我们研究有很大的价值，希望您能真实作答，再次感谢您的合作！

祝您身体健康，工作顺利，幸福美满！

吉林大学商学院

1. 您的性别：
   A. 男（　　　）   B. 女（　　　）
2. 您的户口是：
   A. 农村户口（　　　）   B. 城镇户口（　　　）
3. 您的受教育程度：
   A. 初中以下（　　　）   B. 高中或中专（　　　）
   C. 大专（　　　）   D. 本科及以上（　　　）
4. 您的年龄：
   A. 20 岁以下（　　　） B. 21 ~ 29 岁（　　　）
   C. 30 ~ 39 岁（　　　） D. 40 岁以上（　　　）

5. 您所在的行业是：

    A. 建筑业（　　）   B. 制造业（　　）

    C. 服务业（　　）   D. 其他（　　）

6. 您来自省市_____。

7. 您从_____年开始外出打工，现在工作地点在省市。

    下面表格中有一些关于您工作生活的描述题项，其中"**1**"表示题项的描述完全不符合您的情况，"**5**"代表完全符合，从 **1** 到 **5** 符合程度逐渐加强。

    下面是您所在**公司竞争**情况的句子，请根据实际感受，在相应的数字上打"√"。

	题　项	完全不符合 → 完全符合				
JZ1	行业内各企业之间存在竞争	1	2	3	4	5
JZ2	每个企业都试图强调自己拥有超越其他企业的优势	1	2	3	4	5
JZ3	我所在企业的员工经常比较和评价同行的其他企业	1	2	3	4	5
JZ4	我所在企业的员工，经常通过对同行其他企业的了解，来评价自己所在的企业	1	2	3	4	5
JZ5	所有企业都认为自己是同行业中最好的一家，并能说明理由	1	2	3	4	5
JZ6	所有企业都试图证明他们拥有最杰出的员工	1	2	3	4	5
JZ7	我所在企业不认为与同行其他企业之间存在竞争	1	2	3	4	5

    下面是有关您**工作满意度**的一些描述，根据实际感受，在相应的数字上打"√"。

题　　项	完全 不符合	完全 符合	→		
MY1　我对目前的工作相当满意	1	2	3	4	5
MY2　在目前工作中，通常我能保持热情	1	2	3	4	5
MY3　每一天的工作好像都看不到尽头	1	2	3	4	5
MY4　我认为我的工作是非常让人愉快的	1	2	3	4	5
MY5　我真的感觉非常享受现在的工作	1	2	3	4	5

　　下面是有关您**工作特征**的一些描述，请根据实际感受，在相应的数字上打"√"。

题　　项	完全 不符合	完全 符合	→		
TZ1　我的工作必须使用许多复杂或高水平的技术	1	2	3	4	5
TZ2　我的工作从头到尾很完整	1	2	3	4	5
TZ3　我的工作结果会对别人有重大的影响	1	2	3	4	5
TZ4　我的工作给我许多处理事情的权力	1	2	3	4	5
TZ5　工作的安排使我可以定期知道自己的工作业绩	1	2	3	4	5
TZ6　我的工作需要用到不同的技术和技能来处理不同的事情	1	2	3	4	5
TZ7　我的工作都已经安排好了，以至于我没有机会做从头很完整的工作	1	2	3	4	5
TZ8　我的工作对单位的整体很重要	1	2	3	4	5
TZ9　工作中我很难运用自己的创造力和判断力	1	2	3	4	5
TZ10　有许多机会让我知道自己工作成绩的好坏	1	2	3	4	5
TZ11　我的职务是反复做简单的工作	1	2	3	4	5
TZ12　工作时，我有机会彻底完成整件工作	1	2	3	4	5
TZ13　我的工作对整个单位来说并不是非常重要的	1	2	3	4	5
TZ14　工作中我有很多机会独立地决定如何完成任务	1	2	3	4	5
TZ15　在工作中，我基本上不知道自己做得好不好	1	2	3	4	5

以下是关于**您生活状态**的一些描述，请根据实际情况，在相应的数字上打"√"。

题　项	完全 不符合				完全 符合 →
XJ1 只要完成自己的工作就好，对其他事情不感兴趣	1	2	3	4	5
XJ2 有时会对同事或领导不满	1	2	3	4	5
XJ3 有点厌烦现在的工作	1	2	3	4	5
XJ4 一旦想到要去工作，就有点紧张和不安	1	2	3	4	5
XJ5 工作的时候感觉有点压抑	1	2	3	4	5
XJ6 有些时候，不知道如何完成工作	1	2	3	4	5
XJ7 感觉周围的人比较虚伪，没有人可以交流沟通	1	2	3	4	5
XJ8 对同事的晋升或加薪感到不满，甚至气愤	1	2	3	4	5
XJ9 工作受到阻碍，感到失落和沮丧	1	2	3	4	5

下面是有关您所在**公司声誉**的一些描述，请根据实际，在相应的数字上打"√"。

题　项	完全 不符合				完全 符合 →
SY1 我所在的分公司社会声誉很好	1	2	3	4	5
SY2 在本公司工作过的员工，当被应聘到其他公司工作时，有比较高的社会声望	1	2	3	4	5
SY3 我所在的分公司被人们认为是同行中最好的公司	1	2	3	4	5
SY4 同行其他公司的员工看不起我所在的分公司	1	2	3	4	5
SY5 我所在的分公司社会声誉很差	1	2	3	4	5
SY6 员工想在本行业其他公司有所发展，应尽量减少与本公司的联系	1	2	3	4	5
SY7 同行其他公司在招聘员工时，不愿意接收曾经在本公司工作过的员工	1	2	3	4	5

以下是有关您**工作状况**的描述，请仔细阅读每个句子，并在相应的数字上打"√"。

题 项	完全 不符合				完全 符合 →
BD1　我的领导常常在别人面前说下属的不是	1	2	3	4	5
BD2　我的领导常常在别人面前贬低下属	1	2	3	4	5
BD3　我的领导常常说下属的想法和感受很蠢	1	2	3	4	5
BD4　我的领导常常嘲讽下属	1	2	3	4	5
BD5　我的领导常常说下属的工作能力不足	1	2	3	4	5

您是否曾由于以下原因不能把工作做好，根据实际在相应的数字上打"√"。

题 项	完全 不符合				完全 符合 →
XZ1　由于糟糕的设备或原材料的原因	1	2	3	4	5
XZ2　由于组织规则和程序的原因	1	2	3	4	5
XZ3　由于其他同事的原因	1	2	3	4	5
XZ4　由于我的领导的原因	1	2	3	4	5
XZ5　由于缺乏设备或原材料的原因	1	2	3	4	5
XZ6　由于不充分的培训的原因	1	2	3	4	5
XZ7　由于被其他人打断的原因	1	2	3	4	5
XZ8　由于不知道做什么怎么做的原因	1	2	3	4	5
XZ9　由于工作要求相互冲突的原因	1	2	3	4	5
XZ10　由于别人不能给我充分帮助的原因	1	2	3	4	5
XZ11　由于领导指示错误的原因	1	2	3	4	5

下列各题是想要了解您**自我肯定程度**，请在最符合您自身情况的空格中打"√"。

题　　项	完全 不符合				完全 符合
ZZ1　你感到自己是个有价值的人，至少与其他人在同一水平上	1	2	3	4	5
ZZ2　你感到你有很多好的品质	1	2	3	4	5
ZZ3　归根结底，你倾向于自己是一个失败者	1	2	3	4	5
ZZ4　你能像大多数人一样把事情做好	1	2	3	4	5
ZZ5　你感到自己值得自豪的地方不多	1	2	3	4	5
ZZ6　你对自己持肯定态度	1	2	3	4	5
ZZ7　总的来说，你对自己是满意的	1	2	3	4	5
ZZ8　你希望能为自己赢得更多尊重	1	2	3	4	5
ZZ9　你确实时常感到自己毫无用处	1	2	3	4	5
ZZ10　你时常认为自己一无是处	1	2	3	4	5

下列各题是想要了解您**对自己的认知**，请在最符合您自身情况的空格中打"√"。

题　　项	完全 不符合				完全 符合
JK1　对我来说，模仿别人的行为是很难的	1	2	3	4	5
JK2　在社交场合，我并不故意说一些别人想听的话	1	2	3	4	5
JK3　我仅为我深信不疑的观念而争论	1	2	3	4	5
JK4　我能对一个我不熟悉的话题而进行即兴演讲	1	2	3	4	5
JK5　我会伪装自己以迎合他人	1	2	3	4	5
JK6　我有可能成为一个好演员	1	2	3	4	5
JK7　在一群人中，我很少成为焦点人物	1	2	3	4	5
JK8　我的行为举止会因环境变化而改变	1	2	3	4	5
JK9　我不知道怎样让别人喜欢我	1	2	3	4	5

续表

题　项	完全 不符合				完全 符合 —→
JK10　我表现出来的不全是真实的我	1	2	3	4	5
JK11　我不会改变我的观点或做事的风格来讨别人喜欢	1	2	3	4	5
JK12　我很难改变我的行为去适应不同的人和不同的情景	1	2	3	4	5
JK13　我从来不是一个即兴表演的好手	1	2	3	4	5
JK14　我无法改变行为去配合不同的人和情况	1	2	3	4	5
JK15　在聚会中，我会让他人尽情地讲笑话与说故事	1	2	3	4	5
JK16　在公共场合，我会感到别扭，不能像平常一样	1	2	3	4	5
JK17　出于好意，我能够面不改色的说谎	1	2	3	4	5
JK18　即使我不喜欢某些人，我也会装出友善的样子	1	2	3	4	5

下面是描述**您及所在公司情况**的句子，请根据实际感受，在相应的数字上打"√"。

题　项	完全 不符合				完全 符合 —→
SC1　我曾经向政府缴纳过各种管理费用和办证费用	1	2	3	4	5
SC2　我曾经向企业缴纳过各种押金费用	1	2	3	4	5
SC3　与城市员工比，缺乏职业培训和职业介绍的机会	1	2	3	4	5
ZR1　我所在公司喜欢用男性员工	1	2	3	4	5
ZR2　我所在公司喜欢用相貌好的员工	1	2	3	4	5
ZR3　我所在公司喜欢提拔男性员工	1	2	3	4	5
TJ1　我所在公司觉得农民工素质低、能力差	1	2	3	4	5
TJ2　我所在公司觉得农民工不诚实	1	2	3	4	5
TJ3　我所在公司觉得农民工只适合从事脏累差的工作	1	2	3	4	5
HJ1　我所在公司认为本地员工优先外地员工	1	2	3	4	5

续表

题 项		完全 不符合			完全 符合 →	
HJ2	我所在公司认为城市员工优于农村员工	1	2	3	4	5
HJ3	我所在公司认为外地城市员工优于本地农村员工	1	2	3	4	5
BZ1	公司不帮我缴纳社会保险	1	2	3	4	5
BZ2	我的养老保障只有土地	1	2	3	4	5
BZ3	在享受某些社会福利待遇时必须要求城镇户口	1	2	3	4	5

以下描述后的数字"1"代表从不发生,"2"表示偶尔发生,"3"表示有时发生,"4"表示经常发生,"5"表示总是如此。

请您仔细阅读,根据自己的实际感知情况填写,请在相应的数字上打"√"。

题 项		从不	偶尔	有时 候	经常	总是
RJ1	工作中我与他人发生争执的频率	1	2	3	4	5
RJ2	工作中他人向我叫嚷的频率	1	2	3	4	5
RJ3	工作中他人粗鲁对待我的频率	1	2	3	4	5
RJ4	工作中他人对我做恶意事件的频率	1	2	3	4	5
GY1	城里人对我不礼貌	1	2	3	4	5
GY2	城里人对我不尊重	1	2	3	4	5
GY3	与城里人比,我没有医疗、工伤、失业保险等	1	2	3	4	5
GY4	城里人觉得我不够聪明	1	2	3	4	5
GY5	觉得城里人不喜欢我	1	2	3	4	5
GY6	城里人觉得我不够诚实	1	2	3	4	5
GY7	城里人总觉得比我强	1	2	3	4	5
GY8	有的城里人对我的称呼令我感到厌烦	1	2	3	4	5
GY9	曾经受到城里人的威胁或者骚扰	1	2	3	4	5

题　　项	从不	偶尔	有时候	经常	总是
FS1 为逃避工作而延长休息时间	1	2	3	4	5
FS2 有意寻找并利用工作单位制度上的漏洞	1	2	3	4	5
FS3 故意破坏工作单位的秩序和要求	1	2	3	4	5
FS4 做一些破坏工作单位和谐氛围的事情	1	2	3	4	5
FS5 谎称自己有病，编造理由请假	1	2	3	4	5
FS6 自己不想做事，将工作推给别人来做	1	2	3	4	5
FS7 不愿意承担工作上的责任，缺少责任心	1	2	3	4	5
FS8 为了个人的利益，不惜损害工作单位利益	1	2	3	4	5
FS9 我在工作中比较固执，很难听取他人意见	1	2	3	4	5
FS10 搞点小动作，使工作不能正常进行	1	2	3	4	5
FS11 有意损害工作单位的设备或者工具	1	2	3	4	5
FS12 投入在工作上的精力比应有的少	1	2	3	4	5
FS13 对单位领导和同事的事情说三道四，并散播谣言	1	2	3	4	5
FS14 在别人面前取笑同事	1	2	3	4	5
FS15 拒绝和同事说话	1	2	3	4	5
FS16 有意对别人说一些不礼貌的话	1	2	3	4	5
FS17 对一起工作的同事的态度不友好	1	2	3	4	5
FS18 与别人出现矛盾后，故意干扰和破坏别人工作	1	2	3	4	5
FS19 有意说或者做一些伤害别人的事情	1	2	3	4	5

问卷到此结束，感谢您的参与！

附录3　正式调查问卷

编号_____

调查问卷（一）

尊敬的女士/先生：

您好！

感谢您在百忙之中参与我们的调查。以下是关于您工作时的一些情况及感受，该问卷将采用不记名方式，无对错、好坏之分。您的回答仅用于学术研究，绝不对外公开，因此不会对您的生活有任何影响。您的回答对我们研究有很大的价值，希望您能真实作答，再次感谢您的合作！

祝您身体健康，工作顺利，幸福美满！

1. 您的性别：
   A. 男（　　　）　　　　　B. 女（　　　）
2. 您的户口是：
   A. 农村户口（　　　）　　B. 城镇户口（　　　）
3. 您的受教育程度：
   A. 初中及以下（　　　）　B. 高中或中专（　　　）
   C. 大专（　　　）　　　　D. 本科及以上（　　　）
4. 您的年龄：
   A. 20 岁及以下（　　　）　B. 21 ~ 29 岁（　　　）
   C. 30 ~ 39 岁（　　　）　　D. 40 岁以上（　　　）

5. 您所在的行业是：
   A. 建筑业（　　　）　　　B. 制造业（　　　）
   C. 服务业（　　　）　　　D. 其他（　　　）
6. 您来自省市_____。
7. 您从_____年（例如，2000 年）开始外出打工，现在工作地点在省市。

以下描述后的数字"**1**"代表从不发生，"**2**"表示偶尔发生，"**3**"表示有时发生，"**4**"表示经常发生，"**5**"表示总是如此，请在相应的数字上打"√"。

	题　项	从不	偶尔	有时候	经常	总是
RJ1	我在工作中与他人发生争执	1	2	3	4	5
RJ2	工作中他人向我叫嚷	1	2	3	4	5
RJ3	工作中他人粗鲁对待我	1	2	3	4	5
RJ4	工作中他人对我做恶意事件	1	2	3	4	5
GY1	城里人对我不礼貌	1	2	3	4	5
GY2	城里人对我不尊重	1	2	3	4	5
GY3	与城里人比，我缺少社会保险	1	2	3	4	5
GY4	城里人觉得我不够聪明	1	2	3	4	5
GY5	我觉得城里人不喜欢我	1	2	3	4	5
GY6	城里人觉得我不够诚实	1	2	3	4	5
GY7	城里人总觉得他们比我强	1	2	3	4	5
GY8	有的城里人对我的称呼令我厌烦	1	2	3	4	5
GY9	曾经受到城里人的威胁或者欺辱	1	2	3	4	5

您在工作过程中，是否有以下行为出现，请根据实际状况，在相应的数字上打"√"。

	题　　项	从不	偶尔	有时候	经常	总是
FS1	为逃避工作而延长休息时间	1	2	3	4	5
FS2	有意寻找并利用工作单位制度上的漏洞	1	2	3	4	5
FS3	故意破坏工作单位的秩序和要求	1	2	3	4	5
FS4	做一些破坏工作单位和谐氛围的事情	1	2	3	4	5
FS5	谎称自己有病，编造理由请假	1	2	3	4	5
FS6	自己不想做事，将工作推给别人去做	1	2	3	4	5
FS7	不愿意承担工作上的责任，缺少责任心	1	2	3	4	5
FS8	为了个人利益，不惜损害工作单位利益	1	2	3	4	5
FS9	我在工作中比较固执，很难听取他人意见	1	2	3	4	5
FS10	搞点小动作，使工作不能正常进行	1	2	3	4	5
FS11	有意损害工作单位的设备或者工具	1	2	3	4	5
FS12	在工作上投入的精力比应有的少	1	2	3	4	5
FS13	经常谈论和传播单位领导和同事的事情	1	2	3	4	5
FS14	在别人面前取笑同事	1	2	3	4	5
FS15	拒绝和同事说话	1	2	3	4	5
FS16	有意对别人说一些不礼貌的话	1	2	3	4	5
FS17	对一起工作的同事的态度不友好	1	2	3	4	5
FS18	与别人出现矛盾后，故意干扰和破坏别人工作	1	2	3	4	5
FS19	有意说或者做一些伤害别人的事情	1	2	3	4	5

以下选项与上述不同，"1"表示题项的描述完全不符合您的情况，"5"代表完全符合，从1到5符合程度逐渐加强，请在相应的数字上打"√"。

下面是有关您所在**行业竞争情况**的描述，请根据实际感受如实填写。

	题　项	完全 不符合				完全 符合　→
JZ1	我所在行业的各家公司之间竞争激烈	1	2	3	4	5
JZ2	各个公司都有比其他公司强的地方	1	2	3	4	5
JZ3	我和同事经常比较和评价同行业的其他公司	1	2	3	4	5
JZ4	我和同事经常拿其他公司与我所在公司作比较	1	2	3	4	5
JZ5	所有公司都有理由认为自己是最好的	1	2	3	4	5
JZ6	每个公司认为他们拥有最好的员工	1	2	3	4	5

　　下面是有关您**工作感受**的一些描述，请根据实际感受，在相应的数字上打"√"。

	题　项	完全 不符合				完全 符合　→
MY1	我对目前的工作相当满意	1	2	3	4	5
MY2	在目前工作中，通常我能保持热情	1	2	3	4	5
MY3	每一天的工作好像都看不到尽头	1	2	3	4	5
MY4	我认为我的工作是非常让人愉快的	1	2	3	4	5
MY5	我真的感觉非常享受现在的工作	1	2	3	4	5

　　下面是有关您**工作特征**的一些描述，请根据实际感受，在相应的数字上打"√"。

	题　项	完全 不符合				完全 符合　→
TZ1	我的工作必须使用许多复杂或高水平的技术	1	2	3	4	5
TZ2	我的工作从头到尾很完整	1	2	3	4	5
TZ3	我的工作结果会对别人有重大的影响	1	2	3	4	5
TZ4	我的工作给我许多处理事情的权力	1	2	3	4	5
TZ5	单位会按时检查我工作的好坏	1	2	3	4	5

续表

题　项	完全 不符合				完全 符合 →
TZ6　我的工作需要用到不同的技术和技能来处理不同的事情	1	2	3	4	5
TZ7　我负责的工作，是一项系统工作中的一部分	1	2	3	4	5
TZ8　我的工作对单位的整体很重要	1	2	3	4	5
TZ9　工作中我很难运用自己的创造力和判断力	1	2	3	4	5
TZ10　有许多机会让我知道自己的工作效果	1	2	3	4	5
TZ11　我的工作是反复做简单的事情	1	2	3	4	5
TZ12　工作时，我有机会彻底完成整件工作	1	2	3	4	5
TZ13　我的工作对整个单位来说并不是非常重要的	1	2	3	4	5
TZ14　工作中我有很多机会独立地决定如何完成任务	1	2	3	4	5
TZ15　在工作中，我基本上不知道自己做得好坏	1	2	3	4	5

以下是关于**您生活状态**的一些描述，请根据实际情况，在相应的数字上打"√"。

题　项	完全 不符合				完全 符合 →
XJ1　只要完成自己的工作就好，对其他事情不感兴趣	1	2	3	4	5
XJ2　有时会对同事或领导不满	1	2	3	4	5
XJ3　有点厌烦现在的工作	1	2	3	4	5
XJ4　一旦想到要去工作，就紧张和不安	1	2	3	4	5
XJ5　工作时感觉有点压抑	1	2	3	4	5
XJ6　有些时候，不知道如何完成工作	1	2	3	4	5
XJ7　感觉周围的人比较虚伪，没有人可以交谈	1	2	3	4	5
XJ8　对同事的晋升或加薪感到不满，甚至气愤	1	2	3	4	5
XJ9　工作受到阻碍，感到失落和沮丧	1	2	3	4	5

请您根据实际，在相应的数字上打"√"。

题　项	完全 不符合				完全 符合 ⟶
XZ1　因为糟糕的设备或原材料，导致工作做不好	1	2	3	4	5
XZ2　因为单位制度和章程，导致工作做不好	1	2	3	4	5
XZ3　因为其他同事，导致工作做不好	1	2	3	4	5
XZ4　因为我的领导，导致工作做不好	1	2	3	4	5
XZ5　因为缺乏设备或原材料，导致工作做不好	1	2	3	4	5
XZ6　因为不充分的培训，导致工作做不好	1	2	3	4	5
XZ7　因为被其他人打断，导致工作做不好	1	2	3	4	5
XZ8　因为不知道做什么怎么做，导致工作做不好	1	2	3	4	5
XZ9　因为工作要求相互冲突，导致工作做不好	1	2	3	4	5
XZ10　因为别人不能给我充分帮助，导致工作做不好	1	2	3	4	5
XZ11　因为领导指示错误，导致工作做不好	1	2	3	4	5

下面是有关您所在**公司声誉**的一些描述，请根据实际，在相应的数字上打"√"。

题　项	完全 不符合				完全 符合 ⟶
SY1　我所在的公司社会评价很好	1	2	3	4	5
SY2　其他公司对在本公司工作过的员工评价很高	1	2	3	4	5
SY3　人们认为我所在的公司是同行中最好的	1	2	3	4	5
SY4　其他公司的员工看不起我所在的公司	1	2	3	4	5
SY5　我若到其他公司工作，就不愿意再和本公司联系	1	2	3	4	5
SY6　其他的公司不愿意招聘在本公司工作过的人	1	2	3	4	5

以下是有关您**工作状况**的描述，请仔细阅读每个句子，并在相应的数字上打"√"。

题　项	完全 不符合				完全 符合　→
BD1　我的领导常常在别人面前说下属的不是	1	2	3	4	5
BD2　我的领导常常在别人面前贬低下属	1	2	3	4	5
BD3　我的领导常常说下属的想法和感受很蠢	1	2	3	4	5
BD4　我的领导常常嘲讽下属	1	2	3	4	5
BD5　我的领导常常说下属的工作能力不足	1	2	3	4	5

　　下列各题是想要了解您**自我肯定程度**，请在最符合您自身情况的空格中打"√"。

题　项	完全 不符合				完全 符合　→
ZZ1　我认为自己是个有用的人，至少与别人不相上下	1	2	3	4	5
ZZ2　我觉得我有许多优点	1	2	3	4	5
ZZ3　总的来说，我认为自己是一个失败者	1	2	3	4	5
ZZ4　我做事可以做得和大多数人一样好	1	2	3	4	5
ZZ5　我很看好自己	1	2	3	4	5
ZZ6　整体而言，我对自己很满意	1	2	3	4	5
ZZ7　有时我感到自己很没用	1	2	3	4	5

　　下列各题是想要了解您**对自己的认知**，请在最符合您自身情况的空格中打"√"。

题　项	完全 不符合				完全 符合　→
JK1　对我来说，模仿别人的行为是很难的	1	2	3	4	5
JK2　在社交场合，我并不故意说一些别人想听的话	1	2	3	4	5
JK3　我不会因为外界的压力改变自己的想法	1	2	3	4	5
JK4　我能对一个我不太熟悉的话题进行当场评论	1	2	3	4	5

题　　项	完全 不符合	完全 符合 →			
JK5　我会伪装自己以迎合他人	1	2	3	4	5
JK6　我有可能成为一个好演员	1	2	3	4	5
JK7　在一群人中，我很少成为焦点人物	1	2	3	4	5
JK8　我的行为举止会因环境变化而改变	1	2	3	4	5
JK9　我不知道怎样让别人喜欢我	1	2	3	4	5
JK10　我表现出来的不全是真实的我	1	2	3	4	5
JK11　我不会改变我的观点或做事的风格来讨别人喜欢	1	2	3	4	5
JK12　我很难改变我的行为去适应不同的人和环境	1	2	3	4	5
JK13　我从来不是一个即兴表演的好手	1	2	3	4	5
JK14　我无法改变行为去配合他人	1	2	3	4	5
JK15　在聚会中，我会让他人尽情地讲笑话	1	2	3	4	5
JK16　在公共场合，我会感觉不自在，不能像平常一样	1	2	3	4	5
JK17　出于好意，我能够面不改色的说谎	1	2	3	4	5
JK18　即使我不喜欢某些人，我也会装出友善的样子	1	2	3	4	5

下面是描述**您在单位情况**的句子，请根据实际感受，在相应的数字上打"√"。

题　　项	完全 不符合	完全 符合 →			
ZR1　我所在单位更喜欢用男性员工	1	2	3	4	5
ZR2　我所在单位更喜欢用相貌好的员工	1	2	3	4	5
ZR3　我所在单位更喜欢提拔男性员工	1	2	3	4	5
TJ1　我所在单位觉得农民工素质低、能力差	1	2	3	4	5

续表

题　项	完全 不符合	完全 符合			
TJ2　我所在单位觉得农民工不诚实	1	2	3	4	5
TJ3　我所在单位觉得农民工只适合从事脏累差的工作	1	2	3	4	5
HJ1　我所在单位认为本地员工优于农民工	1	2	3	4	5
HJ2　我所在单位认为城市员工优于农民工	1	2	3	4	5
HJ3　我所在单位录用员工时，优先录取本地的城里人	1	2	3	4	5
BZ1　单位不帮我缴纳社会保险	1	2	3	4	5
BZ2　我的养老保障只有土地	1	2	3	4	5
BZ3　在享受某些社会福利待遇时必须要求城镇户口	1	2	3	4	5

调查问卷（二）

◆ 请在您选择的答案后边（　　）里打"√"。

1. 您在就业过程中对歧视有：
   A. 深刻经历（　　）　　　　B. 一般经历（　　）
   C. 没有经历（　　）

2. 您觉得歧视现象越来越：
   A. 淡化（　　）　　　　　　B. 严重（　　）
   C. 不好说（　　）

3. 您现在的工作是以下哪种方式得到的：
   A. 亲戚朋友介绍（　　）　　B. 单位招聘（　　）
   C. 劳务市场（　　）　　　　D. 其他（　　）

4. 您认为造成不公平的根本原因是：
   A. 城市户口与农村户口的区别（　　）
   B. 保护农民工权益的法律不健全（　　）
   C. 单位为了减少成本（　　）

D. 社会对农民工群体的偏见（　　　）

5. 在就业过程中，您是否会因以下原因受到不公平对待？【多选】
　　（1）性别（　　　）　　　　（2）年龄（　　　）
　　（3）相貌（　　　）　　　　（4）疾病（　　　）
　　（5）农村户口（　　　）　　（6）婚姻状况（　　　）
　　（7）受教育程度（　　　）　（8）工作经验（　　　）
　　（9）其他_____
　　★**在您第 5 题的选择中，最重要的是**_____（**选 1 个**）

6. 与城市工相比，您在工作中受到了哪些不公平的待遇？【多选】
　　（1）缴纳因办理暂住证等产生的费用（　　　）
　　（2）招聘时，因为是农村户口而受到拒绝和排挤（　　　）
　　（3）因为农村户口而失去培训的机会（　　　）
　　（4）在单位，我升职的机会很少（　　　）
　　（5）很难找到高薪稳定的工作（　　　）
　　（6）在单位，我的社会保险没有城市工多（　　　）
　　（7）干同样的工作，我的工资待遇比城市工低（　　　）
　　（8）我难以融入城市人的圈子（　　　）
　　★**在您第 6 题的选择中，最不能忍受的是**_____（**选 1 个**）。

7. 当您在工作中遭遇不公平待遇时，您会有以下哪些反应？【多选】
　　（1）认为单位管理制度有问题（　　　）
　　（2）认为这不是个好单位（　　　）
　　（3）对现在的工作产生不满（　　　）
　　（4）不会去做工作之外的有利于单位的事（　　　）
　　（5）降低自己的工作效率（　　　）
　　（6）一旦有其他工作机会，马上辞职（　　　）
　　（7）会产生焦虑、烦躁、生气、愤怒等感觉（　　　）
　　（8）觉得社会不公平（　　　）

（9）再努力也没法改变现状（　　）

（10）觉得生活不幸福，不快乐（　　）

★**在您第7题的选择中，最常出现的是_____（选1个）**

8. 在哪些情况下，您可能做出不利于单位的事情【多选】：

（1）单位制度不合理（　　）

（2）对现有的工作不满意（　　）

（3）对单位没有归属感（　　）

（4）感觉受到他人不公平的对待（　　）

（5）受环境所迫（　　）

（6）受他人所迫（　　）

（7）对自己约束不够（　　）

（8）在工作中产生消极的情绪（　　）

（9）被惩罚的可能性比较低（　　）

（10）单位的工作环境和设施不好（　　）

（11）不适合做现在的工作（　　）

（12）不喜欢领导的管理方式，如总是训我（　　）

（13）工作中受到他人的阻碍（　　）

★**在您第8题的选择中，您认为最重要的是_____（选1个）**

9. 在单位，您的同事是否有过以下行为？【多选】

（1）故意损坏单位财物（　　）

（2）未经过允许拿单位的物品（　　）

（3）传播不利于单位的虚假信息（　　）

（4）迟到、早退、消极怠工、无事请病假、擅自延长工作时间（　　）

（5）工作时间做私事（　　）

（6）工作时间利用网络进行游戏，聊天，聊微信，刷微博（　　）

（7）故意降低工作标准（　　　）

（8）不报告工作中的隐患（　　　）

（9）对工作中接触的人进行言语攻击，欺侮他人（　　　）

（10）在工作中威胁他人（　　　）

（11）工作中制造或传播危害性的谣言（　　　）

★**在您第 9 题的选择中，最为普遍的是_____（选 1 个）**

10. 根据您的真实情况，您认为自己目前需要得到满足的需求
　　包括【限选六个】：

（1）能够养活自己及家人，一日三餐得到保证（　　　）

（2）工作受伤时可以得到及时医治和适当的补偿（　　　）

（3）失去工作再找工作期间可以获得相关补助金（　　　）

（4）得到健康医疗保障（　　　）

（5）养老得到保障（　　　）

（6）生育保障（　　　）

（7）子女在城市得到义务教育（　　　）

（8）希望与本地人交往沟通（　　　）

（9）扎根城市，成为城市人（　　　）

（10）被人看得起，被人尊重（　　　）

（11）获得工作上的提升和发展（　　　）

（12）自己创业，自己做生意，做老板（　　　）

参 考 文 献

[1] Agho A. , Mueller C. , Price J. . Determinants of employee job satisfaction: An empirical test of a causal model [J]. Human relations, 1993, 46 (8): 1007 – 1027.

[2] Agnew R. . Foundation for a generalism strain theory of crime and delinquency [J]. Criminology, 1992, 30: 47.

[3] Ajzen I. . From intentions to actions: A TPB. In: Kuhl J, Beckmann J. Eds. Action control: From cognition to behavior [Z]. Berlin: Springer, 1985, 31 (6): 221 – 235.

[4] Allen D. , Shore L. , Griffeth R. . The Role of Perceived Organizational Support and Supportive Human Resource Practices in the Turnover Process [J]. Journal of Management, 2003, 29 (1): 99 – 118.

[5] Anderson, Neil et al. . Handbook of Industrial, Work and Organizational Psychology: Volume 1: Personnel Psychology. Sage, 2001.

[6] Anonymous. Job Satisfaction is High but Security is Still an Issue [J]. Beverage Industry, 2000, 89, 11 – 13.

[7] Arksey H. and Knight P. . Interviewing for social scientists: An introductory resource with examples [M]. Sage, 1999.

[8] Arnold M. . Emotion and personality [M]. New York: Columbia University Press. 1960: 173 – 189.

[9] Aryee S. , Chen Z. , Sun L. , Debrah Y. . Antecedents and outcomes of abusive supervision: Test of a trickle-down model. Journal of Applied Psychology, 2007, 92 (1), 191 – 201.

[10] Ashforth B. , Mael F. . Social identity theory and the organization [J]. Academy of Management Review, 1989, 14 (1): 20 – 39.

[11] Ashkanasy N. and Humphrey R. . Current Emotion Research in Organizational Behavior [J]. Emotion Review, 2011, 3 (2): 214 – 224.

[12] Assael H. . Constructive Role of Interorganizational Conflict [J]. Administrative Science Quarterly, 1969: 573 – 582.

[13] Bakker A. , Schaufeli W. , Demerouti E et al. . An organizational and social psychological perspective on burnout and work engagement [J]. 2007.

[14] Bandura A. . Social learning through imitation [J]. 1962, 75 (1): 178 – 197.

[15] Barclay L. , Skarlicki D. . Healing the wounds of organizational injustice: Examining the benefits of expressive writing [J]. Journal of Applied Psychology, 2009, 94 (2): 511.

[16] Barki H. and Hartwick J. . Conceptualizing the Construct of Interpersonal Conflict [J]. International Journal of Conflict Management, 2004, 15 (3) : 216 – 244.

[17] Baron R. and Kenny D. . The moderator-mediator variable distinction in social psychological research: Conceptual strategic and statistical considerations [J]. Journal of personality and social psychology, 1986, 51 (6): 1173.

[18] Barsade S. and Gibson D. . Why Does Affect Matter in Organizations? [J]. The Academy of Management Perspectives, 2007.

[19] Bateman T. S. , Strasser S. . A longitudinal analysis of the antecedents of organizational commitment [J]. Academy of management journal, 1984, 27 (1): 95 – 112.

[20] Baumeister R. , Smart L. , Boden J. . Relation of threatened egotism to violence and aggression: The dark side of high self-esteem.

Psychological Review, 1996, 103 (1): 5 –33.

[21] Baumeister R., Smart L., Boden J.. Relation of Threatened Egotism to Violence and Aggression: The Dark Side of High Self-esteem. Psychological Review, 1996, 103 (1): 5 –33.

[22] Becker G.. The Economics of Discrimination. Chicago: Univ [J]. 1957, 2 (3): 11 –25.

[23] Behrend T., Baker B., Thompson L.. Effects of pro-environmental recruiting messages: The role of organizational reputation [J]. Journal of Business and Psychology, 2009, 24 (3): 341 –350.

[24] Bennett R. and Robinson S.. Development of a measure of workplace deviance [J]. Journal of applied psychology, 2000, 85 (3): 349.

[25] Berkowitz L.. Aggression: Its causes consequences and control [M]. Mcgraw – Hill Book Company, 1993.

[26] Blake R. and Mouton J.. The New Managerial Grid: Strategic New Insights into a Proven System for Increasing Organization Productivity and Individual Effectiveness Plus a Revealing Examination of How Your Managerial Style Can Affect Your Mental and Physical Health [M]. Gulf Pub. Co, 1964.

[27] Blau P.. Exchange and power in social life [M]. Transaction Publishers, 1964.

[28] Bordia P., Restubog S., Tang R.. When employees strike back: investigating mediating mechanisms between psychological contract breach and workplace deviance [J]. Journal of Applied Psychology, 2008, 93 (5): 1104.

[29] Bowling N. and Beehr T.. Workplace harassment from the victim's perspective: a theoretical model and meta-analysis [J]. Journal of Applied Psychology, 2006, 91 (5): 998.

[30] Bradburn N.. The structure of psychological well-being [J].

1969, 14: 131 – 138.

[31] Branden N.. The psychology of self-esteem: a new concept of Man's psychology [J]. 1969. 75 (1): 178 – 197.

[32] Brown J. , Dutton K. , Cook K.. From the Top Down: Self-esteem and Self-evaluation [J]. Cognition & Emotion, 2001, 15 (5): 615 – 631.

[33] Brown M. and Treviño L.. Socialized charismatic leadership, values congruence, and deviance in work groups [J]. Journal of Applied Psychology, 2006, 91 (4): 954.

[34] Cable D. and Turban D.. Recruitment image equity: Establishing the dimensions, sources and value of job seekers organizational beliefs. Research in personnel and human resources management . 2001.

[35] Chen P. and Spector P.. Relationships of work stressors with aggression, withdrawal, theft and substance use: An exploratory study [J]. Journal of occupational and organizational psychology, 1992, 65 (3): 177 – 184.

[36] Chen、Storms, 1992 转自牛凯云，基于心理资本视角的员工反生产行为 [D]. 华东理工大学, 2012.

[37] Chun R.. Corporate reputation: Meaning and measurement [J]. International Journal of Management Reviews, 2005, 7 (2): 91 – 109.

[38] Conlon D. and Fasolo P.. Influence of speed of third-party intervention and outcome on negotiator and constituent fairness judgments [J]. Academy of Management Journal, 1990, 33 (4): 833 – 846.

[39] Cook J. , Hepworth S. , Wall T. , Warr P.. The Experience of Work: a Compendium of 249 Measures and Their Use. [J]. London: Academic Press, 1981, 61 (3): 117 – 124.

[40] Covin J. , Slevin D. , Schultz R.. Implementing strategic missions: Effective strategic, structural and tactical choices [J]. Journal of Management Studies, 1994, 31 (4): 481 – 506.

[41] Cranny C. , Smith P. , Stone E. . Job satisfaction: How people feel about their jobs [J]. Lexington, MA: Lexington Books, 1992, 30 (2): 24 – 43.

[42] Guilford J. . Fundamental statistics in psychology and education [J]. 1942.

[43] Dahling J. , Chau S. , Mayer D. et al. . Breaking rules for the right reasons? An investigation of pro-social rule breaking [J]. Journal of Organizational Behavior, 2012, 33 (1): 21 – 42.

[44] De Boer E. , Bakker A. , Syroit J. , Schaufeli W. . Unfairness at work as a predictor of absenteeism. Journal of Organizational Behavior, 2002, 23: 181 – 197.

[45] De Dreu, Carsten K. and Evert Van de Vliert eds. . Using conflict in organizations. Sage, 1997.

[46] Demerouti E. , Bakker A. , Nachreiner F. et al. . The job demands-resources model of burnout [J]. Journal of Applied psychology, 2001, 86 (3): 499.

[47] Deutsch J A. . The physiological basis of memory [J]. Annual review of psychology, 1969, 20 (1): 85 – 104.

[48] Dilchert S. , Ones D. , Davis R. , et al. . Cognitive ability predicts objectively measured counterproductive work behaviors [J]. Journal of Applied Psychology, 2007, 92 (3): 616.

[49] Dodgson P. and Wood J. . Self-esteem and the Cognitive Accessibility of Strengths and Weaknesses after Failure [J]. Journal of Personality and Social Psychology, 1998, 75 (1): 178 – 197.

[50] Dollard J. , Miller N. E. , Doob L. W. , et al. . Frustration and aggression [J]. 1939.

[51] Dollard M. , LaMontagne A. , Caulfield N. , Blewett V. , Shaw A. . Job stress in the Australian and international health and community services sector: A review of the literature. International Journal

of Stress Management . 2007.

[52] Dolphin R. Corporate Reputation Value Creating Stratgy [J].
Corporate Governance, 2004, 4 (3): 77 -92.

[53] Donnellan M. , Trzesniewski K. , Robins R. , et al.. Low
self-esteem is related to aggression, antisocial behavior, and delinquen-
cy [J]. Psychological science, 2005, 16 (4): 328 -335.

[54] Douglas S. , Martinko M.. Exploring the role of individual
differences in the prediction of workplace aggression [J]. Journal of Ap-
plied Psychology, 2001, 86 (4): 547.

[55] Dutton J. , Dukerich J. , Harquail C.. Organizational ima-
ges and member identification [J]. Administrative science quarterly,
1994: 239 -263.

[56] Dzurilla T. , Chang E. , Sanna L.. Self-esteem and social
problem solving as predictors of aggression in college. Journal of Social
and Clinical Psychology, 2003, 22 (4): 424 -440.

[57] Eisenberg N. and Fabes R.. Empathy: Conceptualization,
measurement, and relation to prosocial behavior [J]. Motivation and
Emotion, 1990, 14 (2): 131 -149.

[58] Farhadi and Hadi. Understanding Employees' Deviant Behav-
iour: The Role of Job Satisfaction and Conscientiousness [J]. Interna-
tional Journal of Psychology, 2012 (47): 497 -499.

[59] Fisher R. and Wakefield K.. Factors Leading Group Identifi-
cation: A Field Study of Winners and Losers [J]. Psychology and Mar-
keting, 1998, 15 (1) : 23 -40.

[60] Fombrun C. and Riel C.. The Reputational Landscape [J].
Corporate Reputation Review, 1997, (1): 5 -13.

[61] Fombrun C. and Rindova V.. Who's tops and who decides?
The social construction of corporate reputations [J]. New York Universi-
ty, Stern School of Business, Working Paper, 1996: 5 -13.

[62] Foster M. and Sc Dion K. L.. Hardiness and responses to perceived discrimination: Buffer or denial [C] //Symposium presentation at the Annual Meeting of the American Psychological Society, Toronto, ON. 2001.

[63] Fox and Spector P.. A Model of Work Frustration-aggression. Journal of Oganizational Behavior, 1999, 20, pp. 915 – 931.

[64] Freedman J.. Crowding and behavior [M]. WH Freedman, 1975.

[65] Fried Y. and Ferris G. R.. The dimensionality of job characteristics: Some neglected issues [J]. Journal of Applied Psychology, 1986, 71 (3): 419.

[66] Friedman R., Förster J.. The Effects of Approach and Avoidance Motor Actions on the Elements of Creative Insight. Journal of Personality and Social Psychology, 2000, 79 (1), 477 – 492.

[67] Galperin B. and Burke R.. Uncovering the relationship between workaholism and workplace destructive and constructive deviance: An exploratory study [J]. The International Journal of Human Resource Management, 2006, 17 (2): 331 – 347.

[68] Galperin B.. Determinants of deviance in the workplace [J]. Unpublished doctoral thesis, 2002, 85 (3): 349.

[69] Gerald A. and Gladstein. The historical roots of contem Poraryem Pathy research Journal of the History of the Behavioral Sciences. 1984, 20 (1).

[70] Gibson D. and Callister R.. Anger in organizations: Review and integration [J]. Journal of Management, 2010, 36 (1): 66 – 93.

[71] Gladstein D.. Groups in context: A model of task group effectiveness [J]. Administrative science quarterly, 1984: 499 – 517.

[72] Gouldner A.. Organizational Analysis [M]. 1959.

[73] Greenberg J. and Cropanzano R.. The social side of fairness:

Interpersonal and informational classes of organizational justice [J]. Justice in the workplace: Approaching fairness in human resource management, Lawrence Erlbaum Associates, Hillsdale N, 1993.

[74] Greenberg J.. Employee theft as a reaction to underpayment inequity: The hidden cost of pay cuts [J]. Journal of applied psychology, 1990, 75 (5): 561.

[75] Greenberg J., Cropanzano R.. The social side of fairness: Interpersonal and informational classes of organizational justice [J]. Justice in the workplace: Approaching fairness in human resource management, Lawrence Erlbaum Associates, Hillsdale, NJ, 1993.

[76] Griffin, R. and Lopez Y.. "Bad behavior" in organizations: A review and typology for future research. Journal of Management, 2005, 31 (6): 988 – 1005.

[77] Griffith K. and Hebl M.. The Disclosure Dilemma for Gay Men and Lesbians: "Coming out" at Work [J]. Journal of Applied Psychology, 2002, 87 (6): 1191. 2013, 03: 21 – 25.

[78] Hackman J. and Lawler E.. Employee reactions to job characteristics [J]. Journal of applied psychology, 1971, 55 (3): 259.

[79] Hackman J. and Oldham G.. Development of the job diagnostic survey [J]. Journal of Applied psychology, 1975, 60 (2): 159.

[80] Hackman J. and Oldham G.. The Job Diagnostic Survey: An instrument for the diagnosis of jobs and the evaluation of job redesign projects [J]. 1974.

[81] Hunter A.. Research Design – Strategies and Choices in the Design of Social – Research – Hakim, C [J]. 1988.

[82] Hammond G.. The Relationship between Job Attitudes and Counterproductive Work Behaviors: The Moderating Influence of Attitude Strength [J]. A thesis for the degree of Master of Science, Wright State University, 2008, 41: 255 – 263.

[83] Handbook of Industrial, Work and Organizational Psychology: Volume 1: Personnel Psychology [M]. Sage, 2001.

[84] Harper V.. Intuitive psychologist or intuitive lawyer? Alternative models of the attribution process [J]. Journal of Personality and Social Psychology, 1990, 39 (3): 767 – 772.

[85] Harris K., Kscmar K., Zivnuska S.. Abusive supervision in work organizations: Review, synthesis, and research agenda [J]. Journal of Management, 2007, 33 (3): 261 – 289.

[86] Hendrix W., Summers T. Leap T. L. et al.. Antecedents and organizational effectiveness outcomes of employee stress and health. Occupational Stress: A Handbook. 1995.

[87] Henle C.. Predicting workplace deviance from the interaction between organizational justice and personality [J]. Journal of Managerial Issues, 2005: 247 – 263.

[88] Hershcovis M. and Barling J.. Towards a Multi – Foci Approach to Workplace Aggression: A Meta – Analytic Review of Outcomes from Different Perpetrators [J]. Journal of Organizational Behavior, 2010, 31 (1): 24 – 44.

[89] Hershcovis, M., Turner, N., Barling, J., Arnold, K., Dupré, K., Inness, M. et al.. Predicting workplace aggression: A meta-analysis. Journal of Applied Psychology, 2007, 92 (1), 228 – 238.

[90] Hochschild A.. The Managed Heart. Berkeley [J]. CA: University of California Press. International Labour Organization (2001). Executive Summary: The role of Trade Unions in Promoting Gender Equality and Protecting Vulnerable Workers: First Report of the ILO – ICFTU Survey. Retrieved March, 1983, 31: 2006.

[91] Hochwarter W. and Treadway D.. The interactive effects of negative and positive affect on the politics perceptions-job satisfaction relationship [J]. Journal of Management, 2003, 29 (4): 551 – 567.

［92］ Hoffman M. . Affective and Cognitive Processes in Moral Internalization. In E. T. Higgins, D. N. Ruble, & W. W. Hartup (Eds.), Social Cognition and Social Development: A Sociocultural Perspective. Cambridge Universiry Press. 1983, 236 – 274.

［93］ Hollinger R. and Clark J. . Deterrence in the workplace: Perceived certainty, perceived severity, and employee theft ［J］. Social forces, 1983, 62 (2): 398 – 418.

［94］ Hollinger R. , Slora K. , Terris W. . Deviance in the fast-food restaurant: Correlates of employee theft, altruism and counterproductivity ［J］. Deviant Behavior, 1992, 13 (2): 155 – 184.

［95］ Hollinger R. . Acts against the workplace: Social bonding and employee deviance ［J］. Deviant Behavior, 1986, 7 (1): 53 – 75.

［96］ Hoppock R. . Job Satisfaction. New York: Happer&row, 1935.

［97］ Izard C. . Human Emotions ［M］. New York: Plenum press, 1977.

［98］ Izard C. . The Differential Emotions Scale: DES IV – A; a Method of Measuring the Meaning of Subjective Experience of Discrete Emotions ［M］. University of Delaware, 1993.

［99］ Jaramillo F. , Grisaffe D. , Chonko L. , Roberts J. . Examining the Impact of Servant leadership on Salesperson's Turnover Intention ［J］. Journal of Personal Selling and Sales Management, 2009, 29 (4): 351 – 366.

［100］ Jehn K. . A Multimethod Examination of the Benefits and Detriments of Intragroup Conflict ［J］. Administrative Science Quarterly, 1995: 256 – 282.

［101］ Jehn K. . A qualitative analysis of conflict types and dimensions in organizational groups ［J］. Administrative science quarterly, 1997: 530 – 557.

[102] Jehn K. . Enhancing Effectiveness: An Investigation of Advantages and Disadvantages of Value-based Intragroup Conflict [J]. International Journal of Conflict Management, 1994, 5 (3): 223 – 238.

[103] John Bellamy Foster, Marx's Ecology: Materialism and Nature, New York: Monthly Review Press, 2000.

[104] Jones D. . Couterproductive Work Behavior Toward Supervisor and Organazation: Injustice Revenge and Context [C] //Academy of Management Proceedings. Academy of Management, 2004, 2004 (1): A1 – A6.

[105] Jones D. . Getting even with one's supervisor and one's organization: relationships among types of injustice, desires for revenge, and counterproductive work behaviors [J]. Journal of Organizational Behavior, 2009, 30 (4): 525.

[106] Kaplan H. . Self-attitudes and deviant behavior [M]. Goodyear, 1975.

[107] Kaplan S. , Bradley J. , Luchman J. , Haynes D. . On the role of positive and negative affectivity in job performance A meta-analytic investigation [J]. Journal of Applied Psychology, 2009, 94, 162 – 176.

[108] Karasek R. . Job Demands, Job Decision Latitude and Mental Strain: Implications for Job Redesign [J]. Administrative Science Quarterly. 1979, 24 (2): 258 – 306.

[109] Kelloway E. , Francis L. , Prosser M. et al. . Counterproductive Work Behavior as Protest [J]. Human Resource Management Review, 2009, 20 (1): 18 – 25.

[110] Krehbiel P. and Cropanzano R. . Procedural justice, outcome favorability and emotion. Social Justice Research, 2000, 13, 339 – 360.

[111] Krischer M. , Penney L. , Hunter E. . Can Counterproductive Work Behavior be Productive? CWB as Emotion – Focused Coping [J]. Journal of Occupational Psychology, 2010, 15 (2): 154 – 166.

［112］ Labovitz G.. Managing conflict ［J］. Business Horizons, 1980, 23 (3): 30 – 37.

［113］ Lawrence P. , Lorsch J. , Garrison J.. Organization and environment: Managing differentiation and integration ［M］. Boston, MA: Division of Research, Graduate School of Business Administration, Harvard University, 1967.

［114］ Lazarus R.. Emotion and adaptation ［M］. New York: Oxford University Press, 1991.

［115］ Lee K. , Allen N.. Organizational citizenship behavior and workplace deviance: the role of affect and cognitions ［J］. Journal of applied psychology, 2002, 87 (1): 131.

［116］ Lepore S.. Social Conflict Social Support and Psychology Distress – Evidence of Cross-domain Buffering Effects ［J］. Journal of Personality and Social Psychology. 1992, 63 (5): 857 – 867.

［117］ Lerner J. , Keltner D.. Beyond valence: Toward a model of emotion-specific influences on judgement and choice ［J］. Cognition & Emotion, 2000, 14 (4): 473 – 493.

［118］ Locke E.. The Nature and Causes of Job Satisfaction ［M］. M. D. Dunnette (ed.). Handbook of Industrial and Organizational Psychology. New York: Wiley, 1976.

［119］ Lofquist L. , Dawis R.. Adjustment to Work: a Psychology View of Man's Problems in a Work-oriented Society. New York: Appleton Century – Crofts, 1969.

［120］ Loi K.. Market Overt Rule: Rationale, Reform and Reconsideration ［J］. Hong Kong LJ, 2009, 39: 835.

［121］ Loi R. , Hang – Yue N. , Foley S.. Linking employees' justice perceptions to organizational commitment and intention to leave: The mediating role of perceived organizational support ［J］. Journal of Occupational and Organizational Psychology, 2006, 79 (1): 101 – 120.

[122] Mael F. and Ashforth B.. Alumni and their alma maters: A partial test of the reformulated model of organizational identification [J]. Journal of Organizational Behavior, 1992, 13 (1): 103 –123.

[123] Mael F.. Organizational identification: Construct redefinition and a field application with organizational alumni [M]. 1988.

[124] Mainemelis C.. Stealing fire: Creative deviance in the evolution of new idears [J]. Academy of management Review, 2010, 35 (4): 558 –578.

[125] Mangione T. and Quinn R.. Job Satisfaction Counterproductive Behavior and Drug Use at Work [J]. Journal of Applied Psychology, 1975, 60 (1): 114 –116.

[126] Marcus B. , Schuler H.. Antecedents of counterproductive behavior at work: a general perspective [J]. Journal of Applied Psychology, 2004, 89 (4): 647.

[127] Martinko M. and Zellars K.. Toward a theory of workplace violence and aggression: A cognitive appraisal perspective [J]. 1998, 72 (11): 112 –134.

[128] Mathieu J. and Zajac D.. A Review and Meta-analysis of the Antecedents Correlates and Consequences of Organizational Commitment [J]. Psychological Bulletin, 1990, 108 (2): 171.

[129] McNair D. , Lorr M. , Droppleman L.. Profile of Mood States [M]. San Diego, Calif: Educational and Industrial Testing Service, 1971.

[130] Mehrabian A.. Pleasure – Arousal – Dominance: A General Framework for Describing and Measuring Individual Differences in Temperament [J]. Current Psychology, 1996, 14 (4): 261 –292.

[131] Mikulay S. , Neuman G. , Finkelstein L.. Counterproductive workplace behaviors [J]. Genetic social and general psychology monographs, 2001, 127 (3): 279.

[132] Miner A. and Glomb T.. State mood, task performance, and behavior at work: A within-persons approach. Organizational Behavior and Human Decision Processes, 2010, 112, 43 – 57.

[133] Mitchell, M. and Ambrose M.. Abusive supervision and workplace deviance and the moderating effects of negative reciprocity beliefs. Journal of Applied Psychology, 2007, 92 (4), 1159 – 1168.

[134] Moorman R., Niehoff B., Organ D.. Treating employees fairly and organizational citizenship behavior: Sorting the effects of job satisfaction, organizational commitment and procedural justice. Employee Responsibilities and Rights Journal. 1993b, 6: 209 – 225.

[135] Mount M., Ilies R., Johnson E.. Relationship of personality traits and counterproductive work behaviors: The mediating effects of job satisfaction [J]. Personnel psychology, 2006, 59 (3): 591 – 622.

[136] Mruk C.. Self-esteem: Research Theory and Practice [M]. New York: Springer Publishing Company, 1999, 12 – 245.

[137] Murphy K., Tyler T.. Procedural justice and compliance behaviour: The mediating role of emotions [J]. European Journal of Social Psychology, 2008, 38 (4): 652.

[138] Murray J.. Murray's Handbook: Rome and Its Environs [J]. 1858, 31: 1083.

[139] Nelson, D. L. and Quick, J. C.. Professional women: Are distress and disease inevitable? [J]. Academy of Management Review, 1985, 10: 205 – 208.

[140] Nunnally J.. Psychometric theory [M]. New York: McGraw – Hill, 1978.

[141] Nye L. and Witt L.. Dimensionality and construct-validity of the perceptions of organizational politics scale. Educational and Psychological Measurement. 1993.

[142] Oldham G. et al.. Relations between Job Face Comparisons

and Employee Reactions. Organizational Behavior and Human Decision Processes, 1986, 38 (1): 28 – 47.

[143] Parks L. and Mount M.. The Dark Side of Self – Monitoring: Engaging in Counterproductive Behavior at Work [C] //Academy of Management Proceedings. Academy of Management, 2005, 2005 (1): 11 – 16.

[144] Pearson C. , Porath C.. On the nature, consequences and remedies of workplace incivility: No time for "nice"? Think again [J]. The Academy of Management Executive, 2005, 19 (1): 7 – 18.

[145] Spector P.. Job satisfaction: Application, assessment, causes, and consequences [M]. Sage, 1997.

[146] Pelled L. , Eisenhardt K. , Xin K.. Exploring the Black Box: An Analysis of Work Group Diversity, Conflict and Performance [J]. Administrative Science Quarterly, 1999, 44 (1): 1 – 28.

[147] Pelled L.. Demographic Diversity, Conflict and Work Group Outcomes: An Intervening Process Theory [J]. Organization Science, 1996, 7 (6): 615 – 631.

[148] Penney L. and Spector P.. Narcissism and counterproductive work behavior: Do bigger egos mean bigger problems? [J]. International Journal of selection and Assessment, 2002, 10: 126 – 134.

[149] Penney L. and Spector P.. Narcissism and Counterproductive Work Behavior: Do Bigger Egos Mean Bigger Problems? [J]. International Journal of Selection and Assessment, 2002, 10: 126 – 134.

[150] Penney L. , Spector P. , Goh A. , Hunter E. , Tumstall M.. A motivational analysis of counterproductive work behavior (CWB) [J]. University of Houston, 2007, 18 (4): 131.

[151] Perlow R. , Latham L.. Relationship of client abuse with locus of control and gender: a longitudinal study in mental retardation facilities [J]. Journal of Applied Psychology, 1993, 78 (5): 831.

［152］ Peter L. , O'Connor E. , Rudolf C. . The Behavior and Affective Consquences of Performance: Relevant Situational Variable［J］. Organizational Behavior and Human Performance, 1980, 25: 79 – 96.

［153］ Pierce J. and Gardner D. . Self-esteem within the Work and Organizational Context: a Review of the Organization Based Self-esteem Literature ［J］. Journal of Management, 2004, 30: 591 – 622.

［154］ Plutchik R. . What Is an Emotion. The Journal of Psychology, No. 2 1965: 295 – 303.

［155］ Porter L. and Lawler E. . The Effect of Performance on Job Satisfaction. The Applied Psychology of Work Behavior: A book of readings . 1967.

［156］ Porter L. . A Study of Perceived Need Satisfactions in Bottom and Middle Management Jobs ［J］. Journal of Applied Psychology, 1961, 45 (1): 1.

［157］ Price J. , Mueller C. . Professional turn over: the case of nurses. Journal of Women s Health. 1999 Klonsky, E. The functions of deliberate self-injury: A review of the evidence. Clinical Psychology Review, 2007, 27, 226 – 239.

［158］ Quick B. . The demand-control support model of job strain, neuroticism, and conscientiousness as predictors of job outcomes in juvenile correctional officers ［M］. 2003.

［159］ 爱德华·弗里曼 . 战略管理——利益相关者方法 . 上海译文出版社, 2006.

［160］ Rahim M. . Managing conflict: An interdisciplinary approach ［M］. Praeger Publishers, 1989.

［161］ Reexamination of Referents Used in the Evaluation of Pay. Human Relations, 1990, 43 (6): 497 – 511.

［162］ Rhoades L. and Eisenberger R. . Perceived Organizational Support: A Review of the Literature ［J］. Journal of applied psychology, 2002, 87 (4): 698 – 728.

[163] Robert J.. Unifying the Field of Psychology. In Sternberg J (Ed), Unity in psychology: possibility or pipedream? Washington DC: American Psychological Association, 2005: 3 – 14.

[164] Robinson S. and Bennett R.. A typology of deviant workplace behaviors: A multidimensional scaling study [J]. Academy of management journal, 1995, 38 (2): 555 – 572.

[165] Robinson S. and Bennett R.. Workplace deviance: Its definition, its manifestations, and its causes [J]. 1997.

[166] Rotundo M. and Xie J.. Understanding the Domain of Counterproductive Work Behavior in China [J]. The International Journal of Human Resource Management, 2008, 19 (5): 856 – 877.

[167] Russell J. A. and Feldman B.. Core Affect, Prototypical Emotional Episodes and Other Things Called Emotion: Dissecting the Elephant [J]. Journal of Personality and Social Psychology, 1999. 13: 101.

[168] Sackett P. and DeVore C.. Counterproductive behaviors at work [J]. Handbook of industrial, work, and organizational psychology, 2001, 1: 145 – 164.

[169] Salgado J.. The Big Five personality dimensions and counterproductive behaviors [J]. International Journal of Selection and Assessment, 2002, 10: 117 – 125.

[170] Samuel Bacharach, Peter Bamberger, Michal Biron, Mickey Horowitz – Rozen. Perceived Agency in Retirement and Retiree Drinking Behavior: Job Satisfaction as a Moderator [J]. Journal of Vocational Behavior, 2008 (6): 376 – 386.

[171] Schachter S.. The Interaction of Cognitive and Physiological Determinants of Emotional State [M]. Advances in Experimental Social Psychology, New York: Academic Press, 1964.

[172] Shields S.. Speaking from the Heart: Gender and the So-

cial Meaning of Emotion [M]. Cambridge, England: Cambridge University Press, 2002.

[173] Siegrist J.. Chronic psychosocial stress at work and risk of depression: Evidence from prospective studies [Electronic version]. European Archives of Psychiatry and Clinical Neuroscience, 2008, 258, 115 –119.

[174] Smith P. C.. The measurement of satisfaction in work and retirement: A strategy for the study of attitudes [J]. 1969.

[175] Snyder M. Public appearances, private realities: The psychology of self-monitoring [M]. WH Freeman/Times Books/Henry Holt & Co, 1987.

[176] Snyder M.. Self – Monitoring of Expressive Behavior [J]. Journal of Personality and Social Psychology, 1974, 30 (4): 526 –537.

[177] Snyder M and Cantor N.. Thinking about Ourselves and Others: Self-monitoring and Social Knowledge [J]. Journal of Personality and Social Psychology, 1980, 39 (2): 222.

[178] Sommer K.. Coping with rejection: Ego defensive strategies, self-esteem, and interpersonal relationships [J]. 2001, 14: 111 –122.

[179] Spector P. and Fox S.. An Emotion – Centered Model of Voluntary Work Behavior: Some Parallels between Counterproductive Work Behavior (CWB) and Organizational Citizenship Behavior (OCB). Human Resources Management Review, 2002, (12): 269 –292.

[180] Spector P. and Fox S.. An emotion-centered model of voluntary work behavior: Some parallels between counterproductive work behavior and organizational citizenship behavior [J]. Human Resource management review, 2002, 12 (2): 269 –292.

[181] Spector P. and Fox S.. The stressor-emotion model of counterproductive work behavior [A]. In Fox S and Spector P (Eds.). Counterproductive work behavior: Investigations of actors and targets [C]. Wash-

ington, DC: American Psychological Association, 2005: 151 – 174.

[182] Spector P. and Jex S.. Development of Four Self-report Measures of Job Stressors and Strain: Interpersonal Conflict at Work Scale, Organizational Constraints Scale, Quantitative Workload Inventory and Physical Symptoms Inventory [J]. Journal of Occupational Health Psychology, 1998, 3 (4): 356.

[183] Spector P. and Jex S.. Development of four self-report measures of job stressors and strain: Interpersonal Conflict at Work Scale, Organizational Constraints Scale, Quantitative Workload Inventory, and Physical Symptoms Inventory [J]. Journal of occupational health psychology, 1998, 3 (4): 356.

[184] Spector P., Van Katwyk P., Branniek M., Chen P.. When Two Factors Don't Reflect Two Constructs: How Item Characteristics Can Produce Artifactual Factors [J]. Journal of Management, 1997, 23, 659 – 678.

[185] Spector P.. Employee Control and Occupational Stress. Current Directions in Psychological Science . 2002.

[186] Spector P.. The Relationship of Personality to Counterproductive Work Behavior (CWB): An Integration of Perspectives [J]. Human Resource Management Review, 2011, 21 (4): 342 – 352.

[187] Spector P., Fox S., Penney L. et al.. The dimensionality of counterproductivity: Are all counterproductive behaviors created equal? [J]. Journal of vocational behavior, 2006, 68 (3): 446 – 460.

[188] Spector P.. A Consideration of the Validity and Meaning of Self-report Measures of Job Conditions [A]. In Cooper, C. L. and Robertson, I. T. (eds.). International Review of Industrial and Organizational Psychology [C]. New York: Wiley, 1992, 7: 123 – 155.

[189] Spector P.. Relationships of organizational frustration with reported behavioral reactions of employees [J]. Journal of Applied Psy-

chology, 1975, 60, 635 – 637.

[190] Spector P. . The relationship of personality to counterproductive work behavior (CWB): An integration of perspectives [J]. Human Resource Management Review, 2011, 21 (4): 342 – 352.

[191] Staw B. . Organizational Behavior: A Review and Reformulation of the Field's Outcome Variables [J]. Annual Review of Psychology, 1984, 35 (1): 627 – 666.

[192] Staw B. . The consequences of turnover. Journal of Occupational Behavior . 1980.

[193] Summers T. P. , Hendrix W. H. . Modelling the role of pay equity perceptions: A field study [J]. Journal of Occupational Psychology, 1991, 64 (2): 145 – 157.

[194] Sweeney P. . Distributive Justice and Pay Satisfaction: A Field test of an Equity Theory Prediction. Journal of Business and Psychology, 1990, 4 (3): 329 – 41.

[195] Sweeney P. , McFarlin D. , Inderrieden E. . Research Notes: Using Relative Deprivation Theory to Explain Satisfaction With Income and Pay Level: A Multistudy Examination [J]. Academy of Management Journal, 1990, 33 (2): 423 – 436.

[196] Tajfel H. et al. . Social categorization and intergroup behavior. European Journal of Social Psychology, 1971, 1 (2), 149 – 178.

[197] Tepper B. J. , Duffy M. K. & Shaw J. D. . Personality Moderators of The Relationship Between Abusive Supervision and Subordinates Resistance [J]. Journal of Applied Psychology, 2001. 86: 974 – 983.

[198] Tepper B. . Abusive Supervision in Work Organizations: Review, synthesis, and Research Agenda [J] . Journal of Management, 2007. 33 (3): 261 – 289.

[199] Tepper B. . Consequences of abusive supervision [J] . Academy of Management Journal, 2000. 43 (2): 178 – 190.

［200］Thau S., Mitchell M.. Self-gain or Self-regulation Impairment? Tests of Competing Explanations of The Supervisor Abuse and Employee Deviance Relationship Through Perceptions of Distributive Justice ［J］. Journal of Applied Psychology, 2010, 95 (6): 1009 – 1031.

［201］Thompson R.. Emotional Competence and the Development of Self ［J］. Psychological Inquiry, 1998, 9 (4): 308 – 309.

［202］Edwards J., Cable D., Williamson I., et al.. The phenomenology of fit: linking the person and environment to the subjective experience of person-environment fit ［J］. Journal of Applied Psychology, 2006, 91 (4): 802.

［203］Uma Sekaran (美)、祝道松、林家五, 企业研究方法 ［M］. 清华大学出版社, 2005.

［204］Vandenberg R. and Lance C.. Examining the Causal Order of Job Satisfaction and Organizational Commitment ［J］. Journal of Management, 1992, 18 (1): 153 – 167.

［205］Vroom V.. Work and motivation ［M］. Robert E. Krieger Publishing Company, 1982.

［206］Wang Y. and Ollendick T.. A Cross-cultural and Developmental Analysis of Self-esteem in Chinese and Western Children ［J］. Clinical Child and Family Psychology Review, 2001, 4 (3): 253 –271.

［207］Waston D. and Clark L.. Manual for the Positive' and Negative Affect Schedule – Expanded Form ［OL］. 1994. Retrieved from http: //ir. iiiowa. edu/psychology-pubs/11.

［208］Watson D., Clark L. A., Tellengen A.. Development and Validation of Brief Measures of Positive and Negative Affect: The PANAS Scales ［J］. Jounal of Personality and social Psychology, 1988, 54 (6): 1063 – 107.

［209］Watson D., Tellegen A.. Toward a consensual structure of mood [J]. Psychological Bulletin, 1985, 98 (2): 219 – 235.

[210] Weiss H. , Suckow K. , Cropanzano R. . Effects of Justice Conditions on Discrete Emotions [J]. Journal of Applied Psychology, 1999, 84 (5), 786 – 794.

[211] Weiss H. and Cropanzano R. . "Affective events theory: A theoretical discussion of the structure, cause and consequences of affective experiences at work. " [J]. Research in Organizational Behavior, 1996. Vol. 18, pp. 1 – 77.

[212] Wengraf and Tom. Qualitative research interviewing: Biographic narrative and semi-structured methods. Sage, 2001.

[213] Wexley K. and Yukl G. . Organizational Behavior and Personnel Psychology. Illinois: Richard D. Irwin [J]. 1977, 11: 152 – 186.

[214] Wimalasiri J. . An examination of the influence of human resource practices, organizational commitment and job satisfaction on work performance [J]. International Journal of Management, 1995, 12: 352 – 352.

[215] Winkleman M. . The right stuff: survey on corporate reputation [J]. Chief Executive, 1999, 143: 80 – 81.

[216] Witt L. , Nye L. . Organizational goal congruence and job attitudes revisited [R]. 1992.

[217] Yousef D. . Job satisfaction as a mediator of the relationship between role stressors and organizational commitment: A study from an Arabic cultural perspective [J]. Journal of Managerial Psychology, 2002, 17 (4): 250 – 266.

[218] Zhao Y. . Labor migration and earnings differences: the case of rural China [J]. Economic Development and Cultural Change, 1999, 47 (4): 767 – 782.

[219] Zuckerman M. , Lubin B. , Vogel L. , Valerius E. . Measurement of Experimentally Induced Affect [J]. Jounal of Consulting

Psychology，1964，28.

[220] 白暴力. 农民工工资收入偏低分析——现实、宏观效应与原因 [J]. 经济经纬，2007，04：75 - 78.

[221] 白洁，王姝彦. 认知视阈下情绪生成机制的探讨 [J]. 山西大学学报（哲学社会科学版），2013，03：21 - 25.

[222] 白新荣. 不同性质情绪对大学生心理理论的影响研究 [D]. 苏州大学，2010.

[223] 宝贡敏，汪洁. 人际冲突理论研究评述 [J]. 技术经济，2007，11：12 - 16.

[224] 宝贡敏，徐碧祥. 组织认同理论研究述评 [J]. 外国经济与管理，2006，28（01）：39 - 45.

[225] 蔡昉，王德文. 中国经济增长的可持续性与劳动贡献 [J]. 经济研究，1999，（10）：62 - 68.

[226] 蔡昉，杨涛. 城乡收入差距的政治经济学 [J]. 中国社会科学，2000（4）：11 - 24.

[227] 蔡昉. 中国城市限制外地民工就业的政治经济学分析 [J]. 中国人口科学，2000，（04）：1 - 10.

[228] 蔡禾，李超海，冯建华. 利益受损农民工的利益抗争行为研究——基于珠三角企业的调查 [J]. 社会学研究，2009，（01）：139 - 161.

[229] 蔡坤宏. 组织承诺、工作满意度与离职意向的关系：meta 分析 [J]. 中华管理评论，2000，3（4）：3 - 49.

[230] 蔡林亮. 劳工工作价值观、组织气候与工作满意度之关系研究——以嘉义地区制造业劳工为例 [D]. 台湾：国立中正大学，1993.

[231] 曹羽男. 组织情境认知、个人道德标准和员工偏差行为之关系 [D]. 台湾科技大学企业管理系研究所硕士学位论文，2006.

[232] 岑颖. 重庆地区企业内人际冲突处理方式研究 [D].

暨南大学，2004.

[233] 陈浩，薛婷. 精细化的社会认同模型——集群行为理论的新发展 [J]. 南开学报（哲学社会科学版），2010，06：77 - 83.

[234] 陈满琪. 群际不平等条件下农民工三种行为倾向的研究 [J]. 华中师范大学学报（人文社会科学版），2014，（05）：170 - 176.

[235] 陈荣荣. 两代农民工维权意识对比探析——以江西易富服饰有限公司为例 [J]. 经济与管理，2013，02：29 - 31.

[236] 陈树文. 组织管理学 [M]. 大连：大连理工大学出版社，2005.

[237] 陈晓萍，徐淑英，樊景立. 组织与管理研究的实证方法 [M]. 北京大学出版社，2008.

[238] 陈晓燕，戴万稳. 辱虐管理对员工服务破坏影响的边界条件探索 [A]. 第八届（2013）中国管理学年会——组织行为与人力资源管理分会场论文集 [C].

[239] 陈秀山. 产业结构调整升级的重要载体 [J]. 南方日报，2010 - 11 - 08.

[240] 程苏. 职场排斥与抑郁：自我概念清晰性的中介作用 [J]. 中国健康心理学杂志，2011，04：423 - 425.

[241] 程族桁. 消极情绪、认知评价倾向对高中生工作记忆广度的影响 [D]. 河南大学，2009.

[242] 池晓娜，王旭东，金柏范. 组织内部歧视现象研究 [J]. 现代商业，2008，（26）：178 - 179.

[243] 迟松. 简明心境量表（BPOMS）的初步修订 [J]. 中国心理卫生杂志，2003，（11）：768 - 770.

[244] 邓保国，傅晓. 农民工的法律界定 [J]. 中国农村经济，2006，（3）：70 - 80.

[245] 董会龙. 高职生消极情绪产生原因及对策研究 [J]. 卫生职业育，2011，19：24 - 25.

［246］樊晓丽，张建卫．国外反生产行为的理论模型与影响因素述评［J］．企业科技与发展，2009，（12）：181－182，189．

［247］冯都．我国农民工就业歧视问题研究——基于统计性歧视理论的分析［J］．商业文化，2012，（01）：126－127．

［248］冯虹，汪昕宇，陈雄鹰．农民工城市就业待遇与其行为失范的关系研究——基于北京农民工调查的实证分析［J］．管理世界，2013，（11）：178－179．

［249］冯缙，秦启文．工作满意度研究述评［J］．心理科学，2009，04：900－902．

［250］工人日报，农民工仍是职业病最大受害群体．2011. http：//www.chinadaily.com.cn/hqgj/jryw/2011－09－14/content_3771980.html.

［251］辜胜阻，易善策，郑凌云．基于农民工特征的工业化与城镇化协调发展研究［J］．人口研究，2006，（05）：1－8．

［252］关晓红．企业竞争环境信息及其扫描系统［J］．中国信息导报，2003，（10）：54－55．

［253］关于新生代农民工问题的研究报告，全国总工会新生代农民工问题本研究，工人日报，2010年6月21日．

［254］郭辉辉．反生产行为与组织不公正：归因风格的调节作用［D］．河南大学，2011．

［255］郭锦墉，杨国强，梁志民，肖芳文．农民工职业流动性代际差异分析——基于江西省农民工调研数据［J］．农业技术经济，2014，（10）：38－47．

［256］郭淑梅．饭店业员工工作压力对其角色内绩效的影响——领导行为的调节作用［J］．开发研究，2012，03：138－142．

［257］郭熙保．农业剩余劳动及其转移问题：理论思考与中国的经验［J］．世界经济，2002，（12）：25－32．

［258］郭晓薇，严文华．国外反生产行为研究述评［J］．心理科学杂志，2008，（4）：936－939．

[259] 韩兴武. 企业声誉的提升与维护 [J]. 经济论坛, 2004, (11): 75 – 76.

[260] 杭斐, 陈亚妮, 张庆柳, 徐璀. 医学情绪量表的应用探要 [J]. 中华中医药学刊, 2014, (12): 2878 – 2880.

[261] 郝玮瑷. 论高校教师人际冲突管理研究 [D]. 陕西师范大学, 2007.

[262] 何川明, 沈承明. 基于工作嵌入的员工离职模型研究——以工作满意度和组织承诺为中介变量 [J]. 天津商业大学学报, 2010, 04: 60 – 64.

[263] 贺水金. 论近代中外资企业间的竞争类型与方式 [J]. 史林, 2000, (02): 95 – 102.

[264] 胡宏伟, 王金鹏, 曹杨. 新生代农民工心理问题与求助行为研究 [J]. 西北人口, 2011, (05), 27 – 33.

[265] 胡箭. 组织公平、人际冲突与反生产行为的关系: 心理韧性的调节作用 [D]. 浙江大学, 2013.

[266] 黄传峰, 张正堂, 卢冰原. 产业间竞争压力的概念测度、性质与统计特征 [J]. 中国科技论坛, 2014, (11): 69 – 75.

[267] 黄春生. 工作满意度、组织承诺与离职倾向相关研究 [D]. 厦门大学, 2004.

[268] 黄红芳. 职业病高发用工单位须担责 [J]. 新华日报, 2015 – 05 – 08, 民生版第 7 版.

[269] 黄丽, 陈维政. 滥权监管对个体工作行为的影响分析—人际冲突与自我效能感的不同作用 [J]. 经济经纬, 2014, 06: 96 – 100.

[270] 黄丽, 杨廷忠, 季忠民. 正性负性情绪量表的中国人群适用性研究 [J]. 中国心理卫生杂志, 2003, 01: 54 – 56.

[271] 季益富, 于欣. 自尊量表. 载于汪向东, 王希林, 马弘. 心理卫生评定量表手册, 中国心理卫生杂志, 1999 (增订版): 318 – 319.

[272] 蒋佳瑜. 青少年越轨行为之分析——以一般压力理论

为视角 [D]．北京：中国政法大学，2011．

[273] 蒋平．城市农民工工作满意度影响因素研究 [D]．厦门大学，2009．

[274] 蒋善，张璐，王卫红．重庆市农民工心理健康状况调查 [J]．心理科学，2007，（01）：216－218．

[275] 蒋长流，曾庆梅．企业对农民工就业的统计性歧视分析 [J]．社科纵横（理论版），2009，（04）：37－38．

[276] 康勇军，屈正良．心理契约、工作满意度与组织承诺关系 [J]．社会心理科学，2010，01：12－17．

[277] 郎雪云．中国二元户籍制度与户籍歧视的伦理思考 [D]．华东师范大学，2007．

[278] 李国珍．十几年来农民工问题研究综述——以中国全文期刊网上491篇文章为例 [J]．社会科学论坛（学术研究卷），2008，（08）：68－70．

[279] 李娟．资源型地区区域经济发展差异研究——以山西省为例 [D]．福建师范大学，2014．

[280] 李萌．中国转型时期农民工就业歧视问题研究 [D]．华中科技大学，2005．

[281] 李民牛．组织声誉及其管理刍议 [J]．经济研究导刊，2008，08：45－46．

[282] 李乃文，牛莉霞，马越．高危岗位矿工工作倦怠影响因素的结构方程模型 [J]．中国安全科学学报，2012，（06）：27－33．

[283] 李楠楠，陈伟娜，凌文辁．组织中的不当督导及相关研究 [J]．心理科学进展，2009，17（5）：1051－1058．

[284] 李培林，李炜．近年来农民工的经济状况和社会态度 [J]．中国社会科学，2010，（1）：119－131．

[285] 李培林，田丰．中国新生代农民工：社会态度和行为选择 [J]．社会，2011，（03）：1－23．

[286] 李强．影响中国城乡流动人口的推力与拉力因素分析

[J]. 中国社会科学，2003，(1)：125 - 136.

[287] 李强. 中国大陆城市农民工的职业流动 [J]. 社会学研究，1999，(03)：93 - 101.

[288] 李强. 中国外出农民工及其汇款之研究. 社会学研究 [J]. 2001，(4)：64 - 76.

[289] 李泉洲，王艳平，栗建华. 企业社会责任_企业声誉对员工满意度影响的实证研究 [J]. 价值工程，2012，33：7 - 10.

[290] 李蓉. 职场排斥对员工越轨行为的影响研究——以消极情绪为中介变量 [D]. 厦门大学，2014.

[291] 李锡元，高婧. 工作家庭冲突、上司支持感与工作满意度的关系研究——基于中层职业经理人的实证分析 [J]. 科学学与科学技术管理，2011，02：163 - 170.

[292] 李湘刚. 城市化进程中的中国农民工受社会歧视问题 [J]. 海南大学学报（人文社会科学版），2011，8 (4)：68 - 73.

[293] 李湘刚. 论完整意义上的公民行政诉权的构建 [J]. 政治与法律，2011，(6)：56 - 65.

[294] 李亚丹，马文娟，罗俊龙，张庆林. 竞争与情绪对顿悟的原型启发效应的影响 [J]. 心理学报，2012，(01)：1 - 13.

[295] 李艳杰. 情绪结构与功能的理论研究 [D]. 信阳师范学院，2011.

[296] 李长健，陈占江. 新生代民工犯罪的社会成因及其控制 [J]. 内蒙古社会科学（汉文版），2005，11 (6)：145 - 149.

[297] 廖星，谢雁鸣. 基于半结构深度访谈法探讨中医临床研究的方案优化 [J]. 中西医结合学报，2009，04：309 - 314.

[298] 林玲，唐汉瑛，马红宇. 工作场所中的反生产行为及其心理机制 [J]. 心理科学进展，2010，01：151 - 161.

[299] 刘爱玉. 劳动权益受损与行动选择研究：两代农民工的比较 [J]. 江苏行政学院学报，2011，01：66 - 73.

[300] 刘朝. 情绪表现规则和情绪劳动对消极工作行为影响

跨层次研究 [D]. 湖南大学, 2013.

[301] 刘传江, 周玲. 社会资本与农民工的城市融合 [J]. 人口研究, 2004, (05): 12-18.

[302] 刘辉. 从人力资本角度思考如何做好高校薪酬管理 [J]. 现代经济 (现代物业下半月刊), 2007, 05: 131.

[303] 刘慧杰, 员工视角的企业声誉对员工组织公民行为的影响研究 [D]. 浙江大学, 2009.

[304] 刘晶晶, 邢宝君. 合资企业中文化冲突的双重影响 [J]. 华东经济管理, 2007, 01: 72-76.

[305] 刘军, 王未, 吴隆增, 许浚, 李锦堃. 拒绝职场边缘化: 模型与检验 [J]. 南开管理评论, 2012, 01: 84-92.

[306] 刘凯. 企业员工儒家价值观、工作满意度、反生产行为关系研究 [D]. 江西财经大学, 2013.

[307] 刘靓. 企业声誉的构成及其驱动因素测量研究 [D]. 浙江大学, 2006.

[308] 刘林平, 张春泥. 农民工工资: 人力资本、社会资本、企业制度还是社会环境? ——珠江三角洲农民工工资的决定模型 [J]. 社会学研究, 2007, (06): 114-137.

[309] 刘璐. 社会排斥对攻击性的影响——内隐自尊的调节作用 [D]. 西南大学, 2012.

[310] 刘淑凤. 知识员工工作生活质量对个体创新行为影响的机制研究——工作情感的中介作用 [D]. 厦门大学, 2014.

[311] 刘唐宇, 罗丹. 我国农民工就业歧视: 现状、原因及政策建议 [J]. 四川理工学院学报 (社会科学版), 2014 (3): 1-9.

[312] 刘万霞. 职业教育对农民工就业的影响——基于对全国农民工调查的实证分析 [J]. 管理世界, 2013, (05): 64-75.

[313] 刘玮. 农民工歧视现象的经济学分析 [J]. 甘肃农业, 2005 (01): 27.

[314] 刘杨, 李泽, 林丹华. 歧视与新生代农民工主观幸福

感：社会支持与自尊的中介作用［J］. 中国临床心理学杂志，2013，（06）：1013 – 1016.

［315］刘玉新，张建卫，彭凯平. 职场欺负、人际冲突与反生产行为的关系：情绪智力的调节效应［J］. 预测，2012，05：1 – 8.

［316］刘郑一. 员工感知的企业声誉与组织情感承诺关系研究［D］. 浙江大学，2006.

［317］龙立荣，刘亚. 组织不公正及其效果研究述评［J］. 心理科学进展，2004，12（4）：584 – 593.

［318］龙立荣，周浩. 职场攻击行为研究探讨［J］. 外国经济与管理，2007，29（9）：42 – 49.

［319］龙立荣. 公正的启发理论述评［J］. 心理科学进展，2004，03：447 – 454.

［320］娄耀雄. 我国"就业歧视"的法理分析及对策［J］. 北京邮电大学学报（社会科学版），2004，（03）：63 – 67.

［321］卢晖临，潘毅. 当代中国第二代农民工的身份认同、情感与集体行动［J］. 社会，2014，04：1 – 24.

［322］卢嘉，时勘，杨继锋. 工作满意度的评价结构和方法［J］. 中国人力资源开发，2001，01：15 – 17.

［323］卢嘉，时勘. 工作满意度的结构及其与公平感、离职意向的关系［C］. 第九届全国心理学学术会议文摘选集，2001.

［324］陆成. 工作满意度及忠诚度与知识员工反生产行为的关系研究［D］. 东华大学，2013.

［325］陆学艺. 当代中国社会阶层研究报告［M］. 北京：社会科学文献出版社，2002.

［326］陆学艺. 当代中国社会流动［M］. 北京社会科学文献出版社，2004.

［327］罗丞. 新生代农民工的社会失范：类型与相互关系［J］. 中国青年政治学院学报，2014，（05）：81 – 87.

［328］罗茜，李洪玉，何一粟. 高校教师人格特质、工作特

征与工作满意度的关系研究. 心理与行为研究, 2012, 10 (3):215 - 219.

[329] 罗霞, 王春光. 新生代农村流动人口的外出动因与行动选择 [J]. 浙江社会科学, 2003, (1): 111 - 115.

[330] 李跻嵘. 推行新型城镇化重在体制突破和金融创新 [J]. 新浪财经, 2014 年 08 月 13 日.

[331] 马广海. 二元劳动力市场与对农民工的制度性歧视 [J]. 山东省农业管理干部学院学报, 2003, (05): 18 - 20.

[332] 孟昭兰. 情绪心理学 [M]. 北京大学出版社, 2005.

[333] 缪荣, 茅宁. 公司声誉管理模型探讨 [J]. 管理现代化, 2003, (03): 20 - 23.

[334] 莫申江, 王重鸣. 基于行为认知视角的组织声誉研究前沿探析与展望 [J]. 外国经济与管理, 2012, 03: 65 - 71.

[335] 倪凤琨. 自尊与攻击行为的关系述评 [J]. 心理科学进展, 2005, 13 (1) 66 - 71.

[336] 潘发达. 大学生情绪归因的特点及其与气质的关系研究 [D]. 上海师范大学, 2004.

[337] 彭川宇. 知识员工心理契约与其态度行为关系研究 [D]. 西南交通大学, 2008.

[338] 彭欣, 马绍斌, 范存心, 武晓艳. 大学生自尊与社会支持的关系研究 [J]. 健康心理学杂志, 2003, (01): 40 - 41.

[339] 任远, 邬民乐. 城市流动人口的社会融合: 文献述评 [J]. 人口研究, 2006, (03): 87 - 94.

[340] 冉隆楠, 白琳. 以人为核心加快新型城镇化建设 [J]. 中国商报, 2016 年 3 月 4 日.

[341] 邵志忠. 从社会正义透视农民工的身份歧视 [J]. 广西民族研究, 2008, (03): 54 - 60.

[342] 沈伊默, 袁登华, 张华等. 两种社会交换对组织公民行为的影响: 组织认同和自尊需要的不同作用 [J]. 心理学报,

2009，（12）：1215 - 1227.

[343] 石林．情绪研究中的若干问题综述 [J]．心理学动态，2000，（01）：63 - 68 + 53.

[344] 石玉顶．我国农民工流动就业的历史演变及制度创新研究 [J]．农业现代化研究，2008，（6）：706 - 710.

[345] 史蒂芬·P·罗宾斯著；郑晓明等译．组织行为学精要 [M]．北京：机械工业出版社，2000：251.

[346] 史玥，孙林岩，王敏．工作特征、职业倦怠与工作绩效的关系研究 [J]．人类工效学，2011，（01）：36 - 40.

[347] 宋高远．农民工的户籍歧视、消极情绪与反生产行为关系研究 [D]．吉林大学，2013.

[348] 孙红永．新生代农民工社会情绪的危害与对策 [J]．重庆文理学院学报（社会科学版），2012，01：69 - 73.

[349] 孙婷．反生产行为及其影响因素的研究 [D]．浙江大学，2008.

[350] 孙鑫．试析我国农村剩余劳动力的形成原因及解决途径 [J]．兰州大学学报，1984（1）：105 - 110.

[351] 孙旭，严鸣，储小平．基于情绪中介机制的辱虐管理与偏差行为 [J]．管理科学，2014，05：69 - 79.

[352] 孙永正．农民工工作满意度实证分析 [J]．中国农村经济，2006，01：42 - 48.

[353] 唐·荷尔瑞格，小约翰·W·斯劳卡姆，理查德·W·渥德曼（著）．组织行为学 [M]．胡英坤，车丽娟，贾秀海译．大连：东北财经大学出版社，2001.

[354] 唐汉瑛，马红宇．企业员工反生产行为动机及其激发的心理机制研究 [A]．第十五届全国心理学学术会议 [C]．中国广东广州，2012.

[355] 田录梅．自尊的认知加工偏好及其对情感反应的影响 [D]．东北师范大学，2007.

[356] 帖征，白松松，郑浩文．关于动态竞争环境下企业战略能力的研究 [J]．企业经济，2011，09 -0021 -03．

[357] 汪秀婷．企业竞争战略的理论研究与实证分析 [D]．武汉理工大学，2004．

[358] 王琛，陈维政．工作场所反生产行为的形成机制及管理策略研究 [J]．生产力研究，2009，(20)：154 -156．

[359] 王春光．新生代农村流动人口的社会认同（英文）[J]．中国社会科学（英文版），2003，(04)：160 -167．

[360] 王春光．新生代农村流动人口的社会认同与城乡融合的关系 [J]．社会学研究，2001，(3)：63 -76．

[361] 王弘钰，王辉．社会认同视域下农民工劳动偏差行为形成机制 [J]．吉林大学社会科学学报，2015，02：45 -52．

[362] 王弘钰．劳务派遣工的组织公平、组织认同与工作绩效关系研究 [D]．吉林大学，2010．

[363] 王弘钰，王辉．农民工反生产行为影响因素及其作用机制研究 [J]．人口学刊，2016，38（01）：108 -112．

[364] 王杰力．中国农民工就业歧视问题研究 [D]．辽宁大学，2013．

[365] 王力，李中权，柳恒超，杜卫．PANAS - X 总维度量表在中国人群中的因素结构 [J]．中国临床心理学杂志，2007，06：565 -568．

[366] 王利迁．当代中国就业问题与和谐社会构建研究 [D]．河北师范大学，2010．

[367] 王培席，宋晓丽，王家骥．脑卒中住院患者负性情绪及其影响因素研究 [J]．中国全科医学，2011，(11)：1170 -1172．

[368] 王青，焦青霞．农村人口流动对区域经济发展贡献实证分析——以河南省为例 [J]．湖北农业科学，2014，5033 -5037．

[369] 王妍媛，陈同扬．80 后员工的反生产行为研究及其管理应对 [J]．生产力研究，2012，(5)：215 -216．

[370] 王宇清，龙立荣，周浩．消极情绪在程序和互动不公正感与员工偏离行为间的中介作用：传统性的调节机制 [J]．心理学报，2012，(12)：1663 - 1676.

[371] 王哲．农民工就业现状与消除就业歧视的对策探讨 [J]．理论与现代化，2015，(01)：89 - 93.

[372] 王忠，张琳．个人—组织匹配、工作满意度与员工离职意向关系的实证研究 [J]．管理学报，2010，03：379 - 385.

[373] 魏钧，陈中原，张勉．组织认同的基础理论、测量及相关变量 [J]．心理科学进展，2007，06：948 - 955.

[374] 魏顺宝．新生代农民工就业问题研究述评 [J]．安徽农业科学，2012，(14)：8330 - 8333.

[375] 杨志明，国家新闻办公室举行农民工工作有关情况新闻发布会，2014. 2. 20.

[376] 闻天．外出农民工职业技能水平提高人均收入保持增长 [J]．中国劳动保障报，2015 年 5 月 15 日第 005 版.

[377] 吴海峰．我国农民工问题的现状与发展趋势 [J]．毛泽东邓小平理论研究. 2009，(09)：50 - 60.

[378] 吴谅谅．公平理论新探. 行为科学 [J]. 1991，3：15 - 18.

[379] 吴隆增，刘军，刘刚．辱虐管理与员工表现传统性与信任的作用 [J]．心理学报，2009，(6)：510 - 518.

[380] 吴漾．论新生代农民工的特点 [J]．东岳论丛，2009，(08)：57 - 59.

[381] 吴宗佑．由不当督导到情绪枯竭：部署公平知觉与情绪劳动的中介效果 [J]．中华心理学刊，2008，201 - 221.

[382] 肖崇好．自我监控理论评价 [J]．心理科学，2005，28 (4)：1010 - 1013.

[383] 谢嗣胜，姚先国．农民工工资歧视的计量分析 [J]．中国农村经济，2006，(4)：49 - 55.

[384] 谢嗣胜．劳动力市场歧视研究：西方理论与中国问题

[D]. 浙江大学，2005.

[385] 熊舒华. 巧用激励手段激发工作热情创造优良绩效 [J]. 广西电业，2009，(09)：55－56.

[386] 熊舒华. 巧用激励手段激发工作热情创造优良绩效 [J]. 广西电业，2009，09：55－56.

[387] 徐传江，徐建玲. "民工潮"与"民工荒"：农民工劳动供给行为视角的经济学分析 [J]. 财经问题研究，2006，(05)：73－80.

[388] 徐光中. 工厂工人的工作满足及其相关因子之探讨 [J]. 中央研究院民族学研究所集刊，1977，43：26－27.

[389] 徐增杰，孙丽苹. 新老农民工归属感的对比研究 [J]. 劳动保障世界（理论版），2013，09：166－167.

[390] 许彩娥. 领导形态，工作特性与我国女性公务人员工作满足关系之研究 [D]. 国立政治大学公共行政研究所硕士论文，1981.

[391] 许涛. 农民工工作满意度的影响因素分析 [J]. 南方人口，2008，03：24－31.

[392] 严丹. 上级辱虐管理对员工建言行为的影响——来自制造型企业的证据 [J]. 管理科学，2012，02：41－50.

[393] 严于龙，李小云. 农民工对经济增长贡献及成果分享的定量测量 [J]. 统计研究：2007，(1)：22－26.

[394] 严于龙. 农民工：贡献、收入分享与经济、社会发展 [D]. 中国农业大学，2007.

[395] 杨桂宏，熊煜. 户籍制度与农民工就业歧视的实证分析 [J]. 中国农业大学学报（社会科学版），2014，9（3）：13－21.

[396] 杨立敏. 劳务派遣工的组织公平、组织认同与反生产行为关系研究 [D]. 吉林大学. 2012.

[397] 杨威. 访谈法解析 [J]. 齐齐哈尔大学学报（哲学社会科学版），2001，04：114－117.

［398］杨志明．截至2014年我国农民工达到2.74亿［J］．央广网，2015. http：//finance. jrj. com. cn/2015/02/28120218898279. shtml.

［399］杨志明．农民工是国家现代化建设的重要力量［J］．新华网，2015. http：//news. xinhuanet. com/politics/2015 - 02/28/c_127527988. htm.

［400］姚鹤，段锦云，冯成志．雇佣歧视的概念测量，影响及干预［J］．心理科学，2010（5）：1198 - 1201.

［401］姚鹤，段锦云，冯成志．雇佣歧视的概念测量、影响及干预［J］．心理科学，2010，05：1198 - 1201.

［402］叶仁荪，王玉芹，林泽炎．工作满意度、组织承诺对国企员工离职影响的实证研究［J］．管理世界，2005，03：122 - 125.

［403］叶蔚．农民工的贡献应得到相应回报［N］．上海证券报，2007 - 03 - 15：A05.

［404］叶余建，马剑虹．支持型领导行为在工作压力模型中的作用机制研究［J］．应用心理学，2003，01：35 - 42.

［405］尤方华．反生产行为结构及影响因素研究［D］．华中科技大学，2013.

［406］于静静，赵曙明，蒋守芬．不当督导对员工组织承诺、职场偏差行为的作用机制研究——领导—成员交换关系的中介作用［J］．经济与管理研究，2014，（03）：120 - 128.

［407］于鸣，王金爱，段野．红桃皇后竞争理论研究综述与展望［J］．外国经济与管理，2012，（05）：45 - 51.

［408］于显洋．组织社会学（第二版）［M］．北京：中国人民大学出版社，2009.

［409］俞前．企业竞争的维度与层次研究［D］．首都经济贸易大学，2014.

［410］俞文钊．职业心理与职业指导［J］．1996.

［411］袁方．社会学家的眼光：中国社会结构转型［M］．北京：中国社会出版社，1998.

[412] 袁国敏，曹信邦．就业歧视对农民工社会保障制度构建的影响 [J]．云南社会科学，2007，(04)：77 – 80．

[413] 张春龙．现代性与边缘化：新生代农民工特点、问题及出路探讨 [J]．中州学刊，2011，(02)：98 – 102．

[414] 张春兴．心理学 [J]．三民书局，台北，1989．

[415] 张敦福．城市农民工的边缘地位 [J]．青年研究2000，(09)：19 – 22．

[416] 张凡迪，刘东莉．组织管理状况的指示器——工作满意度的研究 [J]．理论界，2003，06：152 – 153．

[417] 张桂平，廖建桥．科研压力对高校学术不端行为的作用机制研究——组织支持和学术自尊的调节效应 [J]．科学学研究，2012，12：1781 – 1788．

[418] 张坚雄，刘婷．论国有企事业单位人际冲突管理 [J]．科技管理研究，2010，14：182 – 185．

[419] 张建卫，刘玉新．企业反生产行为：概念与结构解析[J]．心理科学进展，2009，(5)：1059 – 1066．

[420] 张建卫，刘玉新．反生产行为的理论述评 [J]．学术研究，2008 (12)：80 – 90．

[421] 张洁．知识型员工消极情绪来源及管理策略研究 [D]．同济大学，2005．

[422] 张金岭．不能再对廉价劳动力心安理得下去 [J]．2011，网易财经．http：//money．163．com/11/0211/09/6SJOMDBJ002534M5．html．

[423] 张平，崔永胜．员工工作满意度影响因素的研究进展．企业管理，第2卷：161，2005．

[424] 张奇，王锦．大学生自尊与社会支持的关系 [J]．心理与行为研究，2007，(02)：93 – 99．

[425] 张舒涵．大学院校约聘人员人格特质，工作满意度及离职倾向之研究 [D]．台湾中山大学硕士论文，2004．

［426］张四龙，周祖成. 论企业声誉管理的必要性［J］. 技术经济，2002，(02)：24－26.

［427］张体魄. 就业歧视与农民工社会保障［J］. 农村经济，2010，09：67－70.

［428］张体魄. 我国就业歧视研究进展述评［J］. 华东经济管理，2013，(02)：149－152.

［429］张伟宾. 农民工市民化，步子可以再快一些［J］. 农民日报，2015年5月13日第003版.

［430］张翔，樊富珉. 大学生人际冲突及其与心理健康的关系研究［A］. 中国心理卫生协会. 中国心理卫生协会第四届学术大会论文汇编［C］. 中国心理卫生协会，2003：1.

［431］张晓蓓，亓朋. 城市农民工歧视问题研究［J］. 南方人口，2011，(01)：25－32.

［432］张永军，廖建桥，赵君. 国外组织公民行为与反生产行为关系研究述评［J］. 外国经济与管理，2010，(5)：31－39.

［433］张永军. 基于人力资源管理5P模型的反生产行为治理策略［J］. 西北农林科技大学学报（社会科学版），2014，01.

［434］张永军. 绩效考核公平感对反生产行为的影响机制研究［D］. 华中科技大学，2012.

［435］张永军. 伦理型领导对员工反生产行为的影响：基于社会学习与社会交换双重视角［J］. 商业经济与管理，2012，(12)：23－32.

［436］赵凤娟. 大学生人际冲突应对教育浅探［J］. 思想理论教育导刊 2004，09：61－63.

［437］赵晓芳. 农民工研究综述［J］. 湖北经济学院学报（人文社会科学版），2007，(2)：82－83.

［438］赵耀. 中国劳动力市场雇佣歧视研究［D］. 博士学位论文，首都经济贸易大学，2006.

［439］郑功成，黄黎若莲. 重视农民工与农民工问题是国家

未来十年的重大使命 [J]. 工人日报, 2006 年 11 月 22 日.

[440] 郑功成. 社会保障制度改革必须确立公平的价值取向 [J]. 南方周末, 2003 年 1 月 1 日.

[441] 郑晓芳. 中小学教师职业压力对职业倦怠和工作满意感的影响研究 [D]. 吉林大学, 2013.

[442] 钟慧. 破坏性领导与员工职场偏差行为的相关研究 [D]. 西南财经大学, 2013.

[443] 朱力. 群体性偏见与歧视——农民工与市民的摩擦性互动 [J]. 江海学刊, 2001, (06): 48 – 53.

[444] 邹岚萍. 合作·合力·和谐 [J]. 科技与出版, 2008, 03: 25 – 26.